Comment tout peut s'effondrer
붕괴의 사회정치학

Comment tout peut s'effondrer

Petit manuel de collapsologie à l'usage des générations présentes

Postface par Yves Cochet

by Pablo SERVIGNE and Raphaël STEVENS

© Édition du Seuil, 2015 et 2021

Edition augmentée d'une préface et d'une postface inédites.

All rights reserved.

No part of this book may be used or reproduced in any manner
whatever without written permission, except in the case of brief quotations embodied
in critical articles or reviews.

Korean Translation Copyright © 2022 by ECO-LIVRES Publishing Co.
Published by arrangement with Éditions du Seuil, through BC Agency, Seoul.

이 책의 한국어판 저작권은 BC 에이전시를 통해 저작권자와 독점 계약한 에코리브르에 있습니다.
저작권법에 의해 한국 내에서 보호를 받는 저작물이므로 무단 전재와 복제를 금합니다.

붕괴의 사회정치학

초판 1쇄 인쇄일 2022년 10월 20일   초판 1쇄 발행일 2022년 10월 25일

지은이 파블로 세르비뉴·라파엘 스테방스 | 옮긴이 강현주
펴낸이 박재환 | 편집 유은재 | 관리 조영란
펴낸곳 에코리브르 | 주소 서울시 마포구 동교로15길 34 3층(04003) | 전화 702-2530 | 팩스 702-2532
이메일 ecolivres@hanmail.net | 블로그 http://blog.naver.com/ecolivres
출판등록 2001년 5월 7일 제201-10-2147호
종이 세종페이퍼 | 인쇄·제본 상지사 P&B

ISBN 978-89-6263-244-6 03300

책값은 뒤표지에 있습니다.   잘못된 책은 구입한 곳에서 바꿔드립니다.

붕괴의
사회정치학

파블로 세르비뉴 · 라파엘 스테방스 지음 | 강현주 옮김

에코리브르

두려움, 슬픔, 분노를 느끼는 사람들을 위하여

우리 모두가 한배를 탄 것처럼 행동하는 사람들을 위하여

조애너 메이시(Joanna Macy)에게 영감을 받아 세력을 확장하고 있는

'악천후 네트워크(rough weather networks)'를 위하여

"인구가 증가하는 상황에서 세계적으로 대비해야 하는 생태계 재앙, 물 부족으로 인한 지역 간 불평등, 값싼 에너지의 종말, 수많은 광물 자원의 부족, 생물 다양성의 악화, 토양의 침식 및 황폐화, 극단적 기후 현상…… 이러한 문제는 일시적으로 자신을 보호할 수단을 가질 수 있는 사람들과 속수무책으로 당해야 하는 사람들 사이에 최악의 불평등을 초래할 것이다. 이러한 문제는 지정학적 균형을 뒤흔들고 분쟁의 원인이 될 것이다. 이러한 문제가 초래할 사회적 재앙은 과거라면 사회 전체를 소멸시킬 정도의 규모다. 슬프게도 이것이 우리가 객관적으로 처한 역사적 현실이다. 〔……〕 종의 붕괴를 고려해야 할 상황이 되면, 긴박함이 우리의 느리고 복잡한 숙고 과정에 영향을 끼칠 것이다. 공포에 사로잡힌 서구 사회는 자유와 정의의 가치를 어길 것이다."

- 미셸 로카르(Michel Rocard, 프랑스 전 총리),

도미니크 부르(Dominique Bourg, 로잔 대학교 지구과학 및 환경학부 교수),

플로랑 오가뇌(Floran Augagneur, 파리 정치연구소 생태철학과 교수), 2011.

"피크 오일은 석유 생산이 최고점에 이르는 시점을 말한다. 석유 생산이 정점에 이른 후에는 급격히 감소할 것이다. 2010년경 발생한 피크 오일은 15~30년 안에 안보에 영향을 미칠 가능성이 있다. 〔……〕 중기적으로는 세계 경제 시스템과 모든 국가의 시장 경제가 붕괴할 수 있다."

- 분데스버(Bundeswehr, 독일 연방군) 보고서, 2010.

"다음과 같은 위기가 매우 확실하게 나타나고 있다. 〔……〕 3. 극단적 기상 현상이 가져올 인프라·전기·수도 같은 필수 서비스, 의료 및 응급 서비스 중단 같은 시스템 차원의 위기. 〔……〕 5. 식량 불안정 및 식량 시스템 붕괴의 위기."

-IPCC 5차 보고서, 2014.

"오늘날 우리 문명은 경제를 더 이상 지속할 수 없는 경로, 즉 우리를 경제적 쇠퇴, 심지어 붕괴로 치닫는 경로로 이끌고 있다."

　　－레스터 브라운〔Lester Brown, 월드워치 연구소(Worldwatch Institute) 창립자,
　　지구정책연구소(Earth Policy Institute) 창립자이자 소장〕,《플랜 B 2.0》, 2006.

"과학자들은 붕괴한 문명에는 두 가지 공통점이 있다는 사실에 대체로 합의하고 있다. 이러한 문명은 모두 과도한 자부심과 자신감으로 인해 고통받았다. 요컨대 그들에게 닥쳐오는 어떤 난관도 헤쳐 나갈 능력이 있다고 확신했고, 약점이 점점 더 드러나고 있음에도 비관적이라는 이유로 그걸 무시해도 좋다고 판단했다."

　　－제러미 그랜섬〔Jeremy Grantham, 투자자, 지구상에서 가장 큰 펀드 관리 회사
　　중 하나인 GMO(Grantham Mayo van Otterloo)의 공동 창립자〕, 2013.

"시스템은 종종 생각보다 오래 지속되지만, 결국 생각보다 훨씬 빨리 붕괴한다."

　　－켄 로고프(Ken Rogoff, 전 국제통화기금 수석 경제학자), 2012.

"인류는 기근으로 인한 붕괴를 피할 수 있을까? 그렇다. 현재로선 10퍼센트의 가능성밖에 추정할 수 없지만, 우리는 붕괴를 피할 수 있다. 우울하게 들릴지 모르지만, 우리는 미래 세대를 위해 그 확률을 11퍼센트로 끌어올리기 위해 싸울 가치가 있다고 믿는다."

　　－폴 에를리히(Paul R. Ehrlich, 스탠퍼드 대학 생물학과 교수),
　　앤 에를리히(Anne H. Ehrlich, 스탠퍼드 대학 생물학과 교수), 2013.

차례

3부 붕괴론

머리말

붕괴, 비선형적 현상

2010년대 초까지만 해도 세계적 대재앙 문제에 대해 공개적 토론을 하지는 않았다. 우리 사회(또는 생물권)의 붕괴 가능성이 훨씬 적었기 때문이다.

분명히 모두가 '집이 불타고 있다'는 사실을 알고 있었다. 기후변화, 환경오염, 생물 다양성…… 이 모든 문제에 대한 경고는 있었지만, 이런 문제가 지구에서의 삶, 심지어 우리 삶의 방식을 혼란에 빠뜨릴 만큼 충분한 영향력이 있어 보이지 않는 부수적인 현상으로 여겨졌다. 어떤 방식으로도 우리 삶의 방식은 협상할 수 없는 것이었다! 원했든 원하지 않았든 주요 단절은 단순하게 생각할 문제가 아니었다. 하지만 누구도 그 문제에 대해 믿지 않았다.

그러나 몇몇 사람은 **알고 있었다**. 과학자 네트워크(생태학자, 기후학자, 물리학자 등)와 '급진주의자'로 분류되던 일부 생태학자 사이에 붕괴의 역학 및 위험에 대한 정보 교류가 이뤄졌다. 이들에게는 1970년대의 재앙주의를 잊지 않았다는 공통점이 있다. 그중 가장 유명한 것은 1972년 발표된 로마 클럽(1970년 3월 세계 25개국의 과학자·경제학자·교육자·경영자들이 창립한 민간단체로, 1994년 〈함께 지구의 미래를 건설하자〉라는 제목의 미래 예측 보고서를 발표했다. 보고서는 현재와 같은 방식으로 살아간다면 인류는 머지않아 자멸하고 말 것이라며 멸망을 피하려면 살아가는 방식을 근본적으로 고쳐야 한다고 진단했다—옮긴이) 보고서다. 이에 정통한 부류 중에는 임박한 것으로 여겨지는 주요 경제적·사회적 혼란에 적극 대비하던(지금도 여전히 대비하고 있는) 매우 폐쇄적인 생존주의자 집단이 있었는데, 이들은 성공을 거둔 몇몇 작가(대부분 영어를 구사한다)로부터 영감을 받기도 했다. 어느 쪽이든 이들 중 누구도 대중 매체에 노출되지 않았다.

지금 여러분이 읽고 있는 이 책은 2015년에 쓴 것이다. 그 시대로 돌아가 무엇인가를 돌이킬 수 있다면, 그것은 불연속성, 단절, 예측 불가능한 갈림길, 유한성에 대한 생각을 대중에게 널리 알리는 일이다. 우리 사회, 종, 지구의 취약성에 대한 생각을 말이다.

예측 불가능성과 불연속성은 또한 아주 소박하게 시작된 이 책의 저술 과정과 관련한 키워드이기도 하다. 3년 동안 (모든 대학과 상관없이 자기 자본을 갖고) 독립적으로 연구를 수행했던 역사가이자 발행인 크리스토프 보뇌유(Christoph Bonneuil)가 브뤼셀에서 우리가 소규모 그룹으로 개최한 콘퍼런스에 참석했다. 콘퍼런스가 끝나자 그는 우리에게 책 출간을 제안했다. 왜 안 되겠는가?! 그러나 이 아이디어에 열정적으로 반응했던 우리와 대조적으로 출판사는 너무 암울하고 기운 빠지게 하는, 팔리지 않을 책이 되지 않을까 두려워했던 사실을 떠올리면 재미있기도 하다.

6년이 지난 후 이 책은 프랑스어권에서 10만 부 이상 판매되고 있다. 아울러 여러 언어로 번역 출간한 이 책은 독자들의 놀라운 반응과 미디어의 폭발적 주목을 받으며 일종의 상상력 전환, 시대 변화, 우리가 처해 있는 절대적 긴박성을 자각하는 데 핵심 역할을 하고 있다고 말할 수 있다.

독자들은 이 책을 읽으면서 내적인 전환을 경험했다고 말한다. 이 책을 읽기 전과 읽은 후로 나뉜다고 말이다. 그런데 우리가 생각하는 것보다 파국적인 미래가 더 가까이 있기라도 한다면? 이러한 사건이 실제로 대규모로 일어나기라도 한다면? 우리가 마침내 죽음을 앞두고 있지만, 그것을 돌이킬 수 있다면? 미래 세대가 …… 우리라면? 이처럼 관점을 뒤집어보면 참으로 두렵고 놀랍고 충격적이다.

이것은 겁을 주기 위해서가 아니라 두려움에 적응하기 위해서 쓴 책이다. 최대한 많은 독자에게 정보를 제공하고, 막대한 영향력에 너무나 쉽게 굴복해버리는 토론에 약간의 합리성을 부여하고, 우리가 사회 공동체로서 더 잘 대응할 수 있도록 하기 위해서 쓴 책이다.

오늘날 우리 사회나 문명의 붕괴, 더 나쁜 경우 생물권의 붕괴 가능성에 대한 질문은 대중의 대화나 상상 속에 확고하게 자리 잡았다. 사실, 뉴스를 장식하는 재앙적 사건들은 이 이야기와 잘 맞아떨어지고, 그 내용을 더욱 확신시켜준다. 코로나19 팬데믹의 발발에서 알 수 있듯 세계적 단절과 시스템 위기는 이제 상상이 아니라 실제 가능한 일이 되었다.

이 책의 짧은 일대기를 대략 거슬러 올라가면, 2018년 가을을 기점으로 두 시기로 나눌 수 있다. 출간 첫날부터 3년 동안 이 책은 독자와 과학자들로부터 매우 호의적인 반응을 얻었을 뿐만 아니라, 언론으로부터도 신중하지만 흥미롭고 호기심을 유발하며 엄정하다는 평가를 받았다(L'Écho, Les Échos, Le Soir, La Vie, Le Canard enchaîné, Mediapart, Libé, Bastamag, Reporterre, France Culture, RTS, RTBF 등). 그리고 3년 만에 이 책은 느리지만 분명하게 녹색계와 지식계에서 주목받는 작은 베스트셀러가 되었다.

2018년 8월에 획기적 변화가 있었다. 니콜라 윌로(Nicolas Hulot: 프랑스 환경부 장관. 재임 2017.5~2018.9)가 돌연 사퇴했을 때(프랑스에서는 놀라운 사건이었다), 미국 국립과학원에서는 '불타는 행성'[1]의 위험을 널리 알리는 논문을 발표했고, 매스미디어(20minutes.fr, BFMtv.com)에서는 붕괴에 대해 아주 잘 만든 시리즈물을 방영했다. 그 후 몇 주 동안 전 세계는 IPCC(정부간기후변화위원회)의 새로운 특별 보고서를 접했고, 멸종 저항(Extinction Rebellion, XR) 운동의 탄생, 그레타 툰베리(Greta Thunberg)의 연설, 심지어 프랑스의 노란 조끼 운동까지 목격했다. 같은 해 10월, 이런 불길 속에서 우연한 기회에 우리는 두 번째 책《세계의 또 다른 끝은 가능하다(Une autre fin du monde est possible)》를 출간해 프랑스어를 사용하는 미디어 세계에 붕괴(단절의 원인으로서 혼돈, 혼돈의 원인으로서 단절에 대해 말한다), 심지어 세상의 종말 문제에 대한 질문을 꾸준히 제기했다.

그때부터 〈르몽드〉가 이 주제를 다루기 시작했고, 임곗값 효과로 인해 미디어는 긍정적이거나 부정적인, 무엇보다 점점 더 비합리적인 비판을 실어 나르면서 압력을 가했다. 많은 인플루언서와 편집자는 더 이상 그 내용을 신경 써서 자세히 검토하지 않은 채 세상의 종말('태초부터 존재해왔던' 것으로 잘 알려졌다)에 대한 의견을 제시했다. 이렇게 함으로써 왜곡과 오해는 증폭되고 더 복잡하고 진지한 담론을 모호하게 만들었다. 이게 바로 이 책《붕괴의 사회정치학》에서 우리가 전달하고자 한 것이다.

이러한 미디어의 소용돌이 속에서 이 책은 뒤늦게 참고 도서로 자리 잡으면서 인기 있는 베스트셀러가 되었다. 비슷한 시기에 다른 저자들도 붕괴 또는 붕괴론에 관한 연구를 발표했다. 과학자들은 이 주제에 대한 연구를 시작했고(그러나 과학의 속도는 미디어의 속도보다 훨씬 느리다), 정치 조직과 협회는 담론을 구성하고 자신들의 행동을 정당화하기 위해 이러한 관점을 심지어 주장하기도 했다. (또는 최소한 이러한 입장에 서기도 했다.) 2018년 말부터 우리는 'collapso(붕괴)' 운동이 마치 프랑켄슈타인의 괴물처럼 우리 눈앞에 나타나는 것을 보았다. (물론 이것은 너무 좋은 일이다!)

'붕괴론'이라는 단어가 프랑스어권에서만 쓰였다면(2020년 사전에 등재되었다), 다른 언어권 역시 세계적 위협과 지구 차원의 재앙과 관련한 주제를 다루는 데 있어 가만히 기다리고만 있지는 않았다. 예를 들어, 영어권에는 '재해' '붕괴' '존재론적 위험' '전 지구적인 재앙적 위험'에 대한 출판물이 많이 출간되었다. 다른 모든 지역 역시 국제기구(IMF, UN, 세계은행 등)의 전문가 보고서 및 성명서를 통해 우리가 제기한 중대한 위험에 대해 계속 경고하고 있다. 멸종 저항이나 심층 적응(Deep Adaptation) 같은 운동은 다가올 사회 붕괴와 멸종 위험에 대한 질문에 명백하게 근거하고 있다. 5개국(프랑스, 미국, 영국, 이탈리아, 독일)의 5000명을 대상으로 한 IFOP(프랑스의 여론 조사 연구소—옮긴이) 설문 조사에 따르면, 다가올 붕괴 가능성에 대한 인식은 우리가 상상했던 것과 비슷하거나 훨씬 더 높은 수준이었다. 설문에 응답한 사람 중 절반 이상(독일의 경우만 39퍼센트)은 앞으로 몇 년 안에 문명이 붕괴할 것이라고 생각했으며, 33~50퍼센트는 20년 안에 문명이 붕괴할 것이라고 생각했다.

2020년 12월 10일 20개국의 500명 넘는 과학자들이 〈가디언〉과 〈르몽드〉에 동시 게재한 칼럼은 전 세계의 정치 결정권자들에게 "우리가 사회 붕괴에 대한 대비를 시작할 수 있도록 이에 대한 토론을 열어야 한다"[2]고 설득했다.

오늘날 이 책의 저자로서 우리는 이토록 광범위하게 인식이 확대되고 운동이 확산하고 있다는 사실이 놀랍고도 만족스럽다. 반면 지구에 살고 있는 인간으로서 우리는 출간한 지 6년이 지난 이 책에서 어떤 화제성을 인식하는 것이 다소 답답하고 걱정스럽다는 것을 인정할 수밖에 없다.

2021년 3월

파블로 세르비뉴, 라파엘 스테방스

서론

언젠가 반드시 다루어야 할 주제

위기, 재앙, 붕괴, 쇠퇴…… 전 세계의 최신 뉴스에서 세상의 종말을 암암리에 읽을 수 있다. 항공기 추락, 태풍, 홍수, 꿀벌 개체 수 감소, 주가 하락, 전쟁 등과 같은 몇몇 재앙은 매우 현실적이라 신문이나 뉴스에서 다룰 필요가 충분히 있다고 느낀다. 하지만 그렇다고 해서 우리 사회가 '실패의 길로 가게 될 것'이라고 말하거나 '지구 차원의 위기'를 선포하거나 '여섯 번째 대멸종'을 주장한다면, 이것 역시 당연하게 받아들일 수 있을까?

미디어에서 쏟아내는 재앙 선포는 받아들이면서, 주요 재앙에 대해 말하는 사람을 '재앙주의자'로 취급하는 것은 모순이다! 예를 들어, IPCC가 2014년 기후 변화에 대한 새로운 보고서를 발표했다는 사실은 모두가 알고 있다. 하지만 이런 새로운 기후 시나리오에 대해, 또는 이것이 사회 변화 측면에서 어떤 의미가 있는지에 대해 실질적으로 토론하는 모습을 본 적이 있는가? 물론 없을 것이다. 이것이야말로 재앙이다.

어쩌면 우리는 나쁜 소식에 지쳤을 수도 있다. 게다가 지구 종말에 대한 위협은 항상 존재하지 않았던가? 최악의 모습으로 미래를 보는 것은 유럽이나 서구의 전형적인 자기애적 현상이 아닐까? 재앙주의는 자금이 부족한 녹색당(환경보호주의자) 지도자나 과학자들이 만들어낸, 대중을 위한 새로운 아편이 아닐까? 그러니 프랑스인 여러분, 조금만 더 노력하면 우리는 '위기'에서 벗어날 것입니다!

어쩌면 우리는 재앙, 실제로 지속적인 재앙이나 현실의 속도와 보조를 맞추지 못하는 재앙에 대해 말하는 방법을 모르는 것 아닐까? 우리는 이제 우리가 돌이킬 수 있는 지점을 넘어선 심각한 환경, 에너지, 기후, 지정학, 사회 및 경제 문제에 직면해 있음을 주목해야 한다. 그렇게 말하는 사람은 거의 없지만, 이러한 모든 '위기'는 상호 연결되어 서로에게 영향을 미친다. 오늘날 우리는 점점 더 불안정해지는 시스템으로 인해 우리의 이웃(심지어 공동체 내의 모든 사람)이 생존 가능한 환경을 유지하는 능력을 심각하게 위협받고 있다는 사실을 보여주는 엄청난 양의 증거와 단서를 가지고 있다.

붕괴?

붕괴는 세상의 종말이나 묵시록이 아니다. 피해 없이 지나가는 단순한 위기도 아니고, 쓰나미나 테러처럼 몇 달 만에 잊어버리는 일회성 재난도 아니다. 붕괴란 "기본적인 필요(물, 음식, 주택, 의복, 에너지 등)가 법으로 규제받는 서비스를 통해 인구 대다수에게 더 이상 〔합리적 비용으로〕 제공되지 않는 과정의 마지막 단계"[1]다. 따라서 이 것은 세상의 종말처럼 돌이킬 수 없는 대규모 과정이다. 물론 종말 이 아니라는 점은 빼고 말이다! 길게 이어질 것으로 예측할 뿐 어 떻게 진행될지 알 방법이 없다. 하지만 우리의 '기본적인 필요'가 영향을 받는 상황이라면 엄청난 재앙일 것이라고 쉽게 상상할 수 있다.

하지만 어디까지 이어질까? 누가 영향을 받을까? 가장 가난한 나라들? 프랑스? 유럽? 부유한 나라? 선진국? 서구 문명? 인류 전 체? 아니면 일부 과학자가 예고한 것처럼 대다수 생물 종일까? 이 러한 질문에 대해 명확한 답을 할 수는 없다. 하지만 한 가지 확실 한 사실은 이 모든 가능성을 배제할 수 없다는 것이다. 우리가 겪 고 있는 '위기들'은 이 모든 범주에 영향을 미친다. 예를 들어, 석 유의 고갈은 산업화한 세계 전체와 관련이 있지만(그러나 세계화에서 소외된 전통적 소작농 사회는 아니다), 기후 변화는 인류 전체뿐만 아니라 대부분의 살아 있는 종을 위협한다.

세계적 재앙의 전개와 붕괴 가능성을 예측하는 과학 출판물은 계 속 지지를 받으며 출간되고 있다. 영국 왕립학회 보고서는 2013년 이 주제를 다룬 폴 에를리히와 앤 에를리히의 논문을 실었는데, 그 결론에 대해서는 거의 의심의 여지가 없다.[2] ……21세기 후반에 그럴듯하다고 평가받았던 지구 환경 변화의 영향력은 오늘날 점 점 더 정확하고 압도적인 수치로 매우 구체적으로 나타나고 있다.

기후는 급변하고, 생물 다양성은 무너지고, 오염은 도처에 스며들고, 경제는 언제든 마비될 위험에 처해 있고, 사회적·지정학적 긴장은 고조되고 있다. 고위급 의사 결정자와 주요 기관(세계은행, 군대, IPCC, 투자 은행, NGO 등)의 공식 보고서에서 붕괴 가능성을 제기하거나, 찰스 왕세자가 "대규모 자살 행위"[3]라고 말한 것을 이제는 드물지 않게 볼 수 있다.

인류세(Anthropocene, 人類世)는 현재를 특징짓는 새로운 지질학적 시대에 붙은 이름이다.[4] 우리 인류는 약 1만 2000년 동안 이어져오면서 농업과 문명을 출현시킨 충적세(Holocene, 沖積世)라는 대단히 안정적인 기후 시대에서 벗어나고 있다. 최근 수십 년 동안 대다수 인간은 지구 시스템의 거대한 생물지구화학적 순환을 방해할 수 있게 되었고, 따라서 예측할 수 없을 정도로 심각하게 변화한 새로운 시대를 만들었다.

이와 관련한 보고서나 기록은 '냉혹하다'. 이것은 우리 일상생활의 어떤 면에 영향을 끼칠까? 세계적 차원의 냉정한 과학적 선언 그리고 예기치 못한 혼란스러운 사건과 감정으로 정신없는 일상의 삶, 이 둘 사이의 거대한 공백을 채우거나 이 둘을 이어줄 가교를 찾아야 하지 않을까? 이 책은 바로 이러한 공백을 채우고자 한다. 그리고 인류세와 우리의 용기를 연결하고자 한다. 그러기 위해 우리는 '붕괴'라는 개념을 선택했다. 왜냐하면 이 개념은 다양한 분야, 즉 생물 다양성의 감소 속도뿐만 아니라 재앙과 관련한 감정, 기근의 위험에 대해 논의할 수 있게 해주기 때문이다. 이는 또한 매우 폭넓게 공유되는 영화 속 상상뿐만 아니라, 전문적인 과학 보고서에서도 다룰 수 있는 개념이다. 과거와 미래 사이를 편안하게 오가면서 다양한 시간대(일상생활의 긴급성부터 지질학적 시간까지)를 다룰 수 있게끔 한다. 또는 그리스의 사회경제적 위기와 중국이나 유럽에서 벌어지고 있는 조류 및 곤충 개체군의 대규모 소멸 현상 사이의 연결 고리를 만드는 것도 가능하게 한다. 간단히 말해, 인류세의 개념을 생생하고 가시적으로 만드는 것이 바로 붕괴라는 개념이다.

하지만 미디어와 지식인 사회에서는 붕괴 문제를 심각하게 받아들이지 않고 있다. 2000년의 그 유명한 밀레니엄 버그, 2012년 12월 21일의 '마야 종말론'은 진지하고 사실적인 논쟁의 가능성을 없애버렸다. 대중에게 붕괴에 대해 언급하는 일은 종말을 알리는 것이고, 따라서 '늘 존재해온 광신도' 또는 '비합리적인 사람들'이라는 편협한 부류로 취급당하는 것이었다. 그래서 두말하지 않고 다음 주제로 넘어갔다. 이 자동적인 배제 과정이야말로 정말로 비합리적인 것처럼 보이며, 이로 인해 '붕괴'라는 주제에 대한 대중적 논쟁은 지적으로 황폐한 수준에 머물러 있다. 따라서 종종 웃음거리가 될 수 있는 어정쩡한 입장에서 의견을 드러낼 수밖에 없다. 우리는 묵시록, 생존주의, 마야의 종말론 같은 연설을 건디거나 뤼크 페리(Luc Ferry: 프랑스의 철학자, 정치인―옮긴이), 클로드 알레그르(Claude Allègre: 프랑스의 과학자, 정치인―옮긴이), 그리고 파스칼 브뤼크네르(Pascal Bruckner: 프랑스의 철학자, 작가―옮긴이) 같은 '진보주의자'

의 부인(否認)을 참아내야 한다. 하나의 신화를 둘러싼, 정도(正道)를 넘어선 두 가지 입장(묵시록 대 진보론)은 '허수아비' 효과로 서로를 북돋워준다. 아울러 둘 다 신중하고 사려 깊은 토론에 대한 공포감을 조성한다. 그 결과 우리 시대를 아주 잘 특징짓는, 긴장이 풀린 집단적 부인의 태도를 강화하고 있다.

'붕괴론'의 탄생

이 주제를 다루는 몇몇 수준 높은 철학적 성찰[5]에도 불구하고, 붕괴(또는 '세계의 종말')에 대한 논쟁은 실질적 근거가 없다는 결함을 갖고 있다. 따라서 상상이나 철학의 영역에 머물러 있거나, 본질적으로 '공중'에 붕 떠 있다. 붕괴를 다루는 저서들은 일반적으로 한 가지 관점이나 분야(고고학, 경제학, 생태학 등)에 국한되어 있어 붕괴에 대해 체계적으로 정리한 책이 부족하다. 예를 들어, 재러드 다이아몬드(Jared Diamond)의 베스트셀러 《문명의 붕괴(Collapse)》[6]는 고대 문명의 고고학·생태학·생물지리학에 국한되어 있으며, 현재 상황의 주요 문제를 다루지는 않는다. 성공을 거둔 다른 책들의 경우에도, 독자에게 좀비 영화를 볼 때 느끼는 두려움을 자극하면서 생존하기 위한 자세(유혈이 낭자한 세계에서 활과 화살을 만드는 방법이나 식수를 구하는 방법)를 알려줄 뿐이다.

지구의 경제 상황 및 생물물리학적 상황에 대한 실질적 현황(또는 체계적 분석)이 빠져 있을 뿐만 아니라, 무엇보다 붕괴가 무엇과 유사한지, 어떻게 일어날 수 있는지, **현세대**에 심리학적·사회학적·정치학적으로 무엇을 의미하는지에 대한 개요도 빠져 있다. 붕괴를 다루는 관련 분야 및 학제 간 연구 역시 부족한 상황이다.

우리는 이 책을 통해 전 세계 곳곳에서 출판된 수많은 저서들이 묘사하는 이른바 자조 섞인 '붕괴론'(라틴어 'collapsus'는 '함께 무너지다'를 의미한다)의 토대를 구축하고자 한다. 우리의 목적은 지식을 쌓으며 단순히 과학적 즐거움을 키우는 것이 아니라, 우리에게 일어나고 있는 일과 일어날 수 있는 일을 밝히는 것, 즉 사건에 의미를 부여하는 것이다. 또한 그런 관점에서 시도할 수 있는 정책에 대해 차분하게 논의할 수 있는 분위기를 조성하도록 최대한 진지하게 이 주제에 접근하고자 한다.

'붕괴'라는 단어가 무엇을 암시하는지에 대해서는 많은 질문이 있을 수 있다. 우리는 지구의 전반적 상태에 대해 무엇을 알고 있는가? 우리 문명의 상태에 대해서는? 주식 시장의 가격 붕괴를 생물 다양성의 붕괴와 비교할 수 있을까? '위기들'이 겹치고 지속되면 우리 문명은 정말로 돌이킬 수 없는 회오리 속으로 빠져들까? 이 모든 것은 어디까지 진행될까? 우리는 민주적 태도를 유지할 수 있을까? '문명화한' 붕괴를 어느 정도까지 평화롭게 경험할 수 있을까? 그 결과는 반드시 불행한 것일까?

붕괴라는 단어의 의미를 파헤치고, 그 미묘한 뉘앙스를 이해하고, 환상과 사실을 구별하는 것이 붕괴론의 목표 중 하나다. 붕괴의 개념을 명확하게 밝히고, 다양한 시간대에 적용해보고, 미묘한 차이나 세부 사항을 찾아내는 것, 한마디로 붕괴를 생생하고 작동 가능한 개념으로 만드는 것이 시급하다. 마야 문명이든 로마 제국 이든 더 최근의 소련이든, 역사는 우리에게 다양한 정도의 붕괴가 존재했으며, 일반적인 경향이 있기는 하지만 각각의 사례는 매우 독특하다는 사실을 알려준다.

무엇보다 세상은 획일적이지 않다. '남북 관계'라는 문제는 새로운 각도에서 재고해야 한다. 평균적인 미국인은 평균적인 아프리카 인보다 훨씬 더 많은 자원과 에너지를 소비한다. 그러나 지구 온난화는 적도에 가까운 국가, 정확히는 온실가스 배출을 가장 적게 한 국가에 훨씬 더 나쁜 영향을 미치고 있다. 붕괴의 시간성과 지리학은 선형적이지도 균질하지도 않다.

따라서 이것은 독자들에게 겁을 줄 목적으로 쓴 책이 아니다. 우리는 천년왕국설(기독교에서, 그리스도가 재림하고 죽은 의인들이 부활해 지상에 평화의 왕국이 1000년 동안 계속된다는 믿음―옮긴이)의 말세론을 다루지도 않을 테고, 6500만 년 전 지구가 겪었던 종의 대량 멸종을 촉발할 수 있는 천체물리학적 사건이나 구조지질학적 사건을 다루지도 않을 것이다. 우리는 인간이 스스로 할 수 있는 일들을 다룰 것이다. 이것은 미래를 믿지 않는 염세적인 책도 아니고, 마지막 장에서 '해결책'을 제시하며 문제를 폄하하는 '긍정적인' 책도 아니다. 할리우드의 재난 영화나 마야력(Mayan calendar), '기술지상주의'를 통하지 않고도 주제를 파악할 수 있도록 사실을 명확하게 밝히고,

관련 질문을 던지고, 일종의 공구 상자(toolbox)를 모으고자 시도하는 책이다. 우리는 이 세기의 **가장** 나쁜 소식을 소개할 뿐만 아니라, 무엇보다도 이미 '탄소 이후(post-carbon)' 세계에 직면해 급속도로 부상하고 있는 모든 작은 시도들에 대해 듣고 그걸 이해하고 받아들일 수 있도록 이론적 틀을 제공하고자 한다.

조심해야 할 민감한 주제

그러나 합리성만으로 이 주제를 다루는 것은 충분하지 않다. 우리는 이미 몇 년 전부터 이 주제에 관심을 가져왔지만 경험, 특히 대중과의 만남을 통해 수치만으로는 상황을 적절히 묘사할 수 없다는 사실을 깨달았다. 확실히 거기에 직관, 감정 및 특정 윤리를 추가해야 한다. 따라서 붕괴론은 연구 대상과 분리된 중립적 학문이 아니다. '붕괴론자'는 그들이 연구하는 것과 직접적 관련이 있다. 그들은 더 이상 중립적 태도를 유지할 수 없다. 그리고 그럴 필요도 없다!

우리가 이 길을 간다고 해서 피해를 입지 않는 것은 아니다. 붕괴라는 주제는 우리의 내면 가장 깊숙이 해를 끼치는 유독한 주제다. 우리의 꿈을 죽이는 큰 충격일 것이다. 수년 동안의 연구 과정에서 우리는 불안, 분노, 깊은 슬픔에 압도당했으며, 아주 서서히 어느 정도 그걸 받아들이면서 때로 희망과 기쁨을 느끼기도 했다.

롭 홉킨스(Rob Hopkins)의 유명한 개론서[7]를 비롯한 전환에 관한 책들을 읽으면서, 우리는 이러한 감정을 애도의 단계와 결부시킬 수 있었다. 미래의 **비전에 대한** 애도 말이다. 실제로 붕괴의 가능성을 이해하고 믿기 시작하면서, 결국은 우리가 상상해왔던 미래를 포기하기에 이르렀다. 그것은 어린 시절부터 우리 자신에 대해 만들어왔거나 우리 자녀에 대해 가졌던 희망, 꿈, 기대를 스스로 잘라내는 걸 의미했다. 붕괴 가능성을 받아들이는 것은, 그게 아무리 비합리적일지라도, 우리에게 소중하고 위안을 주던 미래가 죽어간다는 걸 인정하는 것이다. 슬프게도 말이다!

우리는 또한 사랑하는 사람의 분노가 우리 자신에게 투사되는 불쾌한 경험도 해봤다. 이것은 잘 알려진 현상이다. 나쁜 소식을 없애기 위해, 사람들은 메신저인 카산드라(Cassandra: 그리스 신화에서, 미래를 내다볼 수 있는 특별한 능력을 지닌 트로이의 공주-옮긴이)와 내부 고발자를 죽이는 쪽을 선택한다. 그러나 이런 방법은 붕괴 문제를 해결하지 못할 뿐만 아니라, 그 결과 또한 그다지 좋지 않을 것이다……. 붕괴에 대해 논의하되 차분해야 한다. 확실히, 붕괴 가능성은 우리의 소중한 미래를 폭력적으로 닫아버린다. 하지만 다른 무한한 가능성을 열어주며, 그중 일부는 놀라울 정도로 유쾌하기도 하다. 따라서 우리의 도전 과제는 이러한 새로운 미래에 적응하고, 그 미래를 보다 살기 좋게 만드는 것이다.

붕괴에 대해 처음 공개적인 발표를 할 때, 우리는 가능한 한 객관적 자세를 유지하기 위해 수치와 사실만을 조심스럽게 다루었다.

그때마다 대중의 감정이 우리를 놀라게 했다. 사실이 더 분명하게 드러날수록 사람들의 감정은 더 강해졌다. 우리는 이성에 호소한다고 생각했는데, 실은 대중의 감성을 건드리고 있었다. 슬픔, 눈물, 불안, 분노가 그들에게서 뿜어져 나왔다. 우리의 연설은 많은 사람이 일찍이 느끼고 있던 직감에 단어를 부여했고, 그것이 심금을 깊이 울렸다. 역으로, 대중의 이런 반응은 우리가 숨기려 했던 우리 자신의 감정을 자극했다. 콘퍼런스가 끝날 때마다 강력하고 열렬한 감사와 열정이 쏟아져 나왔다. 이것은 우리의 냉정하고 객관적인 담론에 주관성이라는 따뜻함을 더해야 할 뿐만 아니라—이 분야에서는 감정이 중요한 자리를 차지한다는 사실을 확인해준다—부인, 애도, 스토리텔링, 그 밖에 심리학과 붕괴를 연결할 수 있는 행동과학을 발견하고 배워야 한다는 걸 깨닫게 해주었다.

때로 연속성이나 선형적 진보를 상상해온—그리고 옹호해온—주위 사람들과 우리 사이에 높은 벽이 생기기도 했다! 수년이 지나는 동안, 우리는 이러한 억견(doxa: 플라톤이 사용한 용어로, 근거가 박약한 지식을 말한다—옮긴이), 즉 세상의 뉴스에 공통된 의미를 부여하는 일반적 견해에서 분명히 멀어졌다. 당신도 실험을 해보라. 붕괴의 관점에서 뉴스를 청취해보면, 대부분의 뉴스가 (그 어느 때보다) 아무런 쓸모도 없게 느껴질 것이다! 이 세상의 일부라는 것이 낯설게 느껴지고, 다른 사람들이 가지고 있는 지배적 이미지로부터 단절된 듯한 느낌이 들 것이다. 그로 인해 우리는 종종 우리 연구의 타당성에 의문을 품었다. 우리가 미치거나 편협해진 것일까? 반드시 그런 것은 아니었다. 왜냐하면 한편으론 대화가 항상 가능하고 다른 한편으론 우리가 혼자가 아니라는 사실을 무시할 수 없는 데다 (이상하게도 많은 기술자와 연구원을 포함한) 붕괴론자와 이 주제에 관심 있는 수많은 사람이 서로 연결되어 점점 더 조밀해지는 네트워크를 성장시키고 있었기 때문이다. 많은 국가에서 경제, 과학 및 군사 분야 전문가와 특정 정치 운동〔탈성장 운동, 전환 운동, 알테르나티바 (Alternatiba: 기후 변화에 대한 사람들의 인식을 높이고 행동 변화를 촉진하기 위해 조직된 국제 연대—옮긴이) 등〕은 더 이상 붕괴에 대한 시나리오를 명시적으로 다루는 데 주저하지 않는다. 주로 영어를 사용하기는 하지만 세계적인 블로고스피어(blogosphere: 모든 블로그가 서로 연계되어 있다는 공간적 개념—옮긴이)는 매우 활발하게 활동한다. 프랑스에서는 모멘텀 연구소(Institut Momentum)가 이런 방향에서 선구적인 작업을 수행했으며,[8] 우리도 여기에 많은 빚을 지고 있다. 이제 임박해오는 붕괴를 무시하기 어렵다.

이 책의 1부에서 우리는 다음과 같은 사실을 다룰 것이다. 우리 사회와 지구 시스템에 무슨 일이 일어나고 있는가? 우리는 정말로 위기에 처해 있는가? 이에 대한 가장 설득력 있는 증거는 무엇인가? 모든 '위기'를 한곳으로 모으다 보면, 그 경로를 파악할 수 있을 것이다. 그러나 세계적 붕괴는 아직 발생하지 않았다. (그리스와 에스파냐가 대표적인 예일 수는 있지만 적어도 북유럽에서는 아니다.) 그러므로 우리는 미래학이라는 위험한 주제를 다루어야 한다. 이어 2부에서는 이러한 미래를 고려할 수 있게 해주는 단서를 수집하기 위해 노력할 것이다. 마지막으로, 3부에서는 붕괴 개념에 구체적인 깊이를 부여할 것이다. 왜 우리는 붕괴를 믿지 않을까? 고대 문명은 우리에게 무엇을 가르쳐주는가? 우리는 '함께 살기 위해' 어떻게 해야 할까? 이 과정이 수십 년 동안 지속된다면, 우리는 사회적 존재로서 어떻게 대응해야 할까? 이러한 사태를 피하는 것이 아니라 최대한 '인간적으로' 극복하기 위해서는 어떤 정책을 고려해야 할까? 무슨 일이 일어나고 있는지 알고 있는데도 붕괴가 발생할 수 있을까? 그런 경우라도 정말 심각하게 붕괴할까?

1부

붕괴의 시작

자동차의 가속

자동차에 비유해보자. 산업화 시대가 시작되면서 자동차가 등장했다. 겨우 몇몇 국가들이 자동차에 올라탄 채 시동을 걸었고, 한 세기가 지나는 동안 다른 국가들도 여기에 합승했다. 우리가 산업 문명이라고 부르게 될 이 자동차에 올라탄 국가들은 모두 이번 장에서 설명할 매우 특별한 길을 걷는다. 단계적으로 천천히 시동을 걸었지만 이 자동차는 제2차 세계대전이 끝나갈 무렵 속도를 냈고, '대가속(大加速)'[1]이라고 부를 정도로 가파르게 속도를 높이기 시작했다. 그리고 오늘날 엔진이 과열되었다는 몇몇 징후가 나타났고 속도계의 바늘이 흔들리기 시작했다. 속도를 계속 높여야 할까? 안정시켜야 할까? 다시 낮춰야 할까?

지수함수의 세계

학교에서 공부했을지 모르지만 우리는 기하급수적 성장을 상상하는 데 익숙하지 않다. 물론 우리는 위를 향해 뻗어가는 곡선, 즉 성장 곡선을 자주 접한다. 하지만 어느 정도까지 성장할까! 사람들은 산술적 성장, 예를 들어 한 달에 1센티미터씩 자라는 머리카락은 쉽게 상상하지만 기하급수적 성장은 상상하기 힘들어한다.

커다란 천 조각을 반으로 접은 후 또다시 접기를 네 번 반복하면, 그 두께가 1센티미터 정도 될 것이다. 또다시 반으로 접기를 스물아홉 번 반복하면, 그 두께는 5400킬로미터, 즉 파리에서 두바이까지의 거리가 된다! 몇 번만 더 접으면 지구에서 달까지의 거리를 초과할 수도 있다. 예를 들어 중국의 경우처럼 GDP가 매년 7퍼센트씩 성장한다면, 경제 활동은 10년마다 2배가 되고, 따라서 20년 후에는 4배로 늘어난다. 50년 후라면, 우리는 현재 가치로 32개의 중국 경제 규모에 직면할 텐데, 이는 세계 경제 규모의 거의 4배에 달한다! 우리 지구의 현재 상태에서 이런 일이 가능하다고 진심으로 믿을 수 있을까?

알베르 자카르(Albert Jacquard)가 좋아하는 수련 방정식(water-lily equation)[2]부터 각 칸을 2씩 곱한 쌀알로 채워가는 체스판에 이르기까지 기하급수적 증가[3]가 가져오는 놀라운 결과를 설명하는 예는 무수히 많다. 이러한 예는 모두 이 역학이 매우 뜻밖인 데다 직관에 반해 작용한다는 사실을 보여준다. 이와 같은 기하급수적 성장

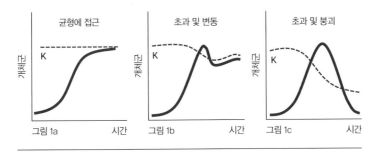

그림 1 기하급수적 성장에 대한 생태계 시스템의 반응. 실선은 개체군을 나타내고, 점선은 환경의 수용 능력을 나타낸다.

출처: Meadows et al., 2004.[4]

의 효과가 가시화하면, 이미 너무 늦은 경우가 많다.

수학에서 지수함수는 하늘까지 상승한다. 현실 세계, 즉 지구에는 그보다 훨씬 이전에 천장이 있다. 생태학에서는 이 천장을 생태계의 **수용 능력**(K로 표시)이라고 부른다. 일반적으로 하나의 시스템이 지수에 반응하는 방식은 세 가지가 있다(그림 1 참조). 초원에서 번식하는 토끼 개체군을 예로 들어보자. 이 개체군은 천장에 닿기 전 천천히 안정되어 더 이상 증가하지 않고 환경과 균형을 이루거나(그림 1a), 개체군이 초원이 감당할 수 있는 최대 한계치를 초과한 다음 그 초원을 가볍게 파괴하는 범위 내에서 안정되거나(그림 1b), 또는 천장을 뚫고 계속해서 증가해(overshooting) 초원을 초토화하고 뒤이어 토끼 개체군이 붕괴한다(그림 1c).[5]

이 세 가지 이론적 도표는 세 시대를 설명하는 데 사용할 수 있다. 실제로 첫 번째 도표는 일반적으로 1970년대의 정치 생태계를 나타낸다. 그 당시 우리는 여전히 '지속 가능한 개발(영어로는 steady-state economy)'이라는 경로를 따라갈 시간과 가능성이 있었다. 두 번째 도표는 1990년대의 생태계를 나타낸다. 생태 발자국이라는 개념 덕분에 우리는 지구가 **전체적인 수용 능력을 초과했다는 걸** 알게 되었다.[6] 그 이후로 매년 인류 전체가 '하나 이상의 행성을 소비'할 만큼 생태계는 악화하고 있다. 마지막 도표는 2010년대의 생태계를 나타낸다. 20년 전부터 우리는 **잘 알고 있으면서** 우리를 수용하고 버텨내는 지구 시스템을 훨씬 더 꾸준한 속도로 파괴하고 있다. 낙관론자들이 무엇이라고 말하든 우리가 살고 있는 이 시대는 분명 붕괴의 범위에 들어가 있다.

전반적인 가속화

우리는 우리 사회의 수많은 매개 변수와 지구에 가하는 충격이 기하급수적으로 증가하고 있다는 사실을 인식해야 한다. 인구수, GDP, 물과 에너지 소비, 비료 사용, 엔진 또는 전화기 생산, 관광, 대기 중 온실가스 농도, 홍수 빈도, 생태계 훼손, 산림 파괴, 종의 멸종률 등 그 목록은 끝이 없다. 과학자들 사이에서 잘 알려진 이 '계기판'[7]은 인류가 지구 시스템의 주요 생물지구화학적 순환을 엉망으로 만드는 세력으로 부상한 시기를 가리키는 인류세라는 새로운 지질 시대의 상징이 되었다(그림 2 참조).

무슨 일이 벌어지고 있는 것일까? 폭등하는 이유는 무엇일까? 몇몇 인류세 전문가는 인류세의 시작을 산업혁명 기간인 19세기 중반으로 추정한다. 이 시기에 석탄과 증기 기관이 널리 보급되어 1840년대에는 철도가 급성장했다. 그 후에 최초의 유전이 발견되었다. 일찍이 1907년에 철학자 앙리 베르그송(Henri Bergson)은 놀라운 투시력으로 다음과 같이 썼다.

증기 기관을 발명한 지 한 세기가 지났지만, 우리는 증기 기관이 만들어낸 큰 충격을 이제 막 느끼기 시작했다. 증기 기관이 산업 분야에 일으킨 혁명은 사람들 사이의 관계를 뒤흔들어놓았다. 새로운 생각들이 생겨나고 있다. 새로운 느낌들이 깨어나고 있다. 수천 년 후 과거를 돌이켜보면서 대략적인 윤곽만 파악할 수 있을 때, 전쟁이나 혁명은 우리가 여전히 기억한다고 하더라도 별 의미가 없을 것이다. 그러나 증기 기관과 그것에서 비롯된 모든 종류의 발명품은 청동기나 석기의 경우처럼 한 시대를 정의하는 데 기여할 것이다.[8]

열-기계와 기술과학의 시대는 농업과 수공업의 시대를 대체했다. 빠르고 저렴한 운송 수단의 출현으로 무역로가 열리고 거리감이 사라졌다. 산업화한 세계에서 자동 생산 라인의 지옥 같은 속도가 보편화하고, 물질적 편리함의 수준이 전반적으로 서서히 높아졌다. 공중위생, 식품 및 의약품의 혁신은 수명을 연장하고 사망률을 극적으로 감소시켰다. 지난 8000년 동안 약 1000년마다 2배씩 증

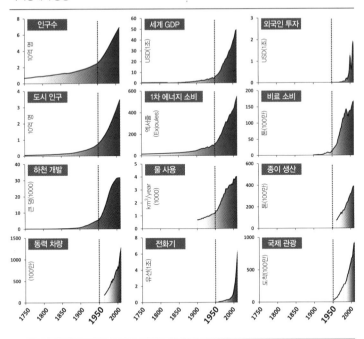

가했던 세계 인구가 단 1세기 만에 2배로 늘어났다! 1830년 10억
명이던 인구가 1930년에는 20억 명이 된 것이다. 그런 다음 가속
도가 붙어 인구가 또다시 2배가 되는 데는 40년밖에 걸리지 않았
다. 1970년에는 40억 명, 오늘날에는 70억 명으로 늘었다. 따라서
1930년대에 태어난 사람은 일생 동안 인구가 20억 명에서 70억 명
으로 증가하는 것을 지켜본 셈이다! 20세기가 진행되는 동안, 에너
지 소비는 10배, 산업 광물 채취는 27배, 건축 자재 사용은 34배 증
가했다.[9] 우리가 불러일으킨 변화의 규모와 속도는 역사상 유례가

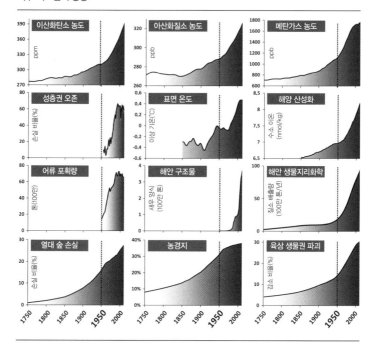

그림 2 인류세 계기판

출처: W. Steffen etal., "The trajectory of the Anthropocene: The Great Acceleration", *The Anthropocene Review*, 2005, pp. 1–18.

없다.

　이런 엄청난 가속화는 사회적 차원에서도 엿볼 수 있다. 독일 철학자이자 사회학자 하르트무트 로자(Hartmut Rosa)는 이러한 사회적 가속화의 세 가지 측면에 대해 설명한다.[10] 첫 번째는 기술의 가속화다. "이동 및 통신 속도의 증가는 '공간 축소'라는 현대적 시간 경험을 가능케 했다. 공간적 거리는 그걸 가로지르는 것이 더 빠르고 단순해짐에 따라 실제로 더 짧아진 것처럼 보인다."[11] 두 번째는 사회적 변화의 가속화, 즉 우리의 습관, 관계 유형이 점점 더 빠르게 변화하는 것을 들 수 있다. 예를 들어 "이웃이 이사 왔다가 점점 더 빨리 이사 가고, 직장 동료나 인생 파트너와 함께하는 기간이 점점 더 짧아지고 있다. 유행하는 패션, 자동차 모델, 음악 스타일 또한 점점 더 빠른 속도로 바뀌고 있다". 우리는 진정한 '현재의 축소'를 목격하고 있는 것이다. 세 번째는 생활 속도의 가속화다. 이는 기술 및 사회적 가속화에 대한 반응으로 더 빨리 생활하기 위해 노력하기 때문에 발생한다. 우리는 시간을 좀더 효율적으로 사용하고 이 귀중한 시간을 '낭비'하지 않으려 하지만, 이상하게도 해야 하는 (또는 하고 싶어 하는) 일이 계속 늘어나는 것처럼 보인다. "극심한 '시간 부족'은 현대 사회의 영구적인 상태가 되었다."[12] 그 결과는? 행복에 대한 상실감, 번아웃 및 우울증이 한꺼번에 몰려온다. 그리고 진보의 절정에서, 우리가 끊임없이 만들어내는/감당하고 있는 이 사회적 가속화는 더 이상 우리의 생활 수준을 개선하려는 야심조차 가지고 있지 않으며, 단지 현상 유지에 기여할 뿐이다.

한계는 어디일까

따라서 우리 시대의 가장 중요한 질문은 천장이 어디에 있는지 아는 것이다.[13] 우리에게 계속 가속할 능력이 있을까? 기하급수적 성장에 한계가 있을까? 그렇다면 붕괴하기까지 어느 정도의 시간이 남았을까?

자동차에 대한 단순한 비유는 우리가 직면한 다양한 '문제'('위기'라고 부르자)를 명확하게 구별하게끔 한다는 장점이 있다. 그것은 두 가지 유형의 한계, 더 정확하게는 한계와 경계가 있음을 시사한다. 한계는 열역학 법칙에 부딪히기 때문에 극복할 수 없다. 그것은 바로 연료 탱크의 문제다. 경계는 건널 수 있지만, 눈에 보이지 않기 때문에 더욱 위험하다. 우리는 이미 그 경계를 지나치고 나서 너무 늦었다는 것을 깨닫는다. 이는 차량의 속도와 핸들링의 문제다.

우리 문명의 **한계**는 재생 불가능한 '비축' 자원(화석 연료 및 광물)의 양과 재생 가능하지만 재생할 시간을 갖기엔 지나치게 꾸준한 속도로 고갈되고 있는 '유동' 자원(물, 목재, 식량 등)의 양에 따라 정해진다. 엔진은 항상 충분히 효율적일 수 있지만, 연료 부족으로 인해 더 이상 작동할 수 없을 때가 올 것이다(2장 참조).

우리 문명의 **경계**는 그 문명을 유지하는 시스템, 즉 기후, 지구 시스템의 거대한 순환, (인간이 아닌 모든 생명체를 포함하는) 생태계 등을 불안정하게 만들고 파괴할 위험이 있어 넘지 말아야 할 문턱을 나타낸다. 자동차가 너무 빠른 속도로 달리면, 더 이상 도로의 세부 사항을 인식할 수 없어 사고 위험이 높아진다(3장 참조). 우리는 이 책에서 자동차가 경고 없이 표시된 도로를 벗어나 불확실하고 위험한 세계로 진입할 때 어떤 일이 일어나는지 확인하기 위한 시도를 할 것이다.

이러한 위기들은 본질적으로 그 속성이 완전히 다르지만, 모두 속도를 높이고 있는 자동차라는 공통된 특징을 가지고 있다. 더욱이 각각의 한계와 경계는 그 **자체로** 문명을 심각하리만큼 불안정하게 만들 수 있다. 우리의 경우 문제는 **동시에** 여러 한계에 부딪히고 이미 여러 경계를 넘어섰다는 것이다!

자동차 그 자체는 수십 년이 지나면서 완벽해졌다. 훨씬 더 넓고 현대적이며 편안해졌지만, 그러기 위해 어떤 대가를 치렀는가! 속도를 줄이거나 선회하는 것이 불가능한 데다―가속 페달이 바닥에 고정되고 조향 장치가 막혀 있다(4장 참조)―더 곤란한 점은 자동차 내부가 극도로 취약해졌다는 것이다(5장 참조).

자동차는 우리 사회, 즉 열-산업 문명(thermo-industrial civilization)이다. 우리는 그 안에 타고 있다. GPS는 햇볕이 잘 드는 목적지를 향해 맞춰져 있다. 휴식은 예정되어 있지 않다. 우리는 자동차 실내에 편안하게 앉아서 속도를 잊은 채, 길을 건너다 자동차에 치이는 생명체, 소모하는 엄청난 에너지, 배출하는 배기가스의 양을 무시한다. 당신도 잘 알겠지만, 고속도로를 타고 나면 중요한 것은 도착 예정 시간, 에어컨 온도, 라디오 프로그램뿐이다……

02

엔진 끄기(뛰어넘을 수 없는 한계)

에너지에서 시작해보자. 에너지는 종종 고용, 경제, 민주주의라는 당면 과제에 밀려 부차적인 기술 문제로 여겨져왔다. 그러나 에너지는 모든 문명, 특히 산업 및 소비 위주의 우리 문명에서 핵심 역할을 한다. 때로 창의력, 구매력 또는 투자 능력이 없을 수는 있다. 하지만 에너지가 없을 수는 없다. 이것은 물리 원칙으로, 에너지가 없으면 아무런 움직임도 있을 수 없다. 화석 연료가 없으면 우리가 알고 있는 세계화, 산업 및 경제 활동은 끝난다.

지난 세기 동안 석유는 현대의 운송 수단, 따라서 세계 무역, 기반 시설의 건설 및 유지, 광물 자원 추출, 벌목, 어업 및 농업 활동에서 주요 연료로 자리 잡았다. 탁월한 에너지 밀도로 이동 및 보관이 쉽고 사용하기 간편한 석유는 운송 수단의 95퍼센트를 책임

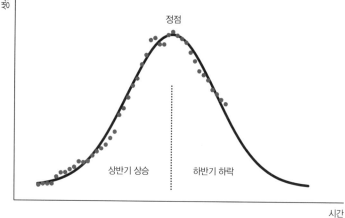

그림 3 '정점' 개념은 1956년 지구물리학자 매리언 킹 허버트(Marion King Hubbert)가 미국의 석유 생산량을 설명하기 위해 도입한 것이다. 곡선을 따라 나타나는 회색 점선은 2001년에 정점을 찍은 노르웨이의 석유 생산량을 나타낸다.

출처: *BP Stat. Review*, 2013.

지고 있다.

　기하급수적 성장을 택한 사회가 이 길을 계속 가기 위해서는 에너지 생산과 소비가 필요하다. 다시 말해, 우리의 문명을 계속 작동하려면 에너지 소비와 생산을 꾸준히 **늘려야만** 한다. 그리고 이제 우리는 그 정점에 도달했다.

　정점은 자원의 추출 비율이 급격히 하락하기 전에 도달하는 가장 높은 지점이다. 이것은 이론으로 설명할 수 없는, 일종의 지질학적 원리다. 말하자면, 처음에는 추출 가능한 자원에 쉽게 접근할 수 있어 폭발적으로 생산한다. 그런 다음 서서히 정체하면서, 마침내 접근하기 힘든 자원만 남게 되어 결국 생산량이 감소하는 종 모양의 곡선을 그린다(그림 3 참조). 곡선의 상단에 해당하는 정점에 도달하는 시간은 자원이 고갈되는 걸 의미하는 것이 아니라 감소하기 시작하는 걸 의미한다. 이 개념은 일반적으로 화석 연료나 광물(인, 우라늄, 금속 등) 같은 추출 가능한 자원에 적용되지만, 인구나 GDP같이 그 요인이 자원의 추출과 강한 관련성이 있는 사회의 다른 측면에도 (때로는 부적절하게) 적용할 수 있다.

정점에서부터 에너지가 감소할까

그러나 우리는 재래식 석유 생산 곡선의 정점에 도달했다. 석유 매장량에 대한 낙관주의로 유명한 국제에너지기구(International Energy Agency, IEA)는 원유 생산량의 80퍼센트에 해당하는 재래식 석유가 이미 2006년에 세계적 정점을 넘어섰다고 인정했다.[1] 그 이후로 우리는 곡선의 '둥그스름한 고원'에 있다. 이 고원을 지나고 나면, 세계 석유 생산량은 감소하기 시작할 것이다.[2]

가장 최근의 통계[3]에 따르면 미국, 러시아, 이란, 이라크, 베네수엘라, 멕시코, 노르웨이, 알제리, 리비아를 포함해 세계 석유 생산량의 4분의 3 이상을 차지하는 상위 20개 산유국 중 절반이 이미 정점을 지났다.[4] 1960년대에는 원유 6배럴을 발견해 1배럴을 소비했다. 오늘날에는 **기술의 성능이 점점 더 좋아지면서**, 세계적으로

1배럴을 발견하면 7배럴을 소비한다.

2012년 발표한 과학 보고서[5]에서 영국 연구원들은 다음과 같이 말했다. "생산량을 일정하게 유지하려면, 현재 원유 생산 능력의 3분의 2 이상을 2030년까지 교체해야 할 것이다. 새롭게 발견하는 원유가 장기적으로 감소할 것을 감안할 때 〔정치적, 사회경제적〕 조건이 우호적이라고 하더라도 이는 중요한 도전이 될 것이다." 따라서 지금부터 15년 동안 산업계는 **단지 유지하는 데만** 하루에 6000만 배럴이 필요하며, 이는 사우디아라비아 1일 생산량의 6배에 해당하는 양이다!

매장량 상태를 정확하게 파악하면서, 점점 더 많은 다국적 기업, 정부, 전문가 및 국제기구가 미래의 석유 생산량에 대해 비관적 입장을 취하고 있다. 이전의 연구자들은 이런 결론을 내렸다. "재래식 석유의 세계 생산량은 2030년 이전에 감소할 가능성이 있어 보이며, 2020년 이전에 시작될 위험 역시 상당하다."[6] 영국 정부,[7] 미국[8] 및 독일 연방군[9]으로부터 재정 지원을 받아 작성한 보고서에서 공통적으로 주장하는 내용이다. 한마디로, 쉽게 접근할 수 있는 석유의 시대는 지나고 새로운 시대로 접어들고 있다는 공감대가 형성되고 있다.[10]

석유 상황이 너무나 긴박해서 수많은 기업가들이 경보를 울리고 있다. 영국의 대기업 컨소시엄 ITPOES(The UK Industry Taskforce on Peak Oil and Energy Security, 석유 및 에너지 보안에 관한 영국산업특별위원회)는 2010년 2월 보고서에서 다음과 같이 말했다. "이미 추출 가격이 최고 수준에 도달했기 때문에 〔……〕 유가가 상승하고 변동성이 커지고 있다. 우리는 유가 충격이 경제, 정치 및 사회 활동을 불안정하게 만들 때를 대비한 계획을 세워야 한다."[11]

반대로 좀더 낙관적인 관찰자들은 '정점'으로 결론지을 추정치를—너무나 우려스러울 만큼—추출 가능한 석유의 최대 수치로 정할 것이다. 따라서 연구자 그룹은 가장 낙관적인 것부터 가장 비관적인 것까지 다양한 시나리오를 비교하며 이 논쟁을 살펴보았다. 그 결과 비관적인 것으로 여겨지는 시나리오만 지난 11년 동안 관찰한 실제 데이터에 충실했다.[12] 따라서 이 연구는 재래식 석유의 세계 생산량이 돌이킬 수 없는 감소세에 들어섰다고 결론지었다.

그러나 새로운 유전, 특히 비재래식 석유라고 일컫는 유전, 즉 중질 그리고/또는 모래 사이에 깊숙이 매장되어 있는 탄화수소, 타르, 지층의 암석은 어떠할까? 브라질 및 북극 해안 깊은 곳에 있는 **해양 굴착 장치**, 캐나다의 타르 샌드, 셰일 가스 및 셰일 오일이 점차 기존 원유를 대체하지 않을까?

아니다. 그리고 현실은 충격적이다. 셰일 오일 및 셰일 가스의 추출 기술이 환경과 지역 주민의 건강을 위협하고,[13] 미세한 지진을 일으키고,[14] 메탄[15] 및 방사성 물질[16]을 누출하고, 막대한 에너지[17]와 모래 및 담수[18]를 소모하고, 지하수층을 오염시킨다.[19]

사실, 시추 회사는 대부분 재무 상태가 심각하다. 미국 에너지청(Energy Administration)의 보고서에 따르면, 셰일 오일 및 셰일 가스를 개발하는 127개 미국 기업은 2013~2014 회계 연도에 1060억 달러의 적자를 나타냈다.[20] 그러나 이 기업들은 더 많은 투자를 유치하고 재무 분석가에게 긍정적인 결과를 보여주기 위해 730억 달러의 자산을 매각해야 했다! 그 결과 부채가 급증하고 부채 상환에 필요한 소득을 창출할 수 있는 능력이 점점 약해지고 있다.[21]

영국 정부가 의뢰한 한 연구는 다음과 같이 경고한다. "수압 파쇄법으로 채굴한 자원에 대한 의존도가 높아지면, 평균적인 감소세가 더욱 빨라질 수 있다. 수직 갱도의 경우에는 생산량이 더욱 빠르게 줄어들기 때문에 때로는 처음 5년 동안 90퍼센트 넘게 감소하기도 한다."[22] 다른 방법의 경우에는 첫해에만 생산량이 60퍼센트 감소했다는 기록도 있다.[23] 따라서 파산을 피하기 위해 기업은 점점 더 많은 유정을 시추하고 더 많은 부채를 끌어들인다. 이미 개발한 유정의 생산 감소분을 메우고 늘어나는 부채를 상환하는 데 필요한 생산량을 계속 늘리기 위해서 말이다. 우리가 이미 알고 있는 시간과의 경쟁을 하는 것이다.

이것은 바로 수많은 사람이 비재래식 화석 연료를 통해 미국이 에너지 독립성을 회복할 수 있을 거라고 장담하면서 보지 못하는 (혹은 보고 싶어 하지 않는) 작은 거품이다.[24] 미국의 성장과 경쟁력을 인위적으로 부풀리길 원하는 미국 중앙은행(FED)은 석유 회사에 대해 극도로 낮은 금리로 자금을 차입할 수 있도록 허용해 시한폭탄을 만들었다. 이자율이 아주 약간만 상승해도 이런 부실기업은 파산할 수 있다. 문제는 셰일 가스[25]의 경우에도 상황이 거의 같다는 것이다. 오바마 행정부에 따르면, 이런 기업은 2016년 천장에 도달

한 후 거우 몇 년 동안만 버틸 수 있다.[26]

국제에너지기구의—매우 낙관적인—예측에 따르면, 캐나다와 베네수엘라는 타르 샌드를 2030년 하루 500만 배럴 공급할 것이며, 이는 현재 연료 총생산량의 6퍼센트 미만에 해당한다(추정).[27] 따라서 상황이 **가장 좋은 경우에도** 이러한 방식으로 재래식 연료의 감소분을 벌충하는 것은 불가능하다.

북극은 어떨까? 환경[28]이나 투자[29]에 대한 위험이 너무나 크다. 2013년 개발을 중단한 셸(Shell)[30]을 비롯해 업계의 모든 참가자에게 잠재적 위험 요소를 신중하게 경고했던 토탈(Total) 같은 **주요 대기업은 배럴당 가격이 높았음에도 불구하고** 경쟁에서 빠지기로 했다.[31]

바이오 연료라고 해서 훨씬 더 '안심'할 수 있는 것은 아니다. 바이오 연료는 향후 10~15년 동안 연료 공급의 5퍼센트를 차지하는 데 불과할 것으로 예상한다.[32] 바이오 연료 중 일부가 많은 국가의 식량 안보를 심각하게 위협하고 있다는 사실은 말할 것도 없다.[33]

수송 시스템의 전기화가 석유를 대체할 수 있다고 상상하는 것은 거의 현실적이지 않다. 전기 네트워크, 배터리, 예비 부품은 희소 금속이나 소재로 만들며(심지어 고갈되고 있다), 전체 전기 시스템은 화석 연료를 소비한다. 예비 부품과 노동자 그리고 자재를 운반하기 위해, 발전소를 건설하고 유지하기 위해, 광물을 채취하기 위해서는 화석 연료가 필요하다. 석유가 없으면 원자력을 포함한 현재의 전력 시스템은 붕괴할 것이다.

사실, 석유를 우리가 잘 알고 있는 다른 연료로 대체하는 것은 상상할 수 없다. 한편으로 천연가스, 석탄, 목재, 우라늄 그 어느 것도 운반하기 쉽고 에너지 밀도가 매우 높은 석유의 탁월한 특성을 가지고 있지 않다. 다른 한편으로 이러한 에너지는 순식간에 고갈된다. 그 이유는 정점에 도달하는 날짜가 다가오고 있으며,[34] 무엇보다도 그 개발에 필요한 대부분의 기계와 기반 시설을 작동하려면 석유가 필요하기 때문이다. 따라서 석유의 감소는 다른 모든 에너지의 감소로 이어질 것이다. 그러므로 재래식 석유의 감소를 벌충하기 위해 해야 할 작업의 규모를 과소평가하는 것은 위험하다.

하지만 그게 다는 아니다. 주요 광물과 금속은 정점에 도달하기까지 에너지와 동일한 경로를 따른다.[35] 최근의 한 연구에서는 88가지 재생 불가능한 자원의 희소성과 2030년 이전에 그것이 영구적으로 부족한 상황이 될 확률을 평가했다.[36] 풍력 발동기 제조에 필수적인 은, 태양전지에 꼭 필요한 인듐, 배터리에 들어가는 리튬도 그런 경우에 포함된다. 아울러 이 연구는 "이러한 부족은 삶의 방식에 치명적인 영향을 미칠 것"이라고 결론지었다. 같은 맥락에서 지난 몇 개월 동안 우리는 인[37](산업화한 농업에 필수적인 비료), 어장[38] 또는 식수[39]도 정점에 도달했다는 사실을 파악했다. 그리고 이런 목록은 쉽게 채울 수 있다. 광물 자원 전문가 필리프 비후익스(Philippe Bihouix)는 《로테크의 시대(L'âge des low tech)》에서 이렇게 설명했다.

우리는 어느 하나의 자원이나 에너지, 금속에 대한 긴장은 감당할 수 있다. 그러나 문제는 우리가 이제 거의 동시에 이런 문제를 처리해야 한다는 것이다. 가장 덜 농축된 금속에 쓸 에너지가 더 이상 없으며, 가장 접근하기 힘든 에너지를 위해 쓸 금속도 더 이상 없다.[40]

우리는 리처드 하인버그(Richard Heinberg)가 "모든 것의 정점(peak everything)"[41]이라고 부른 것에 빠르게 접근하고 있다. 기하급수의 놀라운 위력에 대해 기억하는가? 일단 그 영향력이 눈에 띄기 시작하면, 단지 몇 년 아니 몇 달이면 모든 것이 문제가 된다.

요약하면, 산업 문명을 추동하는 화석 연료 및 자재의 가용성이 줄어들기 시작하는 시점이 가까워지고 있다. 지금으로서는 점점 다가오는 고갈에 맞설 대안이 없는 듯하다. 점점 더 효율성 높은 기술을 가진 석유 대기업들이 탐사 노력을 확대하고 있음에도 불구하고 생산량이 정체하고 있다는 사실은 우리가 속아서는 안 된다는 신호다. 2000년 이후 기업들의 투자는 매년 평균 10.9퍼센트씩 증가했으며, 이는 이전 10년보다 10배나 많은 수치다.[42] 타르 샌드, 셰일 오일, 바이오 연료, 태양 전지판 및 풍력 발동기를 폄하하던 기업들이 오늘날에는 이를 진지하게 고려하고 있다는 바로 그 사실이 시대가 바뀌고 있음을 보여준다. 이제 정점의 시대다.

하지만 정점이 지나가면 어떻게 될까? 화석 연료의 생산량은 서서히 점진적으로 줄어들까? 그것도 가능하다. 하지만 두 가지 이유를 들어 그에 대해 의심해보겠다. 첫 번째는 **자국 매장량이** 정점을 지나면 산유국이 내수 소비 증가에 직면할 것이라는 점이다. 이러한 수요를 충당하기 위해 수출을 중단하기로―합법적으로―결정한다면, 이는 (프랑스를 비롯한) 주요 수입국에 피해를 입히고, 독점 쟁탈전을 촉발해 산유국의 생산 능력에 차질을 빚을 수 있다. 어느 경우 감소는 예상보다 더 빨리 나타날 가능성이 있다. 그리고 그것을 의심하는 두 번째 이유는……

정점에는 벽이 있다!

일반적으로 종 모양 곡선에서 한쪽 면을 따라 올라간 후에는 다른 쪽 면으로 내려올 일이 남는다. 논리적으로 말하면 우리가 발견한 석유의 절반은 지구의 지하층에 남아 있다. 정확하게 말이다! 그리고 이는 확인된 사실이다. 땅속에 저장되어 있는 것으로 확인된 화석 에너지의 양은 여전히 막대하다. 시베리아와 캐나다의 영구 동토층이 녹은 후에 개발될 메탄 하이드레이트(methane hydrate)까지 고려하면 더욱 그러하다. 그렇다면 이것은 좋은 소식일까?

너무 빨리 기뻐하지는 말라. 우선, 이는 기후에 재앙이 될 것이다(다음 장 참조). 그다음으로, 우리가 원한다고 해도 그 석유를 모두 추출할 수는 없을 것이다. 그 이유는 간단하다. 석유를 추출하려면 에너지, 그것도 아주 많은 에너지가 필요하다. 탐사, 실행 가능성 조사, 기계, 유정, 파이프라인, 도로, 그리고 이 모든 기반 시설의 유지 관리 및 보안이 필요하다. 무엇보다 석유 추출 기업 입장에서는 수확할 수 있는 에너지의 양이 투자한 에너지의 양보다 더 많아야 할 것이다. 투자한 것보다 적게 수확한다면, 땅을 파볼 가치가 없는 것은 당연하다. 생산한 에너지와 투자한 에너지 간의 이 비율을 에너지 회수율(energy return on investment, EROI)이라고 한다.

이 점은 절대적으로 중요하다. 추출 노력 뒤에 문명을 발전시킨 것은 바로 이 **잉여 에너지**다. 20세기 초에 미국 석유는 100:1이라는 환상적인 EROI를 보였다(투자한 에너지 1단위에 대해 100단위를 회수함). 땅을 파면, 석유가 분출했다. 이것이 1990년에는 35:1로 떨어졌고, 오늘날에는 11:1이다.[43] 참고로 세계 재래식 석유 생산의 평균 EROI는 10:1에서 20:1 사이다.[44] 미국의 경우, 오일 샌드의 EROI는 2:1에서 4:1 사이고, 농업 연료의 EROI는 1:1에서 1.6:1 사이며(사탕수수로 만든 에탄올의 경우는 10:1), 핵연료의 EROI는 5:1에서 15:1 사이다.[45] 석탄은 약 50:1이며(중국의 경우는 27:1), 셰일 오일은 약 5:1, 천연가스는 약 10:1이다.[46] 이러한 모든 EROI는 감소하고 있을 뿐만 아니라, 그 속도가 **점점 더 빨라지고 있다**. 왜냐하면 생산 수준을 유지하기 위해 점점 더 깊이 파고, 점점 더 먼 바다로 들어가고, 점점 더 비싼 기술과 인프라를 사용해야 하기 때문이다. 예를 들면, 수천 톤의 이산화탄소나 담수를 노후한 유전에 주입하는 데 드는 에너지, 건설해야 할 도로, 시베리아보다 더 외딴 지역에 도달하기 위해 이동해야 하는 거리를 고려해보라.

EROI 개념은 화석 연료에만 적용되는 것이 아니다. 예를 들어,

풍력 발동기에서 전력을 얻으려면 먼저 그걸 만드는 데 필요한 모든 재료를 모아야 한다. 그런 다음 그걸 제작하고 설치하고 유지 관리하는 데 에너지를 소비해야 한다. 미국에서 태양열 집광 장치(사막에 설치한 커다란 거울)는 약 1.6:1의 효율을 제공한다. 에스파냐의 태양광 발전소는 약 2.5:1[47]이다. 풍력 발동기의 경우에는 약 18:1[48]로 더 고무적인 것처럼 보인다. 하지만 불행히도 이 같은 수치는 이러한 유형의 에너지가 간헐적이라는 특성, 그리고 저장 시스템이나 화력 발전소를 설치해야 할 필요성을 전혀 고려하지 않은 것이다. 이를 고려하면 풍력 발동기의 EROI는 3.8:1[49]로 떨어진다. 수력 전기만이 35:1에서 49:1 사이의 안정적인 효율성을 나타낸다. 그러나 이러한 유형의 에너지 생산은 토착민의 주거지를 심각하게 파괴한다.[50] 더욱이 최근 연구에 따르면, 전 세계적으로 진행 중이거나 계획 중인 3700개 수력 발전 프로젝트는 세계 전력 생산량을 (16퍼센트에서 18퍼센트로) 고작 2퍼센트[51] 증가시킬 뿐이다.

요약하면, 재생 에너지는 화석 연료의 감소를 감당할 만큼 전력이 충분하지 않고, 이러한 감소를 감당할 수 있을 만큼 재생 에너지를 대규모로 개발하기에는 화석 연료(및 광물)가 충분하지 않다. 에너지 경제 전문가 게일 티어베르그(Gail Tverberg)는 다음과 같이 정리한다. "재생 에너지가 우리를 구원할 수 있다고 말한다면, 그것은 거짓말이다. 풍력 및 태양광 발전소는 다른 전기 공급원과 마찬가지로 화석 연료 기반 시스템의 일부다."[52]

문제는 우리 현대 사회가 주민들에게 실제로 제공하고 있는 모든 서비스를 충족하려면 최소한의 EROI가 필요하다는 것이다.[53] 에너지 개발의 원칙은 대략 다음과 같다. 즉, 우리가 마음대로 사용할 수 있는 잉여 에너지를 우리의 생존에 필수적인 일, 예를 들면 식량 생산, 주거지 건설 및 난방, 의복 제작, 도시의 위생 시스템에 먼저 할당한다. 그런 다음 에너지가 또 남는다면 사법, 국가 안보, 국방, 사회 보장, 건강 또는 교육 시스템의 기능이 작동하도록 하는 데 분배한다. 마지막으로, 에너지가 너무 많이 남으면 엔터테인먼트(관광, 영화 등)에 사용한다.

오늘날 이러한 모든 서비스를 제공하기 위한 최소한의 EROI는 12:1에서 13:1의 범위에 있어야 하는 것으로 평가된다.[54] 다시 말해, 이것은 어떤 서비스를 유지하고 어떤 서비스를 포기할지 집단으로 결정해야 하는 고통―아울러 그것이 함축하고 있는 모든 어려움―을 감수하지 않아도 되는 임곗값이다.[55] 화석 연료의 평균 EROI가 감소하고 있으며 대부분 재생 에너지의 EROI가 12:1 이하이므로 우리는 지금 위험할 정도로 임곗값에 접근하고 있다.

물론 이러한 모든 수치의 범위는 계속 논의 중이며, 일부는 확실하기도 하지만 대체로 그렇지 못하다. 꼭 생각해야 할 사실은 우리가 열역학적 벽에 **점점** 더 근접해 가고 있다는 것이다. 오늘날 각각의 에너지는 갈수록 높아지는 환경, 경제 및 에너지 비용을 치르고 추출된다.

경제 지표는 이러한 벽을 시각화할 수 있도록 해준다. 서로 다른 방법을 사용하는 두 연구팀이 최근 EROI와 생산 비용(배럴당 가격)[56]

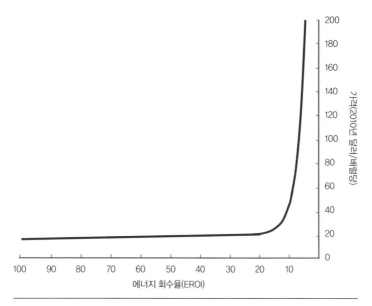

그림 4 EROI에 따른 석유의 배럴당 가격 모델(역사적으로 관찰한 상관관계 적용)

출처: M. K. Heun et M. De Wit, "Energy return on (energy) invested (EROI), oil prices, and energy transitions", *Energy Policy*, vol. 40, 2012, pp. 147–158.

사이의 복잡한 관계 모델을 제시했다. 그들의 결론은 동일하다. 화석 연료의 EROI가 10:1 아래로 떨어지면 가격은 비선형적으로, 즉 기하급수적으로 상승한다는 것이다(그림 4 참조). 이러한 생산 비용의 상승 추세는 가스, 석탄 및 우라늄뿐만 아니라 재생 에너지 생산에 필수적인 금속 및 광물에서도 감지할 수 있다.[57]

영광스러운 30년간의 경제 성장에서 3분의 2가량이 화석 연료의 연소에 기인했다는 것을 알면—나머지는 노동과 투자의 산물이다[58]—우리는 화석 연료의 EROI 감소세가 막대한 손실로 이어져 경제 성장에 대한 약속을 지킬 수 없게 만들 것이라는 사실을 추론할 수 있다.[59] 다시 말해, 에너지 감소는 세계 경제 성장의 결정적 종말을 예고하는 것이다.

다시 자동차에 비유하면, 우리가 실제로 벽에 부딪힐 것이라는 사실을 그림 4의 곡선을 통해서도 알 수 있다. 이는 열역학 법칙을 기반으로 만들었기 때문에 넘을 수 없는 벽이다.

그리고 벽 앞에 …… 낭떠러지

이러한 조건에서 우리 문명이 어떻게 풍요의 지평, 적어도 연속성의 지평을 다시 열 수 있을지 알아내기는 어렵다. 그러나 놀랍게도 에너지 부족은 우리 동력(engine)에서 가장 시급한 위협이 아니다. 그 전에 우리 동력을 멈추게 하겠다고 위협하는 또 다른 요소가 있다. 바로 금융 시스템이다.

실제로 에너지 시스템과 금융 시스템은 밀접하게 연결되어 있다. 하나가 없으면 나머지 하나도 기능할 수 없다. 둘은 일종의 컨베이어 벨트, 즉 산업 문명의 심장이라고 할 수 있는 에너지-금융 축을 형성한다. GDP 곡선과 석유 생산량 곡선 사이의 밀접한 상관관계를 관찰해보면 그 연관성을 확인할 수 있다(그림 5 참조). 경기 침체는 고유가와 낮은 소비를 의미한다. 팽창의 시대는 그와 반대로 저유가와 높은 소비를 나타낸다. 이런 메커니즘은 단순한 상관관계가

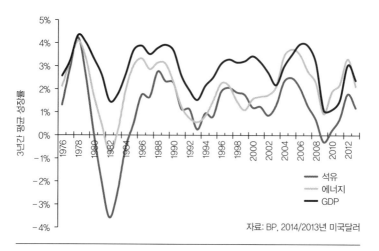

그림 5 석유, 에너지 및 세계 GDP의 성장률

출처: Gail E. Tverberg, "Energy and the Economy—Twelve Basic Principles", *Our Finite World*, 14 August 2014.

아니라 인과 관계다. 역사적 연구에 따르면 20세기에 발생한 11번의 경기 침체 중 10번은 유가의 급격한 상승과 관련이 있었다(그림 6 참조)[60]. 즉, 에너지 위기는 심각한 경제 위기에 앞선다. 1970년대 오일 쇼크와 2008년 금융 위기의 경우가 그러했다.

에너지 상황을 생각하지 않고 경제적 문제를 고려하는 것은 심각한 실수다. 그 반대도 마찬가지다. 에너지-금융 분석 전문가 게일 티어베르그는 정점 상황에서는 부채를 늘리지 않고는 더 이상 상당한 양의 화석 연료를 추출할 수 없다고 말한다. "지금 우리가 직면한 문제는 일단 자원의 비용이 너무 높아지면 부채를 기반으로 하는 시스템이 더 이상 작동하지 않는다는 것이다. 그리고 부채

그림 6 석유 배럴당 가격과 경기 침체 기간

출처: J. D. Hamilton, "Causes and Consequences of the Oil Shock of 2007–2008", National Bureau of Economic Research, 2009(저자 업데이트).

를 기반으로 하는 새로운 금융 시스템은 이전 시스템보다 더 잘 작동하지 않을 것이다."[61] 부채 시스템은 성장을, 따라서 에너지를 병적으로 필요로 한다. 그러나 그 반대도 사실이다. 에너지 시스템은 부채를 '쏘아 올린다'. 그러므로 컨베이어 벨트는 양방향으로 움직인다. 석유 생산량의 감소는 경제를 침체로 몰아넣고, 역으로 경기 침체는 에너지 생산의 감소를 가속화한다.[62] 더 정확히 말해, 세계 경제 시스템은 오늘날 고유가와 저유가 사이에 놓여 있다. 그러나 이 두 극단은 동전의 양면과 같다.

유가가 너무 높으면 소비자는 지출을 줄이고, 이것이 경기 침체를 일으킨다. (그리고 이로 인해 원유 가격이 내려간다.) 반면, 고유가는 석유 회사에 희소식이다. 새로운 추출 기술의 개발 덕분에 탐사에 투자할 수 있고 궁극적으로 생산을 유지하거나 대체 에너지를 개발할 수 있다.

에너지 가격이 너무 낮으면(예를 들어, 경기 침체 후 또는 지정학적 조작 후) 경제가 다시 성장할 수 있지만, 석유 회사는 심각한 재정적 어려움을 겪어 투자를 줄이고(우리가 최근에 보았던 유가 하락의 경우처럼),[63] 이는 미래 생산을 심각하게 위협한다. 따라서 국제에너지기구의 2014년 보고서[64]에 따르면, 수명이 다한 오래된 유전의 자연적인 생산량 감소를 벌충하기 위해 필요한 노력은 "배럴당 80달러로 떨어진 지금은 유지하기가 훨씬 더 어려워 보인다. 특히 〔……〕 브라질의 타르 샌드 및 매우 깊은 시추의 경우가 그러하다". 그리고 이 기구의 매우 낙관적인 수석 경제학자 파티흐 비롤(Fatih Birol)은 다음과 같이 말했다. "세계 석유 생산의 장기적 지평에 먹구름이 끼기 시작했다. 이것이 우리를 폭풍우 같은 상황 속으로 끌고 간다."[65]

글로벌 금융 시스템의 취약성은 잘 알려져 있다. 글로벌 금융 시스템은 은행, 펀드, 보험사 같은 수많은 중개자의 대차대조표를 연결하는 채권과 채무의 복잡한 네트워크로 구성되어 있다. 2008년 리먼 브라더스(Lehman Brothers)의 파산과 그 여파가 보여주듯 이러한 상호 의존성은 전염에 유리한 환경을 조성한다[66](5장 참조). 게다가 글로벌 정치·금융 과두제는 진단을 제대로 이해하지 못한 채 부적절한 결정을 내리기 위해 고군분투하고 있어 경제 시스템을 더욱 약하게 만드는 데 일조하고 있다. 따라서 석유 생산의 미래를 제한하는 가장 시급한 요소는 많은 사람이 생각하는 것처럼 남은 매장량이나 에너지 회수율, 즉 EROI가 아니라 "상호 연결되어 있는 경제 시스템을 여전히 유지할 수 있는 시간"[67]이다.

요컨대 우리 경제는 극도로 불안정해진 금융 시스템이 무너지지 않도록 배럴당 80~130달러의 유가를 중심으로 매우 불안정하게 ('톱니 모양'으로) 진동하며 균형을 유지하고 있다. 실제로 경제 성장이 약하거나 경기 침체가 지속되면 석유 회사의 가용 신용(available credit)과 투자가 줄어든다. 따라서 채굴의 물리적 한계에 도달하기도 전에 엔진이 정지할 수 있다.

경제가 작동하지 않으면, 더 이상 쉽게 사용할 수 있는 에너지는 없다. 그리고 사용할 수 있는 에너지가 없으면, 우리가 알고 있는 경제, 즉 빠른 운송, 길고 유동적인 공급망, 산업화한 농업, 난방, 폐수 처리, 인터넷 등이 끝장나고 만다. 그러나 역사를 통해 우리는 배가 고프면 사회가 빠르게 불안정해진다는 것을 알고 있다. 2008년 경제 위기 동안, 식량 가격의 급격한 상승은 최소 35개국에서 기아 폭동을 일으켰다.[68]

석유지질학자이자 영국 정부의 에너지 고문을 역임한 제러미 레깃(Jeremy Leggett)은 최근 저서에서 세계 경제의 안정성을 위협하고 에너지와 직접 관련 있는 다섯 가지 글로벌 시스템의 위험 요소를 지적했다. 그것은 바로 석유 고갈, 탄소 배출, 화석 연료 매장량의 경제적 가치, 셰일 가스 및 금융 부문이다. "이러한 부문 중 단 한 가지만 충격을 받아도 이는 경제 및 사회 문제의 쓰나미를 유발할 수 있다. 그리고 물론 충격이 동시에 한 부문에서만 발생한다고 규정하는 경제 법칙은 없다."[69] 그러므로 우리는 어쩌면 산업 문명의 엔진이 꺼지기 전 마지막으로 내뱉는 기침을 경험하고 있는 것인지도 모른다.

고속도로 출구(넘을 수 있는 경계)

경제 시스템이 무한히 성장하는 것을 물리적으로 차단하는 한계 외에 모호하고 예측하기 어려운 보이지 않는 '경계'도 있다. 경계란 기후, 생태계 또는 지구의 생물지리화학적 대순환같이 우리가 의존하며 살고 있는 시스템이 넘어서면 안 되는 임곗값이다. 이 임곗값을 넘어가는 것은 가능하지만 그 결과는 치명적이다. 여기에서는 벽에 대한 은유가 거의 쓸모없다. 오히려 도로의 갓길로 표현하는 게 더 나을 것이다. 갓길로 들어서면 자동차는 안정된 영역에서 벗어나 예측할 수 없는 장애물과 마주친다.

이러한 '경계'를 넘어서면 어떤 결과가 나타날지 아직 잘 알려지지 않았다. 따라서 속도를 내며 달리던 자동차를 멈추게 하는 한계와 달리 경계는 우리가 재앙을 불러일으키는 것을 막지 못한다. 경계는 우리가 자유롭게 선택하고 책임지도록 내버려둔다. 말하자면, 재앙을 예측할 수 있는 우리의 능력과 윤리에 **맡기는** 것이다. 우리는 무에서 에너지를 만들어낼 수 없지만, 역사적 평균보다 4℃ 더 높은 온도의 기후에서 살기로 선택할 수 있다. (이것이 바로 우리가 하고 있는 일이다.) 그러나 책임 있는 선택을 하려면 자신의 행동이 가져올 결과를 알 수 있어야 한다. 대부분의 경우 이미 임곗값을 초과해 너무 늦은 **후에야** 알게 되지만 말이다.

온난화와 식은땀

기후는 이러한 보이지 않는 경계 중 가장 잘 알려진 것이며, 시간이 지나면서 특별한 지위를 획득했다. 실제로 일부 전문가의 말에 따르면, 지구 온난화는 그 결과만**으로도** 문명의 종말, 심지어는 인류의 종말을 초래할 수 있는 전 세계적이고 거대하고 잔혹한 재앙을 일으킬 힘이 있다. 2014년 초 IPCC는 과학적으로 탁월한 내용의 다섯 번째 보고서를 발표했다. 이 보고서는 인간 활동에 의해 방출되는 온실가스로 인해 기후가 따뜻해지고 있다고 단호하게 말한다.[1] 지구의 평균 기온은 1880년 이후 0.85℃ 상승했으며, 이러한 추세는 60년 동안 가속화했다. 이 최신 보고서는 이전 보고서들이 했던 가장 불길한 예측이 현실화할 것이라는 '원칙'을 확인해주었다.[2] 따라서 우리는 2050년까지 온난화를 평균 2℃ 상승으로 제한하는 데 필요한 조건에서 벗어나고 있으며, 1986~2005년의 기간에 비추어볼 때 2100년에는 4.8℃까지 상승할 수 있다. 지구 온도에 대한 IPCC의 초기 예측은 지금까지 놀라울 정도로 정확했다는 점에 유의해야 한다.[3]

재난은 미래 세대뿐만 아니라 현재 세대에도 영향을 미친다. 온난화는 2003년에 **이미** 유럽에 영향을 **끼쳤다.** (7만 명의 사망자[4]를 내고, 농업 부문에 130억 유로의 손실[5]을 가져왔다.) 또한 최근 러시아·오스트레일리아·미국[6]에서 경험한 것처럼 온난화는 지난 10년 동안[7] 더 길고 더 강렬한 폭서와 극단적 사건(폭풍, 허리케인, 홍수, 가뭄 등)을 일으켜 상당한 손실을 끼쳤다. 일례로 2010년 러시아는 가뭄으로 인해 농업 생산량이 25퍼센트, 경제 규모로는 150억 달러(GDP의 1퍼센트) 감소해 정부가 해당 연도에 수출을 중단해야 했다.[8]

인구 밀집 지역의 물 부족,[9] 경제적 손실, 사회 문제, 정치적 불안정,[10] 전염병의 확산,[11] 해충의 확산,[12] 많은 생물 종의 멸종(다음 장 참조), 복구할 수 없는 심각한 생태계 피해,[13] 극지방의 얼음과 빙하의 융해,[14] 농산물 수확량 감소 등은 **이미** 확인되었다. 이것이 현재 상황이다.

군사 전문가 그윈 다이어(Gwynne Dyer)는 《경고―기후 변화: 전쟁의 위협(Alerte―Changement climatique: le menace de guerre)》에서 지구 온난화가 지정학적 문제에 끼칠 수 있는 영향력에 대해 논의한다. 다이어는 미국 정부의 전(前) 고위직 군 관계자가 작성한 보고서 및 수많은 전문가와 진행한 인터뷰를 통해 결론을 이끌어내며,

평균 2℃ 상승으로 이미 세계에서 벌어지고 있는 재앙부터 9℃ 상승할 경우의 '멸망' 시나리오까지 제시한다.

평균 기온이 2℃ 상승한 세계에서 "갈등의 위험은 상당할 것이다. 예를 들어, 인도는 이미 방글라데시와 접한 3000킬로미터의 국경을 따라 2.5미터 높이의 장벽을 건설하는 데 착수했다. 방글라데시는 바다가 저지대 해안가를 침범해 상당히 많은 난민이 발생할 수 있는 나라 중 하나이기 때문이다".[15] 그 밖의 세계에서도 대규모 가뭄, 반복적인 허리케인 및 인구 이동으로 인해 부유한 국가와 가난한 국가 사이에 더욱 긴장감이 감도는 경계가 생길 것이다. 부유한 국가는 심각한 농업 문제로 불안정해질 것이며, 인도양의 일부 섬 주민들은 삶의 터전이 바닷물에 잠기기 전에 대피해야 할 것이다. 이것은 2℃ 상승했을 때의 시나리오다. 하지만 여전히 심각하게 받아들이지 않고, 이 문제를 시급하게 다루고 있지도 않다! 실제로 다이어의 책은 2008년 이전의 보고서, 특히 2002년 이전에 발표한 과학적 연구를 종합한 2007년의 IPCC 보고서를 바탕으로 하고 있다.

2012년 11월 세계은행은 포츠담 대학(University of Potsdam)의 기후 변화 연구팀에 4℃ 상승이 우리 사회와 인간의 삶에 미칠 결과에 대해 의뢰한 보고서[16]를 발표했다. 평균 4℃ 상승은 대륙에서 최대 10℃까지 상승할 수 있음을 의미한다. (예를 들어, 프랑스 남부에서 기온이 평균 8℃ 상승한 여름을 상상해보라!) 새로운 IPCC 보고서에서 확인할 수 있듯 2100년에는 해수면이 약 1미터 상승할 것이다. 이는 모잠비크, 마다가스카르, 멕시코, 베네수엘라, 인도, 방글라데시, 인도네시아, 필리핀, 베트남의 주요 도시를 위협하고 세계의 주요 삼각주(방글라데시, 이집트, 베트남 및 서아프리카)를 농사짓기 힘든 땅으로 만들 것이다. 보고서 내용은 암울하다. 특히 그 재앙적 결과는 우리 문명이 현 상태를 유지할 가능성을 분명히 위협할 것이라고 말한다.

산업화 시대 이전에 유럽 사회가 경험했던 심각한 경제 및 인구 통계학적 위기는 모두 기후 교란과 관련이 있다. 2011년 발표한 한 연구는 1500~1800년 발생했던 기후 변화와 농업 분야, 사회경제 분야, 그리고 인구통계학 분야에서의 대형 재해[17](그림 7 참조) 사이의 인과 관계를 철저히 분석함으로써 한 걸음 더 나아갔다. 실제로 경제 침체가 인구 붕괴를 초래한 심각한 사회 위기의 **직접적** 원인이지만, 기후는 항상 그 근본적 원인이었다. 아울러 그러한 과정의 중심에는 늘 식량 위기가 있었다.

우리는 이제 지구 온난화가 심각한 물 공급 문제와 농업 수확량 감소 문제를 일으키고 있으며, 앞으로도 이런 상황이 계속될 거라는 사실을 알고 있다. (이 두 가지 문제가 항상 결부되는 것은 아니다.) $2^{\circ}C$ 상승할 때, 심각한 물 부족에 직면한 사람들의 수는 15퍼센트 증가할 수 있다.[18] 1980년 이후 세계 옥수수와 밀 생산량은 기후 변화가 없다고 가정했을 때보다 각각 3.8퍼센트와 5.5퍼센트 감소했다.[19] 전반적으로 밀 수확량은 상당한 기술적 진보에도 불구하고 지난 20년 동안 정체해왔다.[20] 북유럽, 러시아, 캐나다에서는 강수량이 더 많

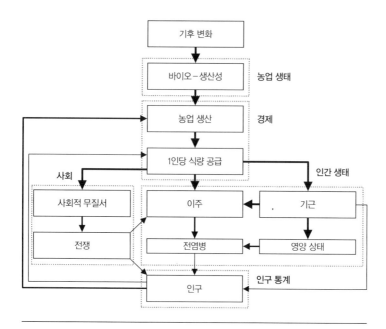

그림 7 산업화 이전 유럽의 기후 변화와 인류가 처한 대규모 위기 사이의 인과 관계. 화살표의 두께는 상관관계의 강도를 나타낸다.

출처: D. D. Zhang et al., "The causality analysis of climate change and large-scale human crisis," *PNAS*, vol. 108, n° 42, 2011, pp. 17296–17301.

아지고 겨울은 더 따뜻해질 것이다.[21] 이는 수확량이 많아지고 새로운 경작지가 늘어난다는 것을 의미한다. 그러나 홍수의 위험 또한 더 커질 것이다.[22] 이와 대조적으로, 연구자들은 다른 지역에서는 물 부족과 극단적 기상 현상(더위, 가뭄 및 폭풍우)이 더 자주 발생해[23] 전체 농업 생산량이 감소할 것으로 예측한다.

2℃ 상승으로 인도의 농업 생산량은 25퍼센트 감소해 전례 없는 기근이 발생할 것이다. "그러나 이는 6000만 명의 인구가 거주하는

남부 지역의 3분의 1이 해수면 상승으로 인해 물에 잠길 방글라데시의 운명에 비하면 아무것도 아니다.”[24] 만일 방글라데시 사회가 이것을 깨닫고 이 “기후 집단 학살”〔방글라데시 기후학자 아티크 라만(Atiq Rahman)의 표현〕의 책임자를 찾기로 결정한다면 “끝없는 갈등이 발생할 수 있다”.[25] 냉정할 정도의 현실주의적인 태도로 그윈 다이어는 그러한 갈등의 결과로 2036년 인도와 파키스탄 사이에 핵전쟁이 발발할 수도 있다고 설명한다.

지정학적 긴장은 기후 난민의 증가[26]로 인해 악화할 것이다. 예를 들어, 가뭄이 일상화하는 중앙아메리카에서는 수백만 명의 난민이 미국 국경으로 몰려들 테고, 그러면 미국 국경은 점점 더 넘기 힘들어질 것이다. 아프리카·근동·중동의 난민이 유입되고 있는 남유럽에서도 이와 똑같은 사회적, 인도주의적 재앙이 발생할 수 있다.

가뭄의 증가는 또한 화력 및 원자력 발전소의 전력 생산을 감소시킬 수 있으며,[27] 이는 특히 도시에서 지구 온난화의 영향력 아래 적응하고 생존하는 사람들의 능력을 더욱 약하게 만들 수 있다.

기후 변화의 가장 큰 위험 요소 중 하나는 불평등 심화다(8장 참조). 앨 고어(Al Gore)의 부통령 시절 국가안보보좌관이자 《종말의 시대(The Age of Consequences)》[28]의 주요 저자 중 한 명인 리언 퍼스(Leon Fuerth)는 가장 부유한 국가들조차 “길고 악몽 같은 선택을 피하지 못할 것이다. 그들은 누가 통제할 수 없는 환경으로부터 살아남을지 결정해야 할 것이다”라고 말한다. 또한 가장 가난한 국가들의 운명과 관련해 "우리는 허리케인 카트리나로 인한 조직적이고 영적인 재난을 겪으면서 이미 그것을 엿볼 수 있었다".[29]

2015년 우리는 포괄적인 기후 협정을 체결하기에 이상적인 상황에 있었다. 왜냐하면 냉전 종식 이후 강대국 중 어느 나라도 공격을 받은 적이 없었기 때문이다. 그러나 "지구 온난화로 인한 식량 부족이 더욱 심해질수록, 어떤 국제 협정이든 체결하는 일은 더욱 어려워질 것"[30]이다.

최신 IPCC 보고서는 "식량 시스템의 붕괴"가 이미 존재하는 빈곤과 (특히 도시에서) 기근 상황을 악화하고 "내전 및 집단 폭력 형태로 나타나는 폭력적 갈등의 위험을 증가시킬" 가능성이 있다고 지적한다. 하지만 이 기념비적 보고서의 문제점은 영구 동토층의 해빙으로 인한 대량의 메탄 방출 같은 수많은 기후 반작용의 증폭 효과를 고려하지 않는다는 것이다. (다양한 버전의 보고서에서 낙관주의자들이 반복해서 인용하는 내용이다.) 이 같은 반작용은 3℃ 또는 4℃ 정도 상승했을 때 나타날 가능성이 있다. 따라서 이러한 온도 상승 외에도 어떤 일이 발생할 수 있는지 정확하게 설명하는 것은 매우 어렵다. 그럼에도 불구하고 전문가들의 시나리오는 대체로 한목소리를 내고 있으며, 매우 빠르게 재앙이 닥칠 것이라고 예고한다.

지난 1억 년 동안의 대기가 세기 말에 우리가 도달할 수 있는 수준의 이산화탄소를 포함하고 있었다면 지구의 평균 기온이 현재보다 16℃ 더 높았을 것이고, 이런 주장을 고려할 때 예상되는 변화의 폭을 짐작해볼 수 있다.[31] 반대로 1만 년 전에 5℃ 더 낮았다면 지구는 빙하 시대에 접어들고, 해수면은 오늘날보다 120미터 낮으며, 수백 미터 두께의 얼음층이 북유럽을 덮었을 것이다.

제임스 러브록(James Lovelock)에 따르면 이산화탄소 수준이 500ppm 이상에 도달하면(2013년 5월 9일 400ppm에 도달했다), 수백만 명이 문명을 이루며 살고 있는 북극 분지와 그린란드의 거대한 지표면 덩어리는 문명의 잔해만 남긴 채 사막과 덤불로 변할 것이다.

> 지구는 이미 그러한 열병에서 회복했지만 〔……〕 우리가 지금의 활동을 계속 이어간다면, 우리 종은 불과 100년 전과 같은 초록빛 세계를 다시는 경험하지 못할 것이다. 가장 큰 위험에 처한 것은 문명이다. 인간은 번식 능력 있는 커플이 생존할 수 있을 만큼 충분히 강하며 〔……〕 더위에도 불구하고 지구에는 여전히 우리의 기준을 충족하는 장소가 있을 것이다. 에오세〔Eocene: 신생대 제3기 팔레오세(Paleocene)와 올리고세(Oligocene) 사이에 위치한 지질 시대로, 약 5500만 년 전부터 약 3800만 년 전까지에 해당하는 시기─옮긴이〕에서 살아남은 식물과 동물을 통해 이를 확인할 수 있다. 〔……〕 어느 쪽이든 그러한 격변이 일어난다면 지구상의 수십억 인구 중 소수만이 살아남을 가능성이 높다.[32]

이런 시나리오를 우려한 다이어가 기후학자들에게 이것이 가능하냐고 묻자, 거의 대부분의 기후학자는 "과도하다고 생각하지 않는다"고 대답했다.

이것은 우리가 기후에 대한 국제적 합의를 찾지 못하고, 계속해서 몇 년 동안 화석 연료를 태우면 일어날 수 있는 일이다. 왜냐하면 온실가스 배출을 즉시 **완전히 중단하더라도**, 기후는 수십 년 동안 계속해서 따뜻해질 것이기 때문이다. 산업화 시대 이전의 안정적 기후 상태로 돌아가려면 수 세기 혹은 수천 년이 걸릴 것이다.

만약 우리가 남아 있는 화석 연료를 마치 마법처럼 모두 채굴하고 태울 수 있다면 (그리고 확인된 매장량이 엄청나다면) 문제는 우리가 위에서 설명한 것보다 훨씬 더 심각할 것이다. IPCC 5차 보고서에서 최악의 시나리오는 2300년 8~12℃까지 상승할 것이라고 예측한다. 그러나 2013년 유명한 기후학자 제임스 핸슨(James Hansen)과 그의 연구팀은 우리가 현재 속도대로라면 확인된 매장량의 3분의 1을 적어도 100년 이내에 태울 것이라고 계산했다. 그럴 경우 지구 평균 기온은 16℃, 즉 극지방에서 30℃, 대륙에서 20℃ 상승할 것이다.[33] 이런 기온이라면 세계는 대부분의 생명체가 살 수 없는 곳이 될 것이며, 인간은 땀으로도 체온을 37℃로 유지할 수 없을 것이다. 그러나 앞 장에서 이미 살펴보았듯 우리는 이 연료를 모두 태울 수 없을 테니 안심하라.

사실, 이 시나리오는 비현실적이다. 왜냐하면 이런 일이 일어나기 훨씬 전, 과거에 이미 그랬던 것처럼 해류의 순환이 변화해 해저에서 무산소(산소 부족) 위험이 발생할 수 있기 때문이다. 만약 이러한 무산소층이 빛이 투과하는 해양의 표면에 도달하면, 박테리아가 증식해 황화수소를 생성할 것이다. 황화수소는 오존층을 파괴하고 대기를 숨 쉴 수 없게 만드는 것으로 알려진 가스다. 지구에 예부터 존재해온 이러한 '캔필드 해양(Canfield Oceans)'은 지구상의 대부분 해양 생물과 육상 생물을 멸종시킨다고 알려져 있다. 이것은 현재로선 추측일 뿐이지만, 일부 과학자는 여전히 이를 매우 심각하게 받아들인다. NASA의 연구 책임자 데니스 부슈널(Dennis Bushnell)은 2100년 이전에 이런 일이 발생할 수도 있다고 본다.

이 모든 사실, 수치, 가정, 예측, 그리고 이를 바탕으로 우리가 상상할 수 있는 것은 영국 남극조사국장을 역임한 크리스 래플리(Chris Rapley)가 기후 '괴물'이라고 부른 것이 어떤 모습인지를 보여준다.

누가 지구의 마지막 동물을 죽일 것인가

과장하지 말자. 그러나 최근 몇 년 동안 인간이 다른 생물을 멸종시키는 데 뛰어난 능력을 발휘해왔다는 사실은 인정해야 한다. '생물 다양성의 상실'은 사소한 현상이 아니다. 이것은 수십억 종의 식물, 동물, 균류, 미생물이 상호 작용하며 살고 있는 많은 영토를 파괴할 뿐만 아니라 이러한 생물들을 소멸시킨 것과 관련이 있다. 하지만 인간의 생존은 이러한 생물의 존재 그 자체뿐만 아니라 인간이 생물과 맺고 있는 상호 작용, **생물들 사이에서 이루어지는 상호 작용**에 의존한다.

물론 종의 멸종은 새로운 종의 출현과 마찬가지로 자연스러운 현상이다. 하지만 문제는 멸종 비율이 폭발적으로 늘어났다는 점이다. 최근의 추정치에 따르면 멸종 비율은 화석을 통해 밝혀진 지질학적 평균[34]보다 오늘날이 적어도 1000배 이상 높으며, 이 수치는 꾸준히 늘어나고 있다. 최근 조사에 따르면 생물 다양성은 우리가 보호 및 보존하려는 노력을 **확대하고 있음에도 불구하고**[35] 계속 악화하고 있다.[36] 인간이 다른 생명체를 인간의 위력으로부터 보호하기 위해 하는 모든 엄청난 노력은 인간이 그들에게 가하는 위험 부담에 미치지 못한다.[37]

아주 최근에 발표한 연구는 **생태계 상호 작용**의 소멸 현상을 조명하면서 이러한 사실을 더욱 걱정스럽게 만들었다. 실제로 한 종이 죽으면, 이 종은 혼자 사라지는 것이 아니라 아무도 눈치채지 못하는 사이에 가까이 있는 다른 종에게 영향을 미친다. 멸종은 먹이 그물망을 통해 전파되어 '멸종 위기에 처한' 종의 포식자와 먹이에 (수직적으로) 영향을 미치고, 그들과 간접적으로 관련된 다른 종을 (수평적으로) 교란하는 충격파처럼 작용한다.[38] 예를 들어, 해달이 멸종하면 성게(해달의 먹이)가 과도하게 번식해 해저를 사막으로 바꾸어 다른 먹이 사슬과 다른 포식자를 교란한다.

생물의 세계는 단순한 포식망으로 짜여 있지 않기 때문에, 충격파는 씨앗을 퍼뜨리거나 수분을 하는 것처럼 매우 활발하고 수평적인 상호 작용 네트워크를 통해 전파될 수도 있다! 따라서 한 종을 멸종시키는 것은 다른 종들에게서 귀중한 자원, 심지어 치명적 자원을 박탈하는 것이기도 하다. 예를 들어, 특정 수분 매개체의 붕괴가 생태계에 존재하는 모든 수분 매개체의 붕괴를 야기할 수 있고, 따라서 이에 의존하는 식물, 즉 농업 수확량을 심각하게 파괴할 수 있다.[39] 결국 이러한 생태계를 통해 먹고사는 인간 집단뿐만 아니라, 이 식물에 의존하는 동물들, 문제의 수분 매개체와 아무런 관련이 없는 동물들 모두 영향을 받게 된다.

종의 멸종은 환경의 물리적 특성을 바꿀 수도 있다. 예를 들어, 뉴질랜드에서 조류 종의 멸종은 소관목인 라브도탐누스 솔란드리(*Rhabdothamnus solandri*)의 수분을 현저히 감소시켜 이 개체군의 밀집도를 줄이고,[40] 따라서 생태계의 토양·기후·온도 및 습도에도 영향을 미친다.

하지만 더 나쁜 것이 있다. 이러한 충격파는 우리를 덮칠 수도 있다. 2013년 발표한 연구에 따르면, 생태계 상호 작용의 소멸('기능적 멸종')이 개체군의 멸종보다 먼저 발생한다. 다시 말해, 한 종(예: 수달)은 멸종하기 훨씬 이전인 쇠퇴 초기에 주위 다른 종들과의 '관계'가 이미 끊어진 경우도 많다(80퍼센트)! 이러한 간접적이고 조용한 멸종은 멸종 위기에 처한 종의 개체군이 전체 개체 수의 3분의 1을 잃기 전에 매우 일찍 시작될 수도 있다. (그래서 개체 수가 30퍼센트 감소했을 때부터 공식적으로 멸종 위기 종이라고 선언한다.) 역설적으로, 그때부터 가장 멸종 위기에 처한 종은 우리가 그렇다고 믿는 종이 아니라 우리가 그렇다고 믿는 종과 간접적으로 관련 있는 종이다. 오래전부터 이러한 효과에 대해 알고 있던 환경 운동가들조차 이 '폭포 효과'의 규모에 놀란다. 지금 동시 멸종이라고 알려진 일이 발생할 가능성이 가장 크지만,[41] 이는 예측할 수 없으며 이미 너무 늦었을 때에야 관찰할 수 있다.[42] 이는 인간 활동이 생물 다양성을 얼마나 치명적으로 파괴하는지에 대한 설명 중 하나일 수 있다.

그 결과는 어떠할까? 봄은 이미 조용해졌다.[43] 1500년 이후 332종의 육상 척추동물이 사라졌고,[44] "지구에 서식하는 척추동물의 개체군은 40년 전에 비해 평균 절반으로 감소했다".[45] 지구상에 있는 31종의 대형 육식동물(사자, 표범, 퓨마, 해달, 딩고, 스라소니, 곰 등) 중 24종의 개체 수가 심각하게 줄어들었으며, 이것이 그 폭포 효과[46]로 생태계를 위험하리만큼 교란하고 있다.[47]

바다의 상황은 특히 심각하다. 인간이 교란시키지 않은 해양 생태계는 보기 드물며,[48] 거의 절반(41퍼센트)이 심각한 영향을 받고 있다.[49] 2003년의 한 연구는 산업화 시대 이후 대형 어류의 바이오매스가 90퍼센트 사라진 것으로 추산한다.[50] 당시 많은 과학자가 믿기 힘들어했던 이 수치는 오늘날 사실로 확인되고 있다.[51] 바다가 말 그대로 텅 비워지고 있는 것이다. 예를 들면 2013년 1월에 참다랑어 한 마리가 도쿄에서 170만 달러에 판매되었을 정도다![52]

새들 역시 같은 운명에 처해 있다. 그 예로 뉴질랜드에서는 조류 종이 절반 줄어들었고,[53] 유럽에서는 지난 30년 동안 들에서 볼 수 있는 새의 개체 수가 52퍼센트나 사라졌다.[54] 조류 개체 수는 농업에 사용하는 네오니코티노이드(neonicotinoid) 살충제로 인한 오염 때문에 더욱 심각하게 감소하고 있다.[55]

잘 연구되지 않는 무척추동물의 경우 과학자들이 관찰하는 종의 개체 수는 3분의 2가 감소하고 있으며(평균 45퍼센트에 달한다!),[56] 여기에는 야생의 수분 매개체와 꿀벌도 포함된다.[57] "베일레벨트 (Bijleveld) 씨는 곤충 전체의 지속적인 감소를 '급격한 붕괴'라고 말했다."[58]

열대 우림의 경우에는 밀렵이나 과도한 사냥으로 인해 "대형 야생 동물이 사라졌다"고 중국 멍룬(勐仑)에 있는 시솽반나(西雙版納) 열대식물원의 리처드 콜릿(Richard Corlett)이 말했다. 이는 아시아, 아프리카, 라틴아메리카 등 세계의 울창한 열대 우림 대부분에서 볼 수 있는 현실이다. 보르네오에서는 생태학자 렛 해리슨(Rhett Harrison)이 중국 쿤밍(昆明)의 세계농림센터에 있는 그의 연구팀과 30년 동안 람비르(Lambir) 숲을 관찰한 후, 이러한 '개체 감소' 현상을 면밀하게 확인할 수 있었다. 동물들은 더 이상 숲에 없었다. 아무것도 남아 있지 않았다. 영국 이스트앵글리아 대학교의 카를로스 페레스(Carlos Peres)는 "침묵에 귀가 먹먹하다"[59]고 말했다.

지구상에서 75퍼센트 이상의 종이 사라져야 6500만 년 전 공룡들의 멸종에 비교할 만큼, 즉 고생물학자들이 '6차 대멸종 위기'라고 말하는 데까지 이를 것이다. 우리는 아직 거기에 다다르지 않았지만, 성큼성큼 가까이 다가가고 있다.[60] 그럼에도 불구하고 우리 사회는 생물 다양성의 감소를 지구 온난화, 오염, 오존층 구멍이나 해양 산성화 같은 국제 사회를 움직이는 다른 '위기'처럼 지구를 변화시키는 주요 요인으로 인식하지 못하고 있다.[61]

그러나 여기 그 증거가 있다. 폭포식 멸종이 지구 생태계의 생산성, 안정성 및 지속 가능성에 극적이고 심오한 영향을 미친다. 우리는 생태계를 교란하거나 (특히 산업화한 농업 활동을 통해) '단순화'시키고, 이로써 생태계가 매우 취약해져 붕괴하고 있다.[62] 생태계를 안정시키기 위해서는 다양성이 필수적이다. (이것이 생태과학의 기본 지식이다.) 하지만 대부분의 정치 및 경제 엘리트들의 머릿속에는 이런 간단한 생각이 여전히 존재하지 않는 것 같다.

생물 다양성은 농업의 회복력이나 생산성을 보증하며, 무엇보다 생태계의 조절 기능〔대기의 질, 지역 및 지구 기후의 안정, 탄소 격리(대기 중에 배출되는 이산화탄소를 토양의 탄산염·유기물 등 담체에 고정해 지하 또는 지상의 특정 공간에 저장하는 과정─옮긴이), 토양 비옥도 또는 폐기물 재활용〕, 필수 자원 공급 기능(담수, 목재, 의약 물질 등) 및 문화 기능(미적 또는 정신적 여가 활동)을 유지하게 해준다. 예를 들어, 2014년 서아프리카에서 에볼라 바이러스가 번진 것은 산림 생태계가 파괴되었기 때문이다.[63] 이처럼 생물 다양성은 전염병의 출현을 통제함으로써 인간의 건강에 영향을 미친다.[64]

예를 들어, 수분 매개 곤충이 없는 상태에서 (농업을 통해 재배하는 종의 75퍼센트에 달하는 식물의) 수분 기능을 어떻게 보장할 수 있을까? 꿀벌이 사라진 중국 쓰촨(四川) 지방의 경우처럼 과수의 꽃에서 꽃으로 직접 수분시키는 값싼 노동력을 통해서 가능할까?[65] 혹시 드론으로 가능할까? 생태계가 우리에게 제공하는 서비스에 금전적 가치를 매겨본 일부 전문가들은 1998년 그 수치가 세계 GDP의 2배라고 추정했다.[66] 하지만 이 수치에 의미가 있을까? 자연은 분명히 경제학으로 풀 수 없다. 이 생명체들의 조직은 지구 차원에서 기술이나 산업 과정으로 대체할 수 없다. (3세기 동안 시도해왔지만 시원찮은 성공만 거뒀을 뿐이다.)

국제 무역량이 비약적으로 늘어나고 그와 더불어 외래종의 침입이 확대되면서 생물 다양성이 크게 줄었다는 사실은 잘 알려져 있다.[67] 그렇다고 해서 '탈세계화' 또는 세계 경제 붕괴가 생물 다양성에 오히려 더 나은 영향을 미칠 것이라고 속단해서는 안 된다.[68] 20세기가 지나는 동안 세계 인구가 4배 증가했음에도 불구하고 인간이 생태계에서 차지한 바이오매스는 그 양이 '단지' 2배 늘어났을 뿐이다. 이 '지연 효과'로 많은 숲을 보존할 수 있었으며, 이는 화석 연료의 엄청난 소비 덕분이다.[69] 만약 화석 연료가 없었다면, 전 세계의 인구가 비상시에 사냥감이나 경작지, 특히 땔감을 찾기 위해 숲으로 달려갔을 것이다. 경제 위기가 시작된 후 그리스에서 그랬던 것처럼 말이다. "1톤의 철을 녹이는 데 약 50세제곱미터의 나무가 필요하다. 이것은 10헥타르의 숲이 1년 동안 생산할 수 있는 양이다."[70] 이런 사실을 고려할 때, 나무는 어쩌면 허울뿐인 산업 활동을 유지하는 데도 유용할 것이다. 미래의 전쟁 가능성에 대해서는 말할 것도 없다. 예를 들어 "1916년부터 1918년까지 독일의 U-보트가 대영제국의 무역을 봉쇄했을 때, 영국은 군사적 필요로 인해 상업적 목적의 삼림 거의 절반을 소비해야만 했다".[71]

여기에 지구 온난화의 영향을 추가해야 한다. 대부분의 시나리오에서 확인할 수 있듯 지구 온난화는 생물 다양성에 '극적인' 결과

를 가져오거나, 심지어 최악의 시나리오에 의하면 그 유명한 여섯 번째 대멸종을 유발할 수도 있다.[72]

생물 다양성은 부유하고 교양 있는 선데이 워커(sunday walker)만이 누릴 수 있는 사치가 아니다. 생물 다양성 감소는 우리가 상상하는 것보다 훨씬 더 심각한 결과를 초래할 수 있다. 종의 수를 줄이는 것은 생태계가 우리에게 제공하는 '서비스'를 줄이는 것이며, 우리를 수용할 수 있는 생물권의 용량을 줄이는 것이다. 따라서 그로 인해 머지않아 기근·질병 및 전쟁 같은 전형적인 패턴이 발생할 것이며, 이에 따라 인구가 감소할 것이다.[73]

지구의 또 다른 경계들

기후, 생물 다양성……. 불행히도 그 외에 다른 많은 '경계'가 있다. 2009년 〈네이처〉에 실리고[74] 2015년 입증된[75] 한 연구를 통해 국제 연구팀은 우리가 위험 지대에 빠지지 않고 생존하기 위해서 절대로 넘지 말아야 할 아홉 가지 경계에 대한 정량화를 시도했다. 거기에는 물론 기후 변화와 생물 다양성(새롭게 '생물권 완전성'이라고 불렀다)의 감소를 비롯해 해양 산성화, 성층권 오존층 파괴, 질소와 인의 순환 파괴, 대기 에어로졸 증가, 담수 소비, 토지 용도 변화, 화학 물질 오염이 포함된다. 이 중 일곱 가지는 현재까지 정량화가 진행 중이며, 네 가지는 이미 그 경계를 넘어선 게 분명하다. 기후 변화와 생물 다양성 감소는 우리가 이미 살펴보았듯 그 **자체로** 인간의 운명을 바꿀 수 있다. 지피 식생(地被植生)의 감소로 인한 토지 용도 변화, 질소와 인의 생물지리화학적 순환 역시 회복할 수 없을 정도로 훼손되었다.[76] 농업을 포함한 인간 활동에 의해 토양과 물로 방출된 이러한 영양 성분은 더 이상 자연 순환을 통해 충분히 빨리 흡수되지 못하고, 부영양화(물속에 질소, 인, 칼슘 같은 영양 성분이 물 스스로 정화할 수 있는 한계를 넘어 존재하는 상태—옮긴이)되어 우리 환경을 오염시킨다. 그 결과는 직접적이다. 부영양화가 진행되면 물을 식수로 사용할 수 없고, 인간과 가축에게 유독한 남조류 개체 수가 증가하고, 인근 지역의 수중 생물이 산소 부족으로 죽는다.[77]

연구자들은 물과 관련해 전염병, 오염, 생물 다양성 감소 또는 생태계 붕괴 같은 돌이킬 수 없는 재앙을 피하기 위해 넘지 말아야 할 세계 담수 소비량의 경계를 연간 4000세제곱킬로미터로 추정했다.[78] 그러나 물 부족은 식량 부족에 가장 직접적인 타격을 입힐 것이다. 왜냐하면 관개 기술 개발은 녹색 혁명 동안 급격한 인구 증가를 가능케 한 주요 요인 중 하나였기 때문이다. 현재 연간 세계 담수 소비량은 2600세제곱킬로미터로 추산되지만 연구자들은 지구 온난화(빙하의 소멸), 인구 및 농업 활동의 증가(오염과 재생 가능한 지하 담수의 빠른 고갈[79])로 인해 남은 가용 범위가 위험할 정도로 줄어들고 있다고 지적한다. 따라서 인류의 미래 물 수요를 충당하기 위해 남아 있는 안전 지역은 매우 적다. 오늘날 세계 인구의 약 80퍼센트가 물 부족 위험에 노출되어 있다.[80] 특히 유럽·인도 또는 중국처

럼 인구 밀도가 높은 지역이 그렇다.[81]

화학 물질 오염도 큰 문제다. 최근 몇 년 동안 합성 화학 물질
이 인간 건강에 미치는 영향을 다룬 수많은 과학 논문이 발표되었
다.[82] 배아 단계에서 특정 합성 화학 물질에 노출되면 유전자 발현
을 변형시켜 생식력 감소, 비만, 행동 장애 등 미래 성인의 건강,
외모 및 생리에 해를 끼친다는 사실은 이제 잘 알려져 있다.[83] 하지
만 많은 양뿐만 아니라 매우 적은 양에 만성적으로 노출되었을 경
우에도 지구상의 거의 모든 사람에게 문제를 일으킨다. 농사를 지
으면서 살포한 화학 물질의 최대 90퍼센트가 식물에 흡수되지 않
은 채 토양에 남아 있으며, 일부는 몇 년에 걸쳐 지속적으로 물을
오염시키고 화학 물질을 살포하지 않은 지역으로 이동하기도 한
다.[84] 살충제 잔류물(특히 현재의 네오니코티노이드)은 꿀벌을 포함한 곤
충 개체군[85]의 붕괴를 야기할 뿐만 아니라 척추동물,[86] 궁극적으로
는 야생 동물 및 농업[87]에도 피해를 준다. 중국의 주요 도시에서 발
생한 '에어포칼립스(airpocalypse: air와 apocalypse의 합성어로, 대기 오염으
로 인해 대재앙이 발생하는 것을 의미함—옮긴이)' 사례가 증명하듯 대기 오
염 역시 이에 뒤지지 않는다. 이런 사실은 심지어 프랑스 지역에
서도 확인할 수 있다. "2013년 12월 13일 파리의 거리는 20제곱미
터의 공간에 8명의 흡연자가 있는 방만큼 오염되었다. 〔……〕 직경
0.1마이크로미터 미만인 이 초미세 입자는 폐 깊숙이 침투해 혈류
로 들어가 심장 혈관에 도달할 수 있기 때문에 사람들의 건강에 극
도로 해롭다."[88] 이러한 대기 오염은 수백만 명이 죽는 직접적인 사

망 원인일 뿐만 아니라(그리고 우리의 평균 수명을 줄이는 데 기여한다), 생물 다양성과 생태계의 적절한 기능에 영향을 끼치고, 따라서 경제가 붕괴할 경우 미래 세대로 하여금 현대 의료 시스템에 의존할 수 없게 만들 우려가 있다.

수많은 '경계'가 있지만, 이를 모두 다 자세히 다룰 수는 없다. 중요한 것은 그게 아니다. 기억해야 할 것은 우리가 이런 환경에 둘러싸여 있다는 사실이다. 기후, 다른 생물 종, 오염, 물 사용 등 그 무엇이라도 경계를 넘게 되면 수많은 국가의 국민 건강과 경제가 심각한 영향을 받는다. 설상가상으로 이러한 시스템 중 하나(예를 들어, 기후)가 중단되면 다른 시스템(생물 다양성, 자연의 순환, 경제 등)이 혼란에 빠진다. 이는 또다시 그 누구도 통제할 수 없고, 그리고 그 누구도 알 수 없는 거대한 도미노 효과로 또 다른 시스템을 혼란에 빠뜨린다. 경계는 우리에게 한 가지 사실을 보여준다. 놀라울 정도로 효율적일지라도, 거대한 산업 기계는 역설적으로 성장하고 강해질수록 점점 더 무너지기 쉽다는 것이다.

루비콘강을 건너면 어떤 일이 일어날까

스위치를 누르는 압력이 점점 더 강해지고 있는 모습을 상상해보자. 처음에는 아무런 일도 일어나지 않는다. 조금 더 세게 누르고 그 상태를 유지하라. 여전히 아무 일도 일어나지 않는다. 그러다가 어느 순간 '딸깍'할 때까지 꾹 눌러라! 처음과는 완전히 다른 상태로 전환할 것이다. 딸깍 소리가 나기 직전까지 압력을 받고 있던 스위치는 작동할 준비가 되었다는 것을 알 수 있지만, 그 정확한 순간을 예측할 수는 없다.

생태계도 (거의) 동일하다. 오랫동안 자연은 교란에 점진적이고 적절한 방식으로 반응한다고 여겨져왔다. 실제로 생태계는 스위치 역할을 하기도 한다. 생태계는 정기적인 방해(사냥, 낚시, 오염, 가뭄 등)를 받는다고 해서 즉시 훼손된 것에 대한 명백한 징후를 나타내지 않는다. 하지만 티핑 포인트(tipping point: '갑자기 뒤집히는 점'이란 뜻으로, 때로는 엄청난 변화가 작은 일들에서 시작될 수 있고 대단히 급속하게 발생할 수 있다는 의미로 쓰이는 개념—옮긴이), 즉 생태계가 난폭하고 예측할 수 없는 방식으로 붕괴하는 보이지 않는 위험 수위에 도달할 때까지 점진적으로 (그리고 눈에 띄지 않게) 회복 능력(그 유명한 탄력성)을 잃어간다. 딸깍! 2001년에 '대재앙적 변화'[89]의 과학이라는 새로운 학문이 탄생했다.

예를 들어, 호수는 꾸준히 가해지는 어획의 압력 때문에 반투명 상태에서 완전히 불투명하게 빠르게 변화할 수 있다. 큰 물고기의 수는 서서히 줄어들다가 어느 한순간 전체 먹이 그물에 폭포 효과를 일으킨다. 그리고 이것이 결국 미세 조류의 매우 갑작스럽고 광범위한 증식으로 이어진다. 이 새로운 상태는 너무도 안정적이어서 되돌리기 어렵다. 문제는 아무도 이 미세 조류의 침입을 예측하지 못하고, 아무도 (최근까지도) 예측할 **능력이 없다**는 데 있다.

마찬가지로 스텝 기후 지역의 산림에서는 일정 수준 이상의 식생 피복(植生被覆)이 소실되면 토양이 지나치게 건조해져 갑자기 사막화가 이뤄지고 모든 식생이 다시 자라지 못한다.[90] 이는 5000년 전 숲이 갑자기 사막화했을 때 사하라사막[91]이나 이와 비슷한 전환이 진행 중인 아마존[92]에서 실제로 벌어지고 있는 일이다.

2008년 기후학자들로 이루어진 연구팀은 이러한 한계점을 통과할 가능성이 있는 14개의 '기후 격변 요소'(시베리아 영구 동토층, 대서양 해류, 아마존 열대 우림, 만년설 등)[93]를 조사했다. 이 중 일부는 되돌릴 수 있거나 적어도 지질학적 단계를 거치고 있었지만,[94] 그 각각은—개별적으로도—재앙적인 방식으로 기후 변화를 가속화할 뿐만 아니라 다른 요소들을 촉발할 수도 있다! 포츠담 기후영향연구소(PIK)의 설립자이자 소장인 한스 요아임 셸른후버(Hans Joachim Schellnhuber)는 "기후 변화에 대한 지구 시스템의 반응은 매우 비선형적인 것으로 보인다. 2°C 상승이라는 안전 임곗값을 넘어 4°C 상승이라는 한계를 향해 나아간다면, 티핑 포인트를 초과할 위험이 급격히 증가한다"고 강조했다.

이러한 접근 방식은 생태학적, 경제적 또는 사회문화적 한계가 작동하는 농업 시스템이나 인간 시스템에 매우 잘 적용된다. 마다가스카르의 메마른 숲 관리(숲 파괴로 인해 지역 경제가 붕괴했다), 목축 시스템이 매우 취약한 프랑스 남부 코스(Causses) 지역의 페두 치즈(Fédou cheese) 생산 또는 소셜 네트워크에서 '버즈(buzz)'의 출현 등을 그 예로 들 수 있다.[95]

티핑 포인트의 존재는 종종 시스템들의 밀접한 연결성과 균질성 (7장 참조) 때문이며, 이것은 폭포 효과 및 피드백 루프(feedback loop: 결과를 자동적으로 재투입하도록 설정한 순환 회로―옮긴이)와 관련이 있다. 실제로 생명력 있는 복잡한 시스템(생태계, 유기체, 사회, 경제, 시장 등) 은 수많은 피드백 루프로 서로 맞물려 있으며, 이를 통해 시스템을 안정적이고 비교적 탄력적으로 유지할 수 있다. 한계에 가까워질수 록 약간의 교란, 즉 물 한 방울만 튀어도 몇몇 루프가 변화해서 전 체 시스템을 예측할 수 없고 돌이킬 수 없는 혼돈 상태로 만들 수 있다. 시스템이 붕괴하거나 또 다른 평형 상태에 도달하는 것이다. 이는 분명 더 탄력적이고 안정적일 수 있지만, 대부분 (우리에게는) 매우 불편한 상태가 된다.

글로벌 차원에서, 세계 경제 시스템과 지구 시스템이라는 두 가 지 복합적인 시스템은 동일한 비선형적 역학을 따르며, 또한 티핑 포인트를 간직하고 있다. 최근 두 가지 연구, 즉 매우 짧은 기간에 대규모 경제 붕괴를 촉발할 수 있는 세계적 금융 위기의 위험을 분 석하는 연구[96]와 '글로벌 생태계'가 지구상 대다수 종이 더 이상 생 존할 수 없게 되는 티핑 포인트를 향해 위험하게 다가가고 있다는 것을 입증하는 연구[97]가 이 사실을 확인해주었다. 24명의 연구원 으로 이뤄진 국제적인 연구팀이 2012년 〈네이처〉에 발표한 이 유 명한 논문은 언론에서 "2100년에 세계 종말"[98]이 예견된다고 (과장 되게) 보도하면서 반향을 일으켰다. 비록 이와 비슷한 지구적 차원 의 변화가 과거에 이미 일어났지만[99](다섯 번의 대멸종, 빙하기로의 이행,

캄브리아기에 생물이 폭증하기 이전 대기 조성의 변화), 이 논문 저자들은 그 사건이 드물게 발생했고, 사건의 복잡성과 모든 매개 변수를 측정하는 게 어렵다는 점을 감안할 때 현재 상황에 대해서는 아직 아무 것도 확신할 수 없다고 지적한다.[100] 그러나 이 연구는 우리 인간이 지구 시스템 전체를 급진적이고 빠르게 파괴할 능력을 가지고 있으며, 우리가 이미 그 길을 가고 있음을 보여주는 일련의 단서를 제공한다.

재앙적 변화를 다루는 이 새로운 과학은 주목할 만하다. 왜냐하면 이 과학은 우리의 산업 발전 모델이 불러올 급격한 변화의 심각성에 대해 완전히 새로운 지식을 전해주기 때문이다. 우리는 해가 갈수록 '위기'를 심각하게 만드는 방향으로 작은 발걸음을 내딛고 있다. 그리고 우리는 지금 이 작은 발걸음이 예측할 수 있는 비례 효과가 아니라, 그 **이상으로** 갑작스럽고 예측할 수 없고 돌이킬 수 없는 재앙을 불러올 수 있다는 사실을 알고 있다.

04

방향이 막혀 있을까

우리가 사용하는 키보드의 AZERTY (그리고 QWERTY) 자판 배열의 기원을 알고 있는가? 이 질문에 대한 답을 얻으려면 가느다란 지 렛대 끝에 달린 금속 조각이 먹끈을 누르는 방식으로 작동하던 오 래된 타자기로 돌아가야 한다. 당시의 기술자들은 매우 구체적인 기능에 따라 자판을 배열했다. 즉, 지렛대들이 겹치지 않도록 가능 한 한 각 지렛대의 리듬을 일정하게 유지시키려 했다. 따라서 자판 을 누르는 리듬을 일정하게 유지하도록 가장 많이 쓰이는 일부 문 자('a' 's' 'p' 'm' 등)를 '약한' 손가락에 할당했다.[1]

오늘날의 평면 디지털 키보드는 더 이상 이러한 예방 조치가 필 요하지 않다. 따라서 일부 기술자는 AZERTY보다 훨씬 더 효율적 이고 빠른 새로운 유형의 자판인 DVORAK를 발명했다. 하지만 누가 DVORAK 자판을 사용할까? 아무도 사용하지 않는다. 그래서 타자기가 모두 사라져버렸음에도 우리 시대는 덜 효율적인 것으로 판명된 타자기에 적용하던 오래된 기술 시스템을 모두가 여전히 사용하는 어리석은 상황에 있다.

완전히 다른 분야도 이와 마찬가지다. 농업생태학, 영속 농업 또는 마이크로 유기 농업[2] 같은 대체 농업 시스템은 훨씬 적은 에너지로 헥타르당 기존 농산업과 비슷하거나 심지어 더 뛰어난 수준의 수확을 할 수 있다는 사실이 명확하게 입증되었다. 더 작은 농지에 토양과 생태계를 재건하고, 기후에 대한 영향을 줄이고, 농민 공동체를 재구성하면서 말이다.[3] 쿠바의 '유기농업단(Grupo de Agricultura Orgánica, GAO)'은 이를 구체적이고 대규모로 입증한 공로를 인정받아 1999년 라이트 라이블리후드상(Right Livelyhood Award)을 수상했다.[4] 오늘날 농업생태학은 UN[5] 및 FAO[6]에서도 인정을 받고 있다. 그렇다면 왜 이처럼 효율적이고 신뢰할 만한 대안이 성공하지 못하는 것일까? 왜 우리는 여전히 농산업의 '포로'인 것일까?

그 해답은 바로 우리 혁신 시스템의 구조에 있다. 사실, 더 고성능의 새로운 기술이 등장한다고 해서 그걸 자동으로 적용하지는 않는다. 그 반대다! 혁신적인 역사사회학자들이 '사회공학적 잠금 효과(lock-in effect: 특정 재화 혹은 서비스를 한 번 이용하면 다른 재화 혹은 서비스를 소비하기 어려워 기존의 것을 계속 이용하는 현상—옮긴이)'라고 부르는 현상 때문에 시스템을 변경하는 것조차 매우 어려운 경우가 많다.

우리 모두는 우리의 조상(그들 중 일부)이 어느 시점에 열기관, 자동차, 석유를 보편적으로 사용하기로 결정했기 때문에 연료 탱크를 채우기 위해 주유소에 들른다. 우리는 이 조상들의 기술적 선택에 갇혀 있다. 이처럼 오늘날의 기술적 궤적은 상당 부분 우리의 과거에 의해 결정되며, 많은 경우 기술 혁신은 이전 기술의 문제를 해결하려는 시도에 불과하다. 이러한 '경로 의존적' 진화는 여러 면에서 '기술의 막다른 길'로 이어져 우리를 점점 더 비생산적인 선택에 가둘 수 있다.

시스템은 어떻게 갇히는가

전기 시스템과 자동차 운송[7]이라는 두 가지 예를 들어보겠다. 첫 번째의 경우, 한 지역에 하나 이상의 화력 발전소를 설립하면 자체 강화 주기가 시작된다. 정부는 경제적 인센티브나 유리한 입법을 통해 투자자가 전력 생산 시스템을 발전시키고 보다 효율적인 차세대 발전소를 계획할 수 있도록 함으로써 이 시스템을 유지하는 데 도움을 준다. 이 기술 시스템은 서서히 성장하면서 '규모의 경제(생산량의 증가에 따라 단위당 생산비가 감소하는 현상―옮긴이)' 효과를 발생시켜 비용을 낮추고, 따라서 더 많은 사용자를 끌어모은다. 그렇게 함으로써 소비자는 전력 시스템을 습관처럼 사용하고, 저렴해진 전기료는 에너지 보급뿐만 아니라 에너지 소비를 더욱 촉진한다. 그런 다음 이러한 사회적 기술 시스템은 더욱 일반화하고, 이를 개선하고 보강하는 수많은 2차 혁신을 탄생시킨다. 마지막으로, 수요가 증가함에 따라 정부는 이 시스템의 보급에 유리한 조치를 취해 이 전력 시스템의 지배력을 극대화한다. 잠금 효과는 새로운 기술적 틈새시장을 차단할 때, 예를 들면 지배적 에너지 시스템이 더욱 효율적인 대체 에너지 시스템이 나타나는 것을 차단해 다양성을 허용하지 않을 **때** 나타난다.

자동차 운송의 경우에도 비슷한 주기가 나타난다. 도로 인프라를 밀집시킴으로써 정부는 운전자들이 이미 사용하고 있는 기반 시설의 이용을 더욱 늘리고(더 멀리 더 빨리 갈 수 있기 때문이다), 새로운 사용자들이 이 기반 시설의 혜택을 누릴 수 있도록 한다. 도로 시스템의 이용 증가는 투자와 공적 지원에 유리하다. 세금 수입이 크게 늘어나 시스템을 확장할 수 있고, 심지어 더욱 효율적인 다른 운송 시스템을 파괴할 수도 있다. 20세기 초 미국에서 제너럴 모터스(General Motors), 스탠더드 오일(Standard Oil), 파이어스톤(Firestone)이 정부 지원으로 전차 시스템을 파괴했던 사례처럼 말이다.[8]

이 과정에서 자기 참조(self reference) 측면은 본질적이다. 지배적 시스템이 강해질수록 그 지배를 유지할 수단이 더 많아진다. 지배적 시스템은 사용 가능한 자원을 모두 장악한 채 대안의 출현을 지원과 투자가 필요한 초기 단계에서 '기계적으로' 차단한다. 다시 말해, '작은 새싹'은 그들에게 그늘을 드리우는 큰 나무와 경쟁할 수 없다. 여기서 비극은 주위의 작은 시스템이 성장하는 걸 막음으로써 미래에 적용할 수 있는 잠재적인 솔루션을 스스로 차단해버린다는 것이다.

잠금 메커니즘은 매우 많고 다양한 분야에서 작동한다. 먼저 순수하게 기술적인 측면을 살펴볼 수 있다. 예를 들어, 지배적 시스템은 IT 분야에서 흔히 볼 수 있는 것처럼 소규모의 신흥 경쟁자가 시장에 도입하는 신기술과의 호환성(또는 불호환성)을 결정할 수 있다.

심리적 순서의 측면도 있다. 미국 인디애나 대학교 연구팀은 혁신적인 기술 설계에 대한 투자를 결정할 때, 미래에 대한 희망보다 과거의 궤적에 더 많이 의존한다는 사실을 입증했다.[9] 투자자는 생각만큼 무모하지 않으며, 아직 증명되지 않고 알려지지 않은 시스템보다는 이미 작동하고 있으며 엔지니어가 개선할 수 있는 시스템에 투자하려는 경향이 있다. 이런 사실은 우리가 진정으로 혁신적인 새로운 정치 시스템을 시도하는 데 많은 어려움을 겪는 이유를 간단히 설명해준다. 같은 맥락에서 매우 중요한 심리적 차단 요인은 개인의 행동 관성, 정책 변경에 대한 거부감과 관련이 있다. 하나의 시스템이 자리 잡으면 고치기 힘든 습관이 생긴다. 슈퍼마켓에서 비닐봉지를 사용하거나 고속도로에서 시속 130킬로미터로 고속 주행하는 습관처럼 말이다.

제도적 측면 역시 살펴볼 수 있다. 천연 제제의 개발을 방해하는 농약 규제, 또는 농업 종자 혁신을 억제하는 종자에 관한 법률처럼 새로운 '사회·기술적 틈새'의 출현을 막는 법이나 규제가 그런 것들이다. 정부가 대규모 보조금 지원 프로그램을 거절하는 문제도 언급할 수 있다. 예를 들어, 전 세계적으로 화석 연료에 할당한 총보조금은 2013년 5500억 달러(반면, 재생 에너지의 경우는 1200억 달러)였다.[10] 한 시스템의 제도적 관성은 생태계를 파괴하고 경제적으로 쓸모없는 대규모 프로젝트의 건설에서도 나타나는데, (경제적, 사회적 또는 환경적) 조건이 오늘날과 같지 않았던 시대를 기준으로 대규모 투자를 결정하기 때문이다. 마지막으로, 또 다른 제도적 잠금 메커니즘은 에너지원과 관련 있는 매우 막대한 기반 시설의 존재 그 자체다. 사실, 원자력 발전소나 정유 공장을 재활용하는 것은 결코 사소한 일이 아니다! 에너지 유형을 바꾸는 것은 기관들이 과거에 투자하고 구축했으며 현재와 미래에도 여전히 경제적·사회적 영향력을 행사할 수 있는 모든 것을 포기한다는 의미다. 사회심리학에서는 이 메커니즘을 '난해한 함정'[11]이라고 하며, 부당하게 비용이 많이 들거나 더 이상 목표를 달성할 수 없는 경우에도 개인이 그러한 행동을 지속하는 경향을 가리킨다. 가령 인생과 관련한 문제에서 단지 감정적으로 '이 모든 세월을 헛되이 만들 수는 없기' 때문에 더 이상 사랑하지 않는 배우자와 함께 지내는 경향을 예로 들 수 있다.

그러나 어떤 사람들은 제도의 존재 이유가 단지 축적된 자산, 사회·기술적 궤적, 몇몇 사회 질서를 **보존하기** 위한 것은 아니라고 반박하지 않을까? 물론이다. 하지만 문제는 혁신을 위해 만든 제도(공공 및 민간 연구)를 기존의 지배적 사회·기술 시스템이 독점하고 있다는 사실이다. 예를 들어, 농업과학 분야에서 농업생태학 박사 과정을 밟는 학생은 오늘날 농화학이나 유전공학 박사 과정 학생보다 훨씬 더 장애물을 많이 만나고 학점을 적게 받을 수 있다.[12] '명망 높은' 과학 저널에 논문을 싣는 게 훨씬 더 어려워 연구 분야에서 경력을 쌓을 기회가 줄어들 거라는 점 역시 말할 것도 없다. 릴(Lille) 대학의 경제학과 교수를 지낸 장 가드레(Jean Gadrey)는 다음과 같이 주장한다. "그렇다면 〔미래의 농업을〕 프랑스 국립농업연구소(Institut National de la Recherche Agronomique, INRA)의 '최고 전문가' 아카데미에 맡기겠는가? INRA의 9000여 개 직책 중 유기 농업 연구 분야의 정규직은 35개에 불과한데 말이다!"[13]

잠금 메커니즘은 집단행동 원칙에서도 나타난다. 예를 들어, 지구 온난화에 맞서 싸우고 '탄소 이후'의 세계 건설에 참여하는 사람이 수천만 명에 달하지만(캠페인, 시위, 청원 및 토론 등에서 그들을 볼 수 있다), 그들은 흩어져 있으며 제대로 조직되어 있지도 않다. (다른 사람들과 마찬가지로 화석 연료를 사용하며 생활한다는 건 말할 것도 없다.) 대조적으로, 화석 연료를 이용해 에너지를 생산하는 분야에 종사하는 사람들은 이보다 훨씬 적다. 예를 들어, 토탈 그룹에는 훨씬 더 잘 조직되어 있고 상당한 자금(2013년의 총투자금 224억 유로)을 보유한 10만 명의 '직원'이 있다. (그중 일부는 아마도 지구 온난화에 맞서 싸워야 한다고 확신하고 있을 것이다.) 요컨대 현재 시행되고 있는 기술 시스템은 변화에 저항할 수단을 가지고 있다.

그러나 너무 순진하게 굴지는 말자. 잠금 메커니즘은 '기계적'으로 작동할 뿐만 아니라, 강력한 로비를 통한 캠페인의 결과이기도

하다. 예를 들어, 프랑스에서는 저장하기 매우 어려운 원자력 발전을 계속 '가동'하기 위해 일부 기업가들이 신축 건물에 전기 난방 장치를 설치할 것을 여전히 주장하고 있다. 하지만 이는 열역학적으로 잘못된 것이다. (왜냐하면 전기는 '고귀한' 에너지이며, 우리는 그것으로 단순히 열을 내는 것 외에 많은 다른 일을 할 수 있기 때문이다.) 이러한 캠페인은 법적 틀을 벗어날 수도 있다. 1968년 제너럴 일렉트릭(General Electric)은 "부동산 사업자가 다른 에너지원을 제안할 경우 그들의 주택 단지에는 전기를 공급하지 않겠다"[14]고 위협하기까지 하면서 동일한 유형의 난방 사용을 강요하는 공격적 마케팅을 시행했다. 따라서 그 당시 미국의 태양 에너지 개발은 훨씬 더 나은 기술 솔루션임에도 불구하고 억제되었다. 마찬가지로, 농민을 살충제 시스템(유명한 '녹색 혁명')으로 끌어들이기 위해 농약 회사는 상당한 에너지를 투입하고 엄청난 금액을 지출했다.[15] DDT가 독성이 없다는 것을 증명하기 위해 회의론자들 앞에서 DDT를 마시기까지 한 곤충학자의 모습을 통해서도 이를 확인할 수 있다![16]

그럼에도 불구하고 최신 사례들이 증명하는 것처럼 일부 잠금 효과는 언젠가는 결국 풀리고 만다. 사실, 잠금 효과는 단지 전환을 지연시킬 뿐이다.[17] 작금의 문제는 우리가 더 이상 기다릴 여유가 없으며 잠금 효과가 엄청나게 커졌다는 것이다.

중대한 문제

문제가 심각한 곳은 경제의 세계화 및 상호 연결로 시행 중인 시스템이 지나치게 강화되어 잠금 효과가 더욱 확고해진 분야다. 고고학자 조지프 테인터(Joseph Tainter)의 논문에 따르면, 사회가 더 높은 수준의 복합성이나 전문성, 정치적 통제성을 거침없이 요구한다면, 이것이 사회 붕괴의 주요 원인 중 하나가 될 수도 있다고 한다.[18] 사실 시간이 지나면서 사회는 개발의 어려움 때문에 값이 오른 천연자원으로 점점 더 눈을 돌린다. (개발하기 쉬운 자원이 가장 먼저 소진된다.) 이로 인해 에너지 수익이 줄어든 사회는 현상 유지를 위해 사회 내부 통제 비용이나 군사 예산 등을 늘린다. 이런 복잡한 상황에 갇힌 사회는 수익 감소의 분기점에 도달하고 붕괴에 점점 더 취약해진다.

세계화하면서 극도로 복잡해진 산업 사회는 앞서 살펴보았듯 수익 감소 시대에 접어들고 있다. 무엇보다 특히 사회·기술적 잠금 메커니즘이 위험할 정도로 확대되었다. 사실상 하나의 시스템이 어느 국가나 지역에 일단 구축되고 나면, 이 시스템은 경제적으로나 기술적으로도 높은 경쟁력과 효율성을 갖추고, 전염 효과를 통해 다른 국가로 빠르게 확산된다. 이미 작동 중인 시스템의 효율성은 이러한 패러다임에서 벗어나는 것을 더욱 어렵게 만든다. 특히 모든 국가가 서로 경쟁하고 있다면 더욱 그러하다. 이 '글로벌 잠금 효과'[19]는 금융 시스템, 탄소 기반 에너지 시스템, 그리고 성장이라는 세 가지 예를 통해 설명할 수 있다.

금융은 최근 몇 년 동안 소수의 거대 금융 기관에 집중되고 있다.[20] 예를 들어, 영국에서는 3대 은행의 시장 점유율이 1997년 50퍼센트에서 2008년 거의 80퍼센트로 증가했다. 이러한 집중 현상으로 인해 국가는 암묵적으로 은행을 보증해야 했고, 이로 인해 시장 원리는 약해지고 은행은 과도한 위험을 감수해야 했다. 금융 기관과 정부의 관계가 '지나치게 가까워진 것'은 말할 것도 없다. 이것이 바로 일부 금융 기관이나 다국적 기업[21]이 '파산하기에는 너무 커진' 혹은 '감옥에 가기에는 너무 커진' 이유다.

탄소의 역사와 탄소 기반 기술 산업 단지는 아마도 역사상 잠금 효과가 가장 크게 작동하는 분야일 것이다. "석탄이나 석유의 풍부함뿐만 아니라 다른 자원보다 이 에너지원을 더욱 장려한 정치적 결정 같은 '초기의 조건들'이 매우 오랜 기간에 걸쳐 기술 궤적을 결정해왔다."[22] 오늘날 석유·가스·석탄을 제외하고, 우리의 열-산업 문명에서 중요한 것은 거의 없다. 교통, 음식, 의복, 난방 등 우리가 아는 거의 모든 것이 여기에 달려 있다. 석유와 가스 기업의 경제적·정치적 위력이 너무 커져 1751년 이후 90여 개 글로벌 기업이 전 세계 온실가스 배출량의 63퍼센트에 대한 책임이 있다.[23] 설상가상 (재생 에너지로의) 에너지 전환을 지지할 경우에도, 대체 에너지 시스템을 구축하려면 이 화력이 필요하다. 이는 다소 우스꽝스러운 역설이다. 생존하기를 희망한다면, 우리 문명은 그 힘과 안정성의 근원에 맞서 싸워야 한다! 즉, 자기 발에 총을 쏴야만 하는 것이다! 문명의 생존이 전적으로 지배적 기술 시스템에 의존할 때 잠금 현상이 나타난다.

성장의 잠금 효과도 같은 논리를 따른다. 부채 시스템의 안정성은 전적으로 성장에 달려 있다. 세계 경제 시스템이 계속 작동하려면 성장을 포기할 수 없다. 다시 말해, 우리가 대출을 상환하고, 연금을 납부하고, 심지어 실업률 증가를 막으려면 성장이 필요하다는 얘기다.[24] 사실, 우리 기관 중 어느 것도 성장을 멈춘 세상에 적합하지 않다. 왜냐하면 이것들은 성장을 **위해**, 그리고 성장에 **의해** 설계되었기 때문이다. 너무 오랫동안 성장을 멈춘다면, 경제 시스템은 결코 갚을 수 없는 빚더미에 파묻혀 무너질 것이다. 하지만 탄소의 경우와 마찬가지로, 글로벌 경제 시스템이 유연하고 민첩하게 변화하려면 최적의 방식으로, 다시 말해 강력한 성장과 더불어 작동해야만 한다! 그렇다면 또 다른 역설을 생각해보자. 전환을 빠르게 전개하기 위해 필요한 것 역시 강력한 경제 성장이다. 따라서 그 결과 **통제**를 통해 글로벌 경제 시스템을 위축시키는 것은 어렵다.

이러한 사회적 기술의 강력하고 광범위한 잠금 효과는 그것에 의존하는 사람들—바로 우리다!—을 극도로 타율적이게끔 만든다. 다시 말해, 스스로 중단할 수 없게 만들거나 단순히 자율성을 회복하는 능력을 빼앗는다. 구조적으로 단기적 선택을 지향하는 정치계 역시 자유가 거의 없다. 버락 오바마(Barack Obama)도 다음과 같이 인정했다. "미국인은 경제, 일자리, 성장에 지나치게 집중해왔고 여전히 여기에 집중하고 있다. 그래서 기후 문제를 다루기 위해 일자리와 성장을 무시하라는 메시지를 던진다면, 아무도 그 길을 가고 자 하지 않을 것이다. 나 역시 마찬가지다."[25]

우리(특히 우리의 조상)는 수십억 명이 살아갈 수 있는 환경을 유지 하는 데 꼭 필요한 괴물 같은 거대 시스템을 만들었다. 이 시스템 은 전환을 차단할 뿐만 아니라, 붕괴 위협을 진지하게 받아들이지 않는다. 시스템 **내부에서** 해결책을 찾을 수 없는 것은 명백하다. 따 라서 우리는 시스템 가장자리에서 혁신을 키워야만 한다. 이것이 전환의 요점이다. 그런데 가장자리가 아직도 남아 있을까?

요약하자면, 우리는 복합적인 기술 발전으로 이루어진 사다리를 타고 비약적 발전 속으로 매우 **빠르게** 올라왔다. 오늘날 진보라는 사다리 위에서 현기증을 느낀 수많은 사람이 그 사다리의 가로대 가 사라졌으며, 그럼에도 불구하고 막무가내로 사다리를 오르고 있 다는 사실을 (당황스럽게) 깨닫고 있다. 사다리 오르기를 멈추고 조용 히 단단한 땅으로 내려와서 덜 복잡한 삶의 방식을 회복하는 것은 더 이상 불가능하다. 사다리에서 뛰어내리지 않는 한 말이다. 하지 만 수많은 사람이 동시에 사다리에서 뛰어내린다면 시스템에 엄청 난 충격을 입히거나 뛰어내리는 사람이 부상을 입을 것이다.[26] 이 런 사실을 이해하는 사람은 불안을 안고 살아간다. 성급하게 올라 갈수록 추락은 더욱 고통스럽다.

점점 더 취약해지는 운송 수단에 갇히다

수십만 개에 달하는 다양한 크기의 볼트, 너트, 리벳, 그리고 엔진과 차체에 필요한 수만 개의 금속 부품, 고무, 플라스틱, 탄소 섬유 부품, 열경화성 폴리머, 직물, 유리, 마이크로프로세서 등 전부 합쳐서 600만 개의 부품이 보잉 747을 조립하는 데 필요하다. 항공기 조립을 위해 보잉은 100개 이상의 국가에 기반을 둔 6500여 군데의 공급업체를 활용하고, 매월 약 36만 건의 거래를 수행한다.[1] 이것이 우리 현대 세계의 놀라운 복합성이다.

50년이라는 시간 동안, 우리는 세계 대부분 지역이 서로 연결되는 경험을 했다. 정보, 금융, 무역, 공급망, 관광, 그리고 이 모든 흐름의 기초를 이루는 기반 시설 등 각종 시스템은 서로 긴밀하게 연결되어 있다.

시스템과학 전문가이자 미국 매사추세츠주 케임브리지에 있는 뉴잉글랜드 복잡계연구소(New England Complex Systems Institute) 소장인 물리학자 야니어 바얌(Yaneer Bar-Yam)은 "네트워크로 연결된 사회는 다세포 유기체처럼 움직인다"[2]고 말했다. 대부분의 장기(臟器)는 치명적이기 때문에 유기체를 죽음의 위험에 빠뜨리지 않고 그 중 일부를 잘라낼 수는 없다. 이 연구원이 발견한 것은 이러한 시스템이 복잡할수록 각각의 기관이 유기체 내에서 더 중요해진다는 사실이다. 따라서 세계화한 우리 문명의 각 분야와 지역은 모두 서로 의존하고 있어 한 분야 혹은 한 지역만 붕괴해도 문명 전체가 흔들린다. 다시 말해, **특정 시간에 특정 장소에 있는 우리의 일상은 전 세계 수많은 장소에서 최근에 일어난 일로부터 영향을 받는다.** 이것은 바얌이 지적한 바와 같이 〔산업〕 문명이 매우 취약하다"[3]는 것을 시사한다.

　복합적인 시스템의 안정성을 위협하는 위험 요소를 크게 세 가지, 즉 임곗값 효과('전부 아니면 전무' 현상), 폭포 효과('전염' 현상), 시스템이 충격을 받은 후 균형을 회복하지 못하는 현상〔히스테리시스(hysteresis) 현상: 물리학에서, 어떤 형체에 일정 수준 이상의 힘을 가했을 때 돌이킬 수 없을 정도로 변형이 일어나는 것을 의미―옮긴이〕[4]으로 나누어볼 수 있다. 앞서 살펴보았듯 이러한 위험 요소는 우리가 의존하고 있는 자연 시스템, 그리고 우리 고유의 시스템에 존재한다. 우리 사회를 구성하는 금융, 공급망 및 물리적 기반 시설을 통해 이러한 사실을 살펴보자.

겉만 번지르르한 금융

우리가 이미 살펴보았듯 국제 금융 시스템은 수많은 중개인의 대차대조표를 연결하는 채권과 채무의 복잡한 네트워크가 되었다.[5] 네트워크의 복합성은 이를 관리하기 위해 적용하는 규제를 바탕으로 측정할 수 있다. 예를 들어, 은행의 재무 건전성 확보를 위해 최소한의 자기 자본을 보장하는 바젤 협정〔국제결제은행(BIS) 가맹국들이 체결한 가맹국 간 금융 원조 및 협력 협정—옮긴이〕은 1988년에 30쪽(바젤 I), 2004년에 347쪽(바젤 II), 2010년에 616쪽(바젤 III)으로 늘어났다. 서명국 사이의 이러한 협정 이행에 필요한 문서는 예를 들어, 미국의 경우 1998년에는 18쪽이었지만 오늘날에는 약 3만 쪽에 달한다![6]

시스템은 또한 속도와 정교함을 얻었다. 고주파 거래 덕분에 매수 및 매도 주문은 점점 더 강력해지는 컴퓨터를 통해 100만분의 1초 속도로 자동으로 이루어진다.[7] 운영자는 새로운 금융 상품, 신용 파생 상품〔신용부도스와프(CDS) 및 부채담보부증권(CDO)〕을 만들어 혁신을 이루었으며, 그 규모는 말 그대로 폭발적이었다. 국제결제은행의 통계에 따르면, 2013년 12월 파생 상품 시장은 710조에 달했으며,[8] 이는 세계 GDP의 약 10배 규모다.

문제는 관계자들의 집중화, 금융 시스템의 복합성과 빠른 속도, 중개인들의 규제와 '혁신' 사이에 커지는 격차가 금융 시스템을 매우 취약하게 만들었다는 것이다.[9] 충격은 이제 네트워크 전체로 매우 빠르게 퍼질 수 있다.[10] 그뿐 아니라 복합성 그 자체가 위기의 근원이 될 수 있다. 경제 상황이 나빠지면(고객 파산 또는 보유 자산의 시장 가치 하락), 은행이 다른 은행과 맺고 있는 연동성을 모두 평가하기 어렵기 때문에 전반적으로 신용이 하락하고, 이로 인해 자산의 재난 매각(또는 화재 매각: 처치 곤란한 물품의 할인 판매—옮긴이)이 발생하고, 거래가 동결된다.[11] 이것이 2008년에 일어난 일이다.

설상가상으로 최근의 위기 이후 경제 붕괴를 피하기 위해 각국 정부는 이른바 '파격적인' 조치를 취했다. 위기의 규모에 당황한 중앙은행들은 현대식 화폐 발행에 해당하는 양적 완화(중앙은행이 통화를 시중에 직접 공급해 경기를 부양하는 통화 정책—옮긴이)를 시행했다. 그들은 국채(국가에 대한 대출에 해당) 및 기타 금융 유가증권을 구입해 시장에서 자금의 흐름을 촉진하고, 그럼으로써 해당 부문의 완전한 마비를 방지했다. 따라서 세계 주요 중앙은행들(미국, 유럽, 중국, 영국 및 일본)의 누적 대차대조표는 위기 이전 7조 달러에서 오늘날 14조 달러 이상으로 증가했다.[12] 이 모든 돈은 어떤 유형의 가치도 나타내지 않는다. 그리고 이러한 추세는 진정될 기미가 보이지 않는다. 예를 들어, 일본 중앙은행은 최근 연간 7340억 달러 규모의 국채 환매 정책을 가속화하기로 결정했다.[13] 현재의 디플레이션 악순환에 대응하기 위한 이런 전략은 점점 더 '통화 전쟁'과 비슷해지고 있다. 이러한 전략은 국가가 산업, 즉 수출을 촉진하고 고용률을 높이기 위해 자국의 통화를 평가 절하함으로써 '상대국'의 통화 정책에 차례로 대응하는 것이다. 그러나 케인스(J. M. Keynes)에 따르면 "화폐 가치를 떨어뜨리는 것보다 사회의 기존 기반을 전복하는 확실한 방법은 없다. 이 과정은 경제 법칙의 모든 신비로운 힘을 파괴의 방향으로 작동시키며, 100만 명 중 한 사람도 진단할 수 없는 방식으로 진행된다".[14]

문제는 은행 및 통화 위기가 금융 부문에만 국한되지 않는다는 것이다. 이러한 위기는 사회적 결속과 소비자 신뢰를 깨뜨림으로써 경제 활동에 영향을 미친다. 경제는 경기 침체에 빠지고, 이는 다시금 정부의 적자를 확대한다. 예를 들어, 유로존은 공공 부채가 6년 동안 3조 유로 이상 증가해(플러스 50퍼센트) GDP의 90퍼센트에 해당하는 총 9조 유로에 달했다.[15] 일부에서는 이러한 노력으로 경제 활동을 안정시킬 수 있었다고 주장하지만, 각국은 실업률이 감소하거나 사회적 긴장이 완화되지 않고 있다. 꽤나 대조적으로 말이다……

몹시 위태로운 공급망

지난 수십 년 동안 실물 경제는 생산자에서 소비자에 이르기까지 상품과 서비스의 지속적 흐름을 촉진하는 거대한 공급망 구축 덕분에 긴밀하게 상호 연결되었다. 오늘날 기업은 '국제적으로' 운영된다. 이익을 극대화하기 위해 기업은 가능한 한 모든 것을 현지화하고 아웃소싱한다. 기업의 새로운 운영 방식은 효율성('숨겨진 비용' 찾아내기)에 초점을 맞추고 비용이 너무 많이 드는 재고 관리를 피하기 위해 적시 공급을 선호한다. 하지만 국가가 소유하는 필수 비축품인 석유와 식량의 경우에는 여전히 며칠 내지 몇 주를 보관한다. 예를 들어, 석유의 경우 프랑스는 수입한 후 최소 90일 동안 비축할 의무가 있다.[16]

이러한 공급망의 길이와 연결성을 늘리고 재고를 제로로 줄임으로써 글로벌 경제 시스템은 회복력에서 잃은 것을 효율성에서 얻었다. 금융과 마찬가지로, 최소한의 혼란도 경제 전체에 막대한 피해를 입히고 들불처럼 번질 수 있다. 2011년 태국 홍수 사례는 많은 것을 말해준다. 계속되는 폭우와 네 차례의 강렬한 열대성 태풍이 지나간 후, 농업에서 컴퓨터와 마이크로칩 제조업에 이르기까지 많은 태국 기업이 홍수의 영향을 받았다. 쌀 생산 대국인 이 나라에서 연간 쌀 생산량이 20퍼센트 감소했다. 하드 디스크의 세계 생산량은 28퍼센트 줄었고, 그에 따라 가격이 급등했다. 컴퓨터, 디지털 카메라 및 비디오의 생산이 멈추었다. 그리고 하천의 범람으로 혼다, 닛산, 도요타 공장이 침수되어 모두 생산을 중단해야 했다. 2012년 세계경제포럼(WEF)은 이 모든 것이 "재앙적 사건을 일으킬 수밖에 없는 글로벌 공급망"[17] 때문이라고 언급했다.

공급망 중단의 잠재적 원인은 자연 기원(지진, 쓰나미, 허리케인 등)일 수 있지만, 행정 오류나 테러 행위 같은 인간 기원일 수도 있다. 2012년 1월, 백악관의 공급망 보안에 대한 국가 전략은 범죄 및 테러 조직이 "시스템을 악용하거나 공격 수단으로 사용하려 한다"[18]는 우려를 표명했다. 2004년에 이미 미국 보건부 장관 토미 톰슨

(Tommy Thompson)은 다음과 같이 말했다. "테러리스트들이 왜 우리의 식량 공급 시스템을 공격하지 않는지 이해가 되지 않는다. 그렇게 하는 게 너무도 쉬운데 말이다."[19] 이듬해 캘리포니아 스탠퍼드 대학의 한 연구팀은 미국에서 20만 리터의 우유를 보관하는 창고 하나만 보툴리눔(botulinum) 독소에 오염되어도, 그 오염 원인을 밝히기도 전에 25만 명이 사망할 수 있음을 보여주었다.[20]

일부 연구자들은 세계화한 공급망이 2008년 위기 동안 세계 무역의 붕괴에 어떻게 기여했는지 설명했다.[21] 다른 연구자들은 이러한 전염 메커니즘을 이해하기 위해 거시경제 모델을 개발했다.[22] 그들은 글로벌 금융 시스템과 마찬가지로 공급망의 전염을 먹이 사슬의 연쇄 효과(생물 다양성을 다룬 2장에서 살펴보았다)와 비교할 수 있다는 사실을 알아냈다.[23] 예를 들어, 공급 업체의 파산 같은 충격은 수직으로 퍼진 다음 수평으로 번져 경쟁 업체를 불안정하게 만든다. 게다가 공급망은 모든 경제 활동에 필수적인 신용 한도를 설정하는 재무 시스템의 건전성에 의존하기 때문에 더욱 취약하다.

숨을 헐떡이는 인프라

더 멀리 가보자. 공급 네트워크와 금융 시스템은 물리적 기반인 인프라 네트워크에서 작동하며, 이 역시 점점 정교하게 상호 연결된다. 이러한 기반 시설에는 도로·해상·항공·철도 운송 네트워크뿐만 아니라, 전기 및 통신 네트워크(인터넷 포함)가 있다.

물리적 기반 시설은 우리 사회의 주요 기둥이며, (놀랍게도!) 시스템의 취약성으로 인해 점점 더 위험에 노출되고 있다. 예를 들어, 모든 국제 은행 간 거래는 SWIFT(BIC 코드)라는 작은 기관을 거친다. SWIFT는 미국, 네덜란드, 스위스에 각각 하나씩 총 3개의 데이터 센터만 있다. 225개국 넘는 곳에 있는 1만 500개 이상의 기관에 표준화한 은행 간 이체 서비스 및 인터페이스를 제공하며, 일일 총거래량은 수조 달러다.[24] 테러 공격이나 사이버 공격 같은 이런저런 이유로 이러한 핫 스폿이 영향을 받으면 경제 전체에 치명적 영향을 끼칠 수 있다.

운송망 또한 잠재적으로 안정성을 깨뜨릴 수 있는 요소다. 예를 들어, 2010년 아이슬란드의 에이야퍄들라이외퀴들(Eyjafjallajökull) 화산 폭발로 항공사들은 6일 연속 운항을 중단해 세계 무역에 큰 영향을 미쳤다. 이 폭발로 인해 케냐에서는 노동자가 일자리를 잃고, 아일랜드에서는 환자의 수술을 취소하고, 독일에서는 BMW가 생산 라인 세 곳을 폐쇄하기도 했다.[25]

2000년 디젤 가격이 상승하자 150명의 트럭 운전사가 영국의 주요 연료 저장소를 봉쇄했다. 파업을 시작한 지 단 4일 만에 대부분의 정유 공장이 가동을 중단했고, 정부는 나머지 저장량을 보호하기 위한 조치를 취해야 했다. 그다음 날 사람들은 식료품 사재기를 하기 위해 슈퍼마켓과 식료품점에 몰려들었다. 또 하루 뒤에는 주유소의 90퍼센트가 서비스를 중단했고, 공중보건시스템(NHS)

은 비필수적인 수술을 취소하기 시작했다. 로열 메일(Royal Mail) 우편배달이 멈추고, 많은 도시와 마을의 학교가 문을 닫았다. 테스코(Tesco)와 세인스버리(Sainsbury's) 같은 대형 슈퍼마켓은 배급 시스템을 도입했고, 정부는 군에 필수 물품의 호위를 요청했다. 마침내 여론의 압력에 떠밀려 파업이 중단되었다.[26] 에든버러에 있는 헤리엇 와트(Heriot-Watt) 대학교의 물류학 교수 앨런 매키넌(Alan McKinnon)은 이 사건을 분석하며 이렇게 말했다. 이런 일이 다시 발생하면 "일주일 후에 국가는 심각한 사회경제적 위기에 빠질 것이다. 대부분의 생산 및 유통 시스템을 복구하려면 몇 주가 걸릴 테고, 일부 기업은 결코 회복하지 못할 것이다".[27] 이러한 우려를 공유한 미국도로운송협회(American Road Transport Association)[28]의 보고서는 발생할 수 있는 연쇄 효과의 요점을 시간대별로 설명했다 (110~111쪽의 박스 참조).

정유소는 도로 운송뿐만 아니라 주요 발전소에 석탄을 공급하는 기차에도 필요한 연료를 공급한다. 그러나 영국 전력의 30퍼센트, 미국 전력의 50퍼센트, 오스트레일리아 전력의 85퍼센트를 공급하는 주요 발전소의 석탄 보유량은 평균 20일 치에 불과하다.[29] 전기 없이는 탄광과 파이프라인을 운영할 수 없다! 상수도 분배 시스템, 냉동 유통망, 통신 시스템, 컴퓨터 및 은행 센터를 유지·관리하는 것도 불가능하다.

트럭이 멈추면 미국도 멈춘다
트럭 운송 중단 후 주요 활동 부문에서 시간대별로 나타나는 영향

처음 24시간 동안
- 피해 지역에 대한 의료용품 배송이 멈춘다.
- 병원에선 주사기와 카테터 같은 기본 용품이 고갈된다.
- 주유소의 연료가 바닥나기 시작한다.
- 적시 공급 방식으로 가동하는 공장은 부품 부족 현상이 발생한다.
- 우체국 및 기타 소포 배송이 중단된다.

하루 뒤
- 식량 부족 현상이 나타난다.
- 연료를 더 이상 쉽게 구할 수 없어 가격이 치솟고 주유소의 대기 줄이 길어진다.
- 공장에 필요한 부품과 제품을 배송할 트럭이 없어 조립 라인이 멈추고 수천 명의 근로자가 해고당한다.

2~3일 뒤
- 특히 불안에 사로잡힌 소비자들이 식료품 사재기를 시작하면서 식량 부족이 심각해진다.
- 생수, 분유, 통조림 같은 필수 공급품이 대형 소매점에서 사라진다.
- ATM에서 현금이 바닥나고, 은행은 일부 거래를 처리할 수 없게 된다.
- 주유소의 연료가 바닥난다.
- 도심과 교외 지역에 쓰레기가 쌓인다.
- 컨테이너선은 항구에 정박하고 철도 운송이 멈춘다.

1주일 뒤

- 연료 부족으로 자동차 이동이 중단된다. 자동차와 버스가 없어 많은 사람이 직장에 출근하지 못하고, 쇼핑을 못하고, 의료 서비스를 이용하지 못한다.
- 병원의 산소 비축량이 고갈되기 시작한다.

2주일 뒤

- 식수가 바닥나기 시작한다.

4주일 뒤

- 국가 차원에서 식수가 고갈되어 끓인 물만 마실 수 있다. 그로 인해 위장 질환자가 증가하고 이미 약해진 의료 시스템에 더 많은 부담을 준다.

오클랜드 대학의 연구원들은 지난 10년 동안 26개국에 영향을 끼친 50여 건의 주요 정전 사건에 대해 연구했다.[30] 연구원들은 이 정전이 재생 에너지의 일시적 중단, 화석 연료의 고갈 및 극단적 기상 현상에 적응하지 못한 네트워크의 취약성 때문이라고 지적한다. 이러한 정전으로 인해 전기 배급, 재정 및 경제적 손실, 식량 안정성 위협, 교통 장애, 폐수 처리장 및 GSM 안테나 폐쇄, 범죄 및 사회적 불안 증가 등이 모든 지역에서 동일하게 나타났다.

또한 OECD 국가의 경우, 수많은 교통망·전기망 및 상수도망이 50년 이상(일부는 100년 이상) 되었으며, 이미 최대 용량을 초과해 운영되고 있다.[31] 2008년 경제 위기 이후, 각국 정부가 새로운 네트워크를 유지 또는 구축하는 데 필요한 투자를 지연하거나 동결해 인프라 시스템을 더욱 취약하게 만든 것은 드문 일이 아니다. 예를 들어, 미국에서는 7만 개의 교량(9개 중 1개)에 구조적 결함이 있는 것으로 나타났으며, 도로의 32퍼센트가 열악한 상태에 있다.[32] 이에 오바마 대통령 시절 교통부 장관을 지낸 레이 라후드(Ray LaHood)는 이렇게 말했다. "현재 우리의 기반 시설은 엉망이다. 〔……〕 우리가 필요한 투자를 하지 않았고 〔그렇게 할〕 돈도 없기 때문에 무너지고 있다."[33]

이 모든 예에서 배울 수 있는 교훈은 간단하다. 즉, 기반 시설의 상호 의존도가 높을수록 그중 어느 하나의 사소한 결함도 도시 또는 국가 전체에 중대한 결과를 초래할 수 있다.

무엇이 불씨가 될까

지금까지 우리는 이러한 시스템 차원의 위기가 국한된 장소와 특정한 시간에 제한적인 손실과 일시적 장애로 나타나는 것을 살펴보았다. 문제는 이제 금융 시스템, 공급망 또는 인프라의 붕괴가 세계 경제 전체로 확산할 수 있는지 여부다.

시스템 위험 전문가 데이비드 코로비치(David Korowicz)에 따르면 대답은 '그렇다'이며, 불씨는 두 군데에서 시작될 수 있다.[34] 첫 번째는 (부채에 기반한) 부분지급준비금 시스템을 위협할 수 있는 피크 오일이다. 두 번째는 금융 시스템의 전반적 불균형이다. 어느 경우든 세계 경제 붕괴는 국가와 은행의 파산으로 인한 전반적인 신용 상실 단계를 거치면서 진행될 것이다.

자신의 주장을 뒷받침하기 위해 코로비치는 유로존 국가의 파산으로 시작되는 전염 시나리오를 보여준다. 이 '위기'는 각 국가의 은행에 공황을 일으키고 경제 전반, 즉 모든 산업으로 확대되어 결국 며칠 만에 식량 위기로 번질 것이다. 그리고 2주일도 채 지나지 않아 전 세계로 기하급수적으로 퍼져나갈 것이다. 3주일이 지나면 일부 필수 산업 부문은 더 이상 활동을 재개할 수 없게 될 것이다 (9장 참조).

다른 한편으로, 심각한 전염병 또한 주요 붕괴의 원인이 될 수 있다.[35] 그러기까지 바이러스가 인구의 99퍼센트를 죽일 필요는 없다. 단지 적은 비율로도 충분하다. 실제로 사회가 복잡해지면 업무의 전문화가 더욱 광범위해지고, 사회에 필수적인 핵심 기능이 생겨난다. 국가에 연료를 공급하는 도로 운송업자, 원자력 발전소의 특정 기술자, IT '허브'를 유지·관리하는 엔지니어를 예로 들 수 있다. 바얌은 다음과 같이 말한다. "복잡한 시스템에 대한 가장 깊이 있는 연구 결과 중 하나는 시스템이 고도로 복잡해지면 개인이 중요해진다는 것이다."[36]

1918년의 독감이 재발하는 상황을 시뮬레이션한 엑슨 모빌(Exxon Mobil)의 종합비상계획 책임자 존 레이(Jon Lay)에 따르면 "사람들에게 출근해도 위험하지 않다고 설득할 수 있다고 해도 약 25퍼센트는 결근할 것이다".[37] 이 경우 중요한 위치에 있는 사람들이 모두 자기 자리를 지킨다면, 심각한 결과가 발생하지 않는다. "하지만 결근율이 50퍼센트라면 이야기가 완전히 달라진다." 환자들에다 전염병에 대한 두려움 때문에 집에 머무르는 사람들까지 추가되면 연쇄적인 영향은 치명적일 수 있다. 며칠만 지나도 전체 시스템이 멈출 수 있다. 2006년에 경제학자들은 1918년의 독감이 오늘날 세계에 미칠 영향을 시뮬레이션했는데, 그 결과는 다음과 같다. 즉, 전 세계적으로 1억 4200만 명이 사망하고, 세계 GDP가 12.6퍼센트 감소하는 경제 침체가 발생한다.[38] 이 시나리오에서 사망률은 (감염자 기준) 3퍼센트였다. 그러나 조류 인플루엔자(H5N1) 또는 에볼라 바이러스의 경우 이 비율이 50퍼센트 또는 60퍼센트를 넘어갈 수 있다.

어떤 사람은 중세에 전염병이 유럽 인구의 3분의 1을 앗아갔지만, 문명의 멸종은 없었다고 주장할지도 모른다. 물론 그러했다. 하지만 상황이 달랐다. 중세 사회는 오늘날보다 훨씬 덜 복잡했다. 지역 경제가 구획화되어 감염 위험이 적었을 뿐만 아니라 인구 대다수가 농민이었다. 농민의 3분의 1이 감소하면 농업 생산이 3분의 1로 줄어들지만, 사회 전체의 중요한 기능이 마비되지는 않는다. 그 당시 생존자들은 여전히 오염되지 않은 다양한 생태계, 잠재적으로 경작 가능한 새로운 땅, 상대적으로 풍부한 숲 및 안정적인 기후에 의지할 수 있었다. 오늘날에는 이러한 조건이 더 이상 충족

되지 않는다.

또한 현재까지 사물의 시스템적 측면을 인식하는 사람이 거의 없으며, 특히 정부는 이런 상황에 대한 해결책을 찾는 데 비효율적인 것처럼 보인다.[39] "국제적인 기관들은 시스템 전체의 상호 작용을 무시하고 주로 단순한 문제에 중점을 둔다. 예를 들어, 산림 조성을 통해 기후 변화에 대처하는 것은 UN의 생물다양성협약(Convention on Biodiversity)이 목표로 하는 생태계를 훼손할 수 있다. [또는] 바이오 연료에 대한 홍보는 삼림 벌채를 가속화하고, 가난한 국가의 식량 안보를 위협할 수 있다."[40]

마지막으로, 시스템이 너무 복잡해져서 외부 충격이 없는 경우에도 단지 구조적인 이유만으로 붕괴할 수 있다는 점에 유의해야 한다. 실제로, 특정 수준의 복합성을 넘어서면 그것을 측정하는 기술적 도구는 더 이상 이 슈퍼 시스템의 혼란스러운 행동을 이해 또는 예측할 수 없게 된다. 다시 말해, 이러한 시스템을 완전히 통제하는 것이 불가능해진다.[41] 전문가와 의사 결정자들이 위기에 대해 알고 있고(항상 그런 것은 아니다), 유능하고(이 역시 늘 그런 것은 아니다), 게다가 뛰어난 기술을 가지고 있다 하더라도 글로벌 네트워크의 시스템적 폭발을 피할 수는 없다.

따라서 이러한 '초세계화'는 글로벌 경제를 매우 거대하고 복합적인 시스템으로 바꿔 우리가 다루는 각각의 중요한 부문에 특정됐던 위기를 서로 연결 및 증대시킨다. 이는 새로운 종류의 위기, 즉 **글로벌 시스템의 위기**를 야기한다. 이에 대한 잠재적 유발 요소는 끝이 없으며, 소규모 경기 침체를 거대한 경제 불황 또는 광범위한 붕괴로 빠르게 몰고 갈 수 있다.

오늘날 우리 사회에서 슈퍼마켓이나 신용카드, 주유소 없이 생존하는 방법을 아는 사람은 거의 없다. 문명이 '불안정해질 때', 즉 지구에 거주하는 대다수가 더 이상 지구 시스템(토지, 물, 나무, 동물, 식물 등)과 직접적으로 연결되지 못할 때, 인구는 이런 상태에서 지구 시스템을 유지하는 인공 구조물에 전적으로 의존하게 된다. 점점 강해지지만 무너지기 쉬운 이 구조가 붕괴하면, 인구 전체의 생존은 더 이상 보장받을 수 없다.

1부에 대한 종합 평가

시선을 사로잡는 그림

잠시 숨을 고르고, 다시 요약해보자.

우리 산업 문명은 재정적 혼란과 사회적 불안을 피하고 현상을 유지하기 위해 점점 더 많은 에너지를 소비하면서 속도를 높이고 복잡해졌다. 에너지 관점에서 매우 효율적인 화석 연료의 무분별한 사용에 부채를 기반으로 극도로 불안정한 성장을 이룬 경제가 결합하면서, 산업 문명은 폭발적으로 팽창해왔다. 그러나 이제 지구 물리학적 한계나 경제적 한계로 인해 산업 문명의 성장이 멈추고 생산성이 감소하는 국면에 이르렀다. 한계를 밀어내기 위해 오랫동안 사용해온 기술은 더 이상 빠른 성장을 보장하지 못하고 혁신적 대안을 방해함으로써, 지금의 산업 문명을 지속 불가능한 궤도에 가두고 있다.

이와 동시에 경제 및 생태계의 복합적인 시스템은 특정 한계를 넘어서면 사전에 알 수 없었던 새로운 평형 상태로 갑자기 떨어지거나 심지어 붕괴한다는 사실이 드러났다. 우리는 안정적인 삶을 보장해주는 몇몇 '경계'를 사회 차원에서, 그리고 종 차원에서 이미 넘어섰다는 사실을 점점 더 깨닫고 있다. 지구 기후 시스템, 수많은 생태계 시스템, 지구의 생물지리화학적 대순환 시스템은 우리가 알고 있던 안정적 범위를 벗어나 거대하고 급격한 혼란을 겪을 것이며, 이는 다시 산업 사회와 인류 그리고 다른 종들까지 불안정하게 만들 것이다.

우리 시대의 특징일 수도 있는 모순―어쩌면 문명이 한계를 향해 돌진하고 경계를 넘었던 모든 시대의 특징일 것이다―은 문명이 강력할수록 더 무너지기 쉽다는 것이다. 인류의 절반 이상이 누리며 살고 있는 현대의 세계화한 정치·사회·경제 시스템은 자원을 심각하게 고갈시키고, 기후와 생태계 시스템을 교란한다. 과거에 성장을 가능케 했으며 오늘날 안정성을 보장해주고 생존을 가능케 해주는 조건들마저 위험할 정도로 파괴하고 있다.

동시에 점점 더 세계화하고 상호 연결된 우리 문명의 구조는 시스템 안팎의 사소한 혼란에도 매우 취약해져 시스템 붕괴의 역학을 따를 수밖에 없다.

이것이 지금 우리가 처해 있는 상황이다. 아주 심각한 기후 및 생태계 교란(종을 위협하는 유일한 요인)으로부터 우리를 보호하려면, 이제 엔진을 꺼야 한다. 위험 요소를 없애기 위해 우리가 가야 할 유일한 길은 화석 연료의 생산과 소비를 중단하는 것이다. 하지만 이것은 경제적 그리고 아마도 정치적·사회적 붕괴를 초래하거나, 심지어 열-산업 문명을 끝장나게 할지도 모른다.

우리 산업 문명의 엔진을 보존하려면, 우리는 여전히 더 많은 경계를 넘어야 한다. 다시 말해, 계속 탐사하고 발굴하고 생산하고 더 빠르게 성장해야 한다. 하지만 이것은 필연적으로 기후, 생태, 생물지구물리학적 전환점으로 이어지고 자원의 정점에 부딪혀 궁극적으로 경제적 붕괴라는 동일한 결과를 초래한다. 인류, 그리고 살아 있는 거의 모든 종의 붕괴로 이어질 수 있다는 점만 빼고 말이다.

오늘날 우리는 네 가지 사실을 확신한다. 1. 우리 사회의 물리적 성장은 가까운 장래에 멈출 것이다. 2. 우리는 지구 시스템 전체를 회복할 수 없는 상태로 바꾸어놓았다. (적어도 지질학적 차원에서는 그러하다.) 3. 우리는 매우 불안정하고 '비선형적인' 미래를 향해 나아가고 있다. 이 미래에는 (내부 및 외부의) 대규모 혼란이 일상화할 것이다. 4. 우리는 이제 잠재적으로 글로벌 시스템 붕괴를 따를 수밖에 없다.

따라서 (우리가 이 책의 에피그래프에서 인용한 것을 포함해) 수많은 경제학자, 기후학자, 물리학자, 농업경제학자, 생태학자, 군인, 언론인, 철학자, 심지어 정치인과 마찬가지로, 우리도 가까운 미래에 우리 사회가 붕괴할 수 있다고 추론한다.

다시 자동차에 비유하면, 우리는 가속 페달을 이렇게 세게 밟은 적이 없었다. 연료 표시등에는 이미 경고 표시가 들어왔다. 엔진은 숨을 헐떡이며 연기를 내뿜고 기침을 토하기 시작했다. 속도에 취한 채 우리는 표지가 설치된 경로를 벗어나 장애물로 가득 차서 시야가 거의 확보되지 않는 가파른 비탈을 내려가고 있다. 일부 승객은 자동차가 매우 위태로운 상태라는 것을 알고 있다. 하지만 운전대는 그들의 손에 있지 않다. 운전자는 계속해서 가속 페달을 밟고 있다!

'위기'를 하나 혹은 여러 개씩 따로 떼어내지 않고 하나의 큰 그림으로 보면, 우리 시대를 훨씬 수준 높게 이해할 수 있을 것이다. 에볼라 바이러스의 예는 흥미롭다. (괄호는 해당 위기를 나타낸다.) 숲의 파괴(생물 다양성)는 바이러스(건강)의 확산에 유리했지만, 다수의 사망자와 일자리를 잃은 사람과 봉쇄 조치로 인해 경제 활동(경제)을 지연시켰고, 공급망(기반 시설)과 수확(식량)에 심각한 지장을 초래했다. 그 결과 전염병이 시작된 지 6개월도 채 되지 않아 서아프리카에서 100만 명 넘는 사람이 기아의 위협을 받았고,[1] 기니(Guinea)의 보건 시스템은 매우 취약해졌다(기반 시설).[2] 산업 보건 시스템이 더 이상 대응을 하지 못하면, 전염병은 어떻게 될까?

이와 마찬가지로, 피크 오일과 같은 경고에 직면했을 때, 문제를 지나치게 단순화하는 경향이 있는 과학 등의 분야에서는 자발적으로 '해결책'을 찾고자 했지만, 그것이 종종 인접한 '위기들'과 양립할 수 없는 경우가 더 많았다. 모든 영역 간의 상호 연결성에 대해 알고 있다면, 이러한 함정을 피하거나 더 많은 에너지와 원자재를 소비해 상황이 악화하는 걸 막을 기술적 '해결책'이 거의 없다는 걸 깨달을 것이다.

이 방대하고 압도적인 그림은 일부 연구가들의 결론이 우연히 틀렸거나 수치가 잘못되었거나 해석에 일부 오류가 있더라도, 거의 동일한 추론을 유지한다. 이상적인 세상을 상상해보자. 그곳에서 우리는 금융을 마음대로 조절할 수 있다. 이것이 허리케인의 빈도, 석유의 고갈, 공급망의 길이 또는 동물 종의 멸종에 어떤 변화를 줄 수 있을까? 우리가 내일 무한히 사용할 수 있는 새로운 에너지원을 발견한다고 상상해보자. 우리는 인산염 광물의 고갈, 인구 이동, 글로벌 시스템의 위험을 피할 수 있을까? 분명히, 산업 문명의 모습을 몇 년 더 유지할 수는 있겠지만, 우리는 아마 더 높은 곳에서 떨어질 것이다…….

연구를 진행하는 동안, 우리는 서서히 구석으로 몰리고 있다는 느낌을 받았다. 설상가상으로 우리는 모든 '위기들'이 밀접하게 연결되어 있어 하나의 위기가 일종의 거대한 '도미노 효과' 같은 연쇄 효과로 다른 위기를 촉발할 수 있다는 걸 알았다. 이 사실을 깨달은 우리는 좌절감과 놀라움뿐만 아니라, 얇은 얼음으로 뒤덮인 거대한 호수 표면 한복판으로 걸어 들어가고 있는 듯한 기분을 느꼈다. 우리가 얼마나 위험한 상황에 처했는지 주위를 둘러보기 위해 멈춰 서면, 사람들 모두가 한목소리로 외칠 것이다. "계속해! 뛰어! 점프해! 속도를 높여! 멈추지 마!"

하지만 재앙 관련 뉴스가 아무리 쏟아지더라도 세계 경제 시스템, **하물며** 열–산업 문명 또는 지구 시스템은 아직 붕괴하지 않았다. 자본주의 경제 시스템은 위기를 통해 성장하고 강해지는 성향이 있다. 의심의 여지가 남아 있을 때 붕괴를 믿지 않는 사람들에게 할 수 있는 말은 이것밖에 없다. 그리고 이것은 사실이다. 자본주의 경제 시스템은 살아남는다. (붕괴 후에도 오랫동안 살아남을 텐데, 다음 장에서 이 부분에 대해 다룰 예정이다.) 따라서 이 모든 것은 심리학적, 정치적, 고고학적 성격의 많은 질문을 제기한다. 이에 대해서는 9장과 10장에서 접근해볼 텐데, 그 전에 우리는 시간 문제를 다루어야 한다. 모든 게 붕괴할 거라고 말하는 것도 좋지만, 그러한 사건이 임박했다는 증거는 여전히 필요하다. 기본적으로 모든 문명은 언젠가 붕괴하기 마련이다. 그렇다면 이것은 현세대인 우리와 어떤 관련이 있을까?

2부

그렇다면 언제인가

미래학의 어려움

그렇다면 언제일까? 2020년? 2030년? 2100년? 흥분하지 말자. 이번 장에서는 예측하지 않을 것이다. 왜냐하면 정확한 날짜를 제시하는 것은 어렵기 때문이다. '붕괴 사건'은 다양한 시간대를 포함한다. 금융의 리듬은 해수면 상승 속도와 같지 않다. 금융가들은 2008년 위기에서 교훈을 얻지 못한 채 곧 닥쳐올 위기에 대해 말하는 반면, 기후학자들은 현재의 사건뿐만 아니라 몇 년 또는 몇십 년 후에 일어날 수 있는 사건을 다룬다.

미래에 우리한테 무슨 일이 일어날지 알아내려면 확실한 것부터 시작해야 한다. 우리는 기후 재해가 이미 일어나고 있으며, 더 심각해지리라는 것을 알고 있다. 생물 다양성의 쇠퇴, 화학 물질 오염, 물과 자원 전쟁, 극심한 가뭄, 대규모 이주, 테러 공격, 전염병,

금융 위기, 불평등으로 인한 사회적 긴장 고조도 마찬가지다. 이 모든 것은 세계 경제 시스템이라는 긴밀하게 상호 연결되어 있는 구조를 통해 언제든 연쇄 효과를 유발하는 잠재적 교란 요소가 될 수 있다. (그중 일부는 매우 작다.) 과학자들은 화약에 불을 붙일 수 있는 이 작은 불씨를 펨토리스크(femtorisk)라고 부른다. 잠재적 영향력에 비해 그 원인이 명백하게 무의미하다는 데서 붙은 이름이다 (1펨토=10^{-15}).[1]

그러나 재앙이 40년 이상 전부터 예고된 상황에서(실제로는 맬서스 이후부터다!), 누가 여전히 비상 상황이라는 말을 믿을 수 있겠는가? 1970년대에는 많은 과학자가 미래를 예측하려고 했다. 일부는 인구 통계에 대한 폴 에를리히의 예측(1968년 폴 에를리히는 자신의 저서에서 몇십 년 안에 수억 명이 인구 과잉으로 인해 굶어 죽을 것이라고 주장했다. 그는 "인구를 먹여 살리는 전투는 이제 끝"이라며, 그 무엇도 사망률의 증가를 막을 수 없다고 단언했다. 하지만 그의 예측은 빗나갔다—옮긴이)처럼[2] 틀리기도 했지만, 다른 일부는 살충제 사용 문제에 대한 레이첼 카슨(Rachel Carson)[3] 또는 1972년 〈네이처〉에 발표한 기상학자 존 소이어(John S. Sawyer)의 논문처럼 적중하기도 했다. 존 소이어는 2000년을 기간별로 나누어 온도 차이와 대기 중 이산화탄소의 정확한 증가량을 계산했다.[4]

끊임없이 쏟아져 나오는 예측들을 어떻게 계속 믿을 수 있을까? 그리고 누구를 믿어야 할까? 로마 클럽의 경고는 1972년으로 거슬러 올라가지만, 그들의 모델은 여전히 유효하다. (이에 대해서는 8장에서 살펴볼 것이다.) 하지만 수많은 사람이 여전히 믿지 않고 있는 것도 사실이다. 종말론적 예측이 사람들을 지치게 만든 것일까? 40년의 기다림은 너무 길다⋯⋯.

그러나 두 시대는 매우 다르다. 반세기 전에 종말은 결코 오지 않을 것 같은 핵겨울(핵전쟁이 일어난 후 계속된다는 어둡고 긴 겨울 상태 — 옮긴이)의 형태를 취했다. 두려움은 현실이 되었지만(그리고 생존주의 공동체가 등장했다), 궁극적으로 아무 일도 일어나지 않았다. 오늘날 기후 및 환경 재앙은 눈길을 덜 끌고 있지만, 실제로 진행되고 있다. 기후 및 환경 재앙은 일어날 수밖에 없다!

한편, 산업 문명이 불시에 붕괴할 가능성이 점점 더 구체적으로 현실화하고 있지만, 정확하게 언제가 될지 장담할 수는 없다. 미래를 예측하기 위해 과학자들은 분산된 데이터를 바탕으로 지식을 구축한다. 과거의 천년왕국 예언에서 현대의 핵겨울 공포에 이르기까지 우리 사회의 붕괴에 대한 예측은 모두 빗나갔다. 모두가 알고 있듯 세계적인 붕괴는 없었다. 그렇다면 우리가 다시 한번 틀리지 않을 것이라고 어떻게 확신할 수 있을까? 그것은 간단하다. 우리는 확신할 수 없다. 그러나 단서를 얻을 수는 있다.

위험 측정에서 직관에 이르기까지

2008년과 유사한 재난이나 시스템 충격을 예측하고 방지하기 위해

보험사 같은 일부 전문가 집단은 위험을 측정 및 관리하는 수단을 개발하려고 시도했다. 그러나 "그 결과와 영향력을 결정하는 요소들은 〔……〕 종종 복합적이고 〔동시에〕 거의 이해하기 힘들다".[5] 따라서 펨토리스크는 기존의 위험 관리 도구로는 파악할 수 없다. 대부분의 기업은 이러한 위험을 평가할 충분한 수단을 가지고 있지 않다.

만일 운 좋게 이러한 모든 위험 요소를 식별해낸다 하더라도, 해당 위험 요소를 평가하고 완화하기 위해서는 기관 및 의사 결정자의 투명성과 책임감이 필요하다. 하지만 이 과정에 각 개인의 의도하지 않거나 알려지지 않은 행동 역시 상당한 영향을 끼치기 때문에, 고도로 복잡한 시스템에서 그러한 투명성과 책임감을 요구하는게 점점 더 어려워진다. (이는 국가 또는 기업 차원에서도 마찬가지다.) 이것이 **도덕적 해이**다. 즉 사람들은 마치 자신은 위험에 노출되지 않을 것처럼 행동한다. 따라서 일부 당사자가 자신의 결정에 책임을 지거나 평소에 합리적으로 행동하더라도, 그들의 행동이 때로 불가피하게 집단 실패에 기여할 수 있다.

설상가상처럼 이론적으로 극복할 수 없는 장애물이 있다. 과학에는 이제까지 모든 걸 예측할 수 있는 도구가 없었으며, 앞으로도 그러할 것이다. 그 유명한 '검은 백조(black swans: 발생할 확률은 극히 낮지만 일단 나타나면 매우 큰 충격을 주는 위험—옮긴이)'[6]처럼 예측할 수 없는 사건들이 있기 때문이다. 철학자이자 수학자, 증권 중개인인 나심 니컬러스 탈레브(Nassim Nicholas Taleb)가 설명하는 것처럼 고전적인 위험 평가 방법은 드물게 발생하는 사건이나 복잡한 시스템의 움직임을 거의 예측하지 못한다. 버트런드 러셀(Bertrand Russell)이 생각해내고 탈레브가 채택한 유명한 '귀납주의자 칠면조 문제'는 이를 아주 잘 설명한다. 칠면조 농장의 세계에서는 모든 것이 잘 진행된다. 사육사가 매일 모이를 주고 날씨는 항상 따뜻하다. 칠면조는 크리스마스이브까지 성장과 풍요의 세계에서 살아간다! 12월 23일에 위험 관리 전문인 칠면조 통계학자가 있다면, 그는 동료 칠면조들에게 미래에 대해 걱정할 게 없다고 말할 것이다……

세계 경제는 2008년 위기를 극복했다. 시스템의 회복 탄력성이 뛰어난지 혹은 약한지를 추론할 수는 있지만, 붕괴할 것인지 또는 붕괴하지 않을 것인지를 증명할 수는 없다. 1921년 2명의 경제학자, 즉 나이트(F. Knight)와 케인스[7]가 구분한 바에 따르면, **위기**는 측정할 수 있지만 **불확실성**은 그렇지 않다. 불확실성은 '검은 백조'의 영역이며 수량화할 수 없다. 가우스 곡선(Gauss curves: 수학자 가우스가 관측에 따른 오차의 정도는 대체로 평균값 주변에서 발생한다는 점에 착안해 얻은 곡선-옮긴이)이나 다른 위기관리 도구로는 이것을 탐색할 수 없다. 더욱이 위기 전문가들은 각 분야별로 나뉘어 있어 "그들은 각자 다루는 각각의 위기에 비추어 미래에 우리한테 큰 비극이 닥칠 것 같지는 않다"[8]고 여긴다.

우리 사회는 불확실성을 좋아하지 않는다. 불확실성은 행동하지 않는 것에 대한 핑계로 이용되지만, 미래의 사건을 예측하는 능력은 불확실성을 바탕으로 작동한다. 이 능력이 없으면, 우리는 방향을 잃은 채 계획을 세울 능력을 상실할 것이다.

그렇다면 '검은 백조'를 어떻게 관리할 것인가? 다음 번 '후쿠시마'를 어떻게 '관리'할 것인가? 우리는 사실상 그렇게 할 수 없다. 단지 '관찰, 분석, 명령 및 제어' 모드에서 '경험, 행동, 느낌 및 조정'⁹ 모드로 이동할 필요가 있을 뿐이다. 직관에 이성을 열어라! 붕괴론에서 필수적인 것은 (확고한 지식을 통해 얻은) 직관이다. 따라서 이 책에 수록한 모든 정보는 그게 아무리 객관적이더라도 곧 거대한 붕괴가 일어날 거라는 공식적인 증거가 되지는 못한다. 다만 지식을 쌓고, 그에 따라 직관을 연마하고, 마침내 확신에 따라 행동하게끔 해줄 뿐이다.

붕괴의 역설

철학자 장피에르 뒤퓌(Jean-Pierre Dupuy)의 성찰은 붕괴의 시간성을 파악하는 데 매우 유용하다. 2001년 9월 11일 테러 이후, 부자 나라 사람들의 마음에 이상한 일이 일어났다. 마치 시동 장치가 작동한 것처럼 말이다. "이젠 최악의 공포가 가능하다는 말이 여기저기서 들려온다." 장피에르 뒤퓌는 계속 말한다. "만일 그런 일이 가능해졌다면, 이는 지금까지 그런 일이 가능하지 않았다는 말이기도 하다. 그런데 상식에 반하는 일이 발생한다면, 이는 그 일이 가능했기 때문에 발생한 것이다." 따라서 우리는 '불가능한 것 속에 가능한 것이 끼어드는' 경험을 한 셈이다. 이전에 그것은 몇몇 소설가의 머릿속에만 존재했다. 이후엔 상상의 세계에서 현실 세계로 넘어왔다.

철학자 앙리 베르그송(Henri Bergson)은 예술 작품에서도 같은 현상을 보았다. 예술 작품이 아직 존재하지 않을 때는 상상할 수도 없다. (그렇지 않다면 그 작품은 이전에 창작되었을 것이다.) 따라서 작품의 **가능성**은 작품과 동시에 만들어진다. 뒤퓌는 재앙의 시간을 이러한 '역전된 시간성'이라고 설명한다. 작품이나 재앙은 과거를 **돌이켜 볼 때**에만 가능한 것으로 간주한다. "이것이 바로 우리 문제의 근원이다. 재앙을 막으려면 재앙이 일어나기 전에 그 가능성을 믿어야 하기 때문이다."[10] 뒤퓌에게는 이것이 재앙 정책에서 주요한 (따라서 개념적) 장애물이다.

이 문제를 해결하기 위해 1979년 한스 요나스(Hans Jonas)는 재앙으로 이어질 가능성이 있는 문제에 대해 "행복의 예언보다 불행의 예언에 더 귀를 기울이라"[11]고 제안했다. 이와 같은 맥락에서, 뒤퓌는 재앙의 불확실성을 헤쳐 나가려면 자신이 '계몽된 재앙주의자'라고 부르는 자세를 제안한다. 그는 커지는 위협을 치명적이거나 위험한 것으로 받아들일 게 아니라, 확실한 것으로 받아들여야 한다고 했다. 그렇게 할 때 위협을 더 잘 피할 수 있다. "불행은 우리의 운명이다. 하지만 사람들은 그 운명 속에서 자기 행동의 결과를 인식하지 못하기 때문에 불행한 것이다. 불행은 특히 우리가 우리로부터 멀어지도록 선택할 수 있는 운명이다."[12] 붕괴가 확실하다면, 그런 이유로 붕괴는 비극적이지 않다. 왜냐하면 그렇게 말함으로써, 우리는 재앙적 결과를 막을 가능성을 막 열어놓았기 때문이다.

베르그송은 시간성에 대해 또 다른 호기심을 느꼈다. 파국적인 사건이 도래한 후에 이 사건은 그 자체로서가 아니라 이미 진부한 것으로서 경험된다는 것이다. 뒤퓌는 다음과 같이 설명한다.

재앙이 일어날 것을 예측할 만한 모든 이유가 있음에도 불구하고 그 일이 벌어질 것이라고 믿지 않을 뿐만 아니라, 일단 벌어진 후에는 그 일이 마치 정상적인 질서의 일부처럼 여겨진다는 점에서 재앙은 끔찍하다. 재앙의 현실은 재앙을 평범하게 만든다. 재앙이 실제로 일어나기 전에는 그걸 가능한 것으로 여기지 않는다. 여기서 철학자의 전문 용어로 말하자면, 그것은 세계의 '존재론적 비품(備品)'에 다른 절차 없이 통합된다.[13]

따라서 붕괴는 우리에게 새로운 정상(正常)이 될 수 있으며 서서히 예외적인, 즉 재앙적인 특징을 잃을 수 있다. 그때부터 문명의 붕괴는 역사학자나 고고학자의 작업에 의해 너무 늦은 후에야 정확하게 기술될 것이다. 그리고 이 사건에 대한 학자들의 해석이 일치하지 않을 것도 확실하다.

마지막 모순은 이것이다. 즉 만일 이와 반대로 붕괴가 일찍, 요컨대 지금 이 순간에, 그리고 지나치리만큼 권위 있게, 예를 들면 국가원수의 공식 연설을 통해 발표된다면, 시장(또는 인구)은 공황 상태에 빠질 테고, 우리가 지연시키길 원하는 걸 미리 일어나게 만드는 것이 가능해진다. 따라서 다음과 같은 전략적 질문을 스스로 던져보아야 한다. 우리 모두가 함께 붕괴를 막을 준비를 할 수 있을까? 붕괴에 대해 공개적으로 말해야만 할까? 우리가 해낼 수 있을까?

이러한 모든 모순과 '검은 백조'가 발생할 가능성을 확실하게 알 수 없다는 점 외에도, 우리가 미래의 자연(따라서 자연의 미래)에 대한 단서를 수집할 수 있게끔 해주는 몇 가지 과학적 도구는 여전히 남아 있다.

전조 신호를 감지할 수 있을까

우리는 3장에서 복합적인 시스템, 특히 생태계와 기후 시스템이 일정하게 강력해지는 압력을 받다가 갑자기 스위치가 눌린 것처럼 다른 상태로 전환될 수 있다는 사실을 살펴보았다. 이처럼 예측 불가능한 변화는 의사 결정자나 전략 전문가를 혼란스럽게 할 수 있다. 왜냐하면 우리 사회에서 선택은 일반적으로 사건을 예측하는 능력을 바탕으로 하기 때문이다. 그러므로 정확한 예측 없이는 재정적으로나 인도적으로 또는 기술적으로 적시에 적절한 장소에 투자하기 어렵다.

따라서 중요한 과제는 이러한 재앙적 변화의 전조 신호를 감지해 이를 예측하고 적시에 대응하는 것이다. 좀더 정확히 말하면, 시스템에서 극도로 취약한 부분이 어디인지, 시스템의 어느 부분이

'작은 불씨', 즉 티핑 포인트에 접근하고 있는지 파악하는 방법을 배우는 것이다. 예를 들어, 건조한 지중해 목초지를 공중에서 내려다보았을 때 초목이 불규칙한 덩어리 형태로 보인다면, 이 생태계가 머지않아 복구하기 힘든 사막화 상태가 되리라는 것을 뜻한다.[1] 이와 같은 조기 경보 신호(early warning signals)를 연구하는 분야는 계속 성장하고 있다.

붕괴하려는 시스템의 '소음'

'위기에 처한' 시스템에서 가장 자주 관찰할 수 있는 특징 중 하나는 작은 장애를 복구하는 데 시간이 더 오래 걸린다는 점이다. 어떤 충격 후 회복 시간이 길어지는 것은 회복력이 떨어졌기 때문이다. 연구자들은 이것을 '임계 감속(critical slowing down)'이라고 부르는데, 임계 감속은 시스템의 취약 정도와 전환이 임박했음을 나타내는 일시적인 자료〔자기 상관(autocorrelation: 시간 또는 공간적으로 연속된 일련의 관측치 사이에 존재하는 상관관계—옮긴이), 비대칭, 분산 등〕를 바탕으로 작성한 복잡한 수학적 지표로 확인할 수 있다.

현장에서 연구자들은 생태계가 붕괴한 후 이 사건을 입증해주는 다량의 자료(환경 변수)를 수집해 분석한다. 일부 연구자는 이러한 지표를 확인해보기 위해 (실험실에서) 개체군을 붕괴시키는 실험을 했다. 2010년 조지아 대학과 사우스캐롤라이나 대학의 두 연구원은 물벼룩(동물성 플랑크톤) 개체군을 점점 악화하는 조건(먹을 수 있는 식량 감소)에 노출했고, 실제로 개체군 붕괴의 조기 경보 신호를 관찰했다. 개체군의 역학적 임계 감속은 그 개체군이 붕괴하기 8세대 전에 나타났다![2] 그 이후 효모, 남조류 또는 수생 생태계의 개체군에 대해 유사한 실험을 했지만, 항상 인위적이고 통제된 조건에서 얻은 결과였다.[3] 2014년 영국 기후학자들은 지난 100만 년 동안 대서양 순환 해류가 붕괴하기 전에 나타난 조기 경보 신호를 식별해냈다. 이런 사건이 오늘날 발생한다면, 기후를 완전히 바꾸어놓을 것이다.[4] 그러나 연구자들은 이러한 신호가 현재에도 나타나고 있는지 여전히 정확하게 말하지 못한다.

새로운 지표를 기존 지표 목록에 꾸준히 추가하면서, 치명적 변화에 대한 예측력이 높아지고 있다. 예를 들어, 기후의 경우 빙하기가 끝나고 갑자기 따뜻한 기간으로 변화하기 전에 기온이 갑자기 불안정하게 흔들리는 것을 관찰했다.[5] 이 미묘한 단서는 호수 생태계에서도 작동하지만,[6] 매우 신뢰할 수 있는 단서임에도 불구하고(실제로는 재앙적 변화를 예고한다) 재앙적 변화를 피하기에는 너무 늦었을 때에만 나타난다.

대규모 생태계나 사회 생태 시스템을 실험 목적을 갖고 인위적으로 교란할 수는 없다. 따라서 한동안 연구원들은 이러한 지표를 바탕으로 예측한 내용을 실제로 테스트하지 못한 채 자연이나 역사의 재앙적 변화를 관찰하는 데 만족했다.

그럼에도 불구하고 이 방법은 시스템이 장애로부터 얼마나 분리되어 있는지, 다시 말해 회복력[7] 정도에 따라 시스템을 분류하는데 사용할 수 있다.

2012년 조기 경보 신호 분야는 상호 작용 네트워크 전문가들이 이루어낸 대단한 발전 덕분에, 다양한 종으로 이루어진 복합적인 네트워크가 교란에 노출될 경우 어떻게 작동하는지 알아내기 시작했다.[8] 예를 들어, 꽃이 만발한 풀밭에서 활동하는 모든 종의 수분 매개체(꿀벌, 파리, 나비 등)와 모든 종의 수분 식물 사이의 거대한 관계망을 상상해보자. 여기 (한 꽃만 수분하는) 전문 종들과 (여러 꽃을 수분하는) 일반 종들이 있다. 상호 작용하는 이 복잡한 네트워크는 교란(예를 들면, 살충제로 인한 특정 수분 매개체의 소멸)에 대해 매우 회복력 있는 구조다. 하지만 관찰과 실험을 통해 이러한 네트워크는 그 네트워크를 갑자기 붕괴시킬 수 있는 임곗값을 감추고 있다는 사실이 확인되었다.

좀더 일반적으로 복합적인 네트워크는 두 가지 요소, 즉 구성 요소들 간의 이질성과 연계성에 매우 민감한 것으로 나타났다[9](그림 8 참조). 이질적 요소들의 모듈식 네트워크(독립적인 부품들로 약하게 연결되어 있다)는 충격에 서서히 적응하면서 견딜 것이다. 이 네트워크는 부분적 손실만 입으면서 서서히 약해진다. 반대로, 균질한 요소들이 긴밀하게 연결된 네트워크는 요소 간 연계성을 통해 부분적 손실을 흡수하기 때문에 초기에는 변화에 저항한다. 하지만 교란이 길어지면 폭포 효과로 인해 재앙적 변화를 겪을 것이다. 실제로 이러한 균질한 요소들의 연계성 높은 시스템이 보여주는 회복력은

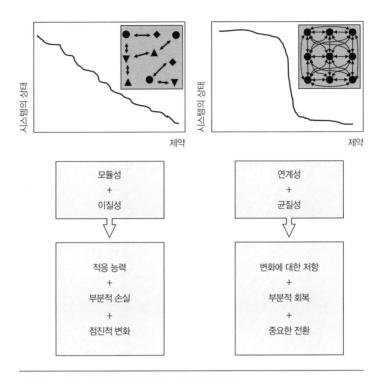

그림 8 교란에 대해 복합적인 네트워크의 일반적 반응

출처: M. Scheffer et al., "Anticipatin critical transitions", *Science*, vol. 338, n° 6105, 2012, pp. 344-348.

속임수일 수 있다. 왜냐하면 이 같은 시스템은 그것이 점점 취약해지고 있다는 사실을 감추기 때문이다. 이러한 시스템은 떡갈나무처럼 저항력이 강하지만, 압력이 지나치게 커지면 부러지고 만다. 반대로 이질적 요소들이 모듈식으로 구성된 시스템은 탄력적이기 때문에 구부러질 뿐 부러지지 않는다. 이러한 시스템은 갈대처럼 적응한다.

5장에서 살펴보았듯 이와 같은 자연 시스템과 인간 시스템 사이에는 실제로 유사점이 있다.[10] 이런 발견은 특히 금융 및 경제 분야에서 보다 탄력적인 사회 시스템을 설계하는 데 도움을 준다. 그러나 네트워크 이론이 경제 및 사회 네트워크를 이해하는 데 큰 도움을 준다고 해도, 신뢰할 수 있는 경보 신호를 찾기 전에 극복해야 할 장애물이 많다. 현재 지표는 사회 시스템의 복합성을 감안할 때 그 전환점을 예측하기에 충분하지 않다. 따라서 조기 경보 신호를 개발하려는 시도는 지금으로서는 실패했거나 합의에 도달하지 못했다고 볼 수 있다.[11] 물론 상황이 '정상'일 경우라면 경제 펀더멘털(fundamentals: 한 나라의 경제 상태를 나타내는 데 가장 기초적인 자료—옮긴이)에 관련 지표를 이용할 수 있지만, 임곗값에 도달하면 아무것도 평가할 수 없다. 금융 시스템의 심각한 침체 징후를 찾아보려는 시도는 있었지만 결국 실패했다. 대신, 아직 일반화할 수 없는 다른 단서들을 찾아냈다.[12] 요컨대 금융 위기에 대한 경보 신호를 연구하면 그 작동 방식을 더 잘 이해하는 데 도움은 되지만, 그것이 전환점에 대한 예측 가능성을 높이는 것은 아니다.

늘 불확실성이 남을 것이다

과학은 놀라울 정도로 진보했지만, 항상 인식론적 한계에 부딪힌다.[13] 시간과의 경쟁에서, 우리는 항상 뒤처진다.[14] 조기 경보 신호를 감지한다고 해서 시스템이 이미 다른 상태로 전환되지 않았다는 보장은 없기 때문이다.

설상가상으로, 조기 경보 신호는 붕괴에 뒤이어 나타날 수도 있고, 반대로 경보 신호를 내보내지 않고 붕괴가 발생할 수도 있다. 시스템은 또한 재앙적이지 않은 방식으로 '천천히' 붕괴할 수도 있다.[15] 그래서 우리는 시스템 붕괴의 진정한 '생물 다양성'을 다룰 필요가 있다. 이는 경보 신호를 **일반화**할 수는 있지만, **보편화**할 수는 없다는 의미다. 경보 신호의 존재는 확실하다는 게 아니라, 단지 가능성이 높다는 의미일 뿐이다.

마지막으로, 특히 사회 및 금융 시스템의 경우 실시간으로 양질의 자료를 수집하는 것은 매우 어렵고 비용도 많이 든다. 그리고 극도로 복합적인 시스템을 취약하게 만드는 모든 요소를 식별해내는 것은 불가능하다. 따라서 현재로서는 재앙이 일어난 후에만 행동할 수 있을 듯싶다.[16]

지구 시스템 같은 복합적인 시스템의 경우(3장 마지막 부분에서 인용한 2012년 〈네이처〉 발표 논문 참고), 현재로서는 세계적 조기 경보 신호가 있다고 해서 그것이 '가이아(Gaia)'의 붕괴를 예고한다고 단언할 수 없다. 심지어 날짜를 제시하는 것은 더욱 불가능하다. 그러나 이 작업을 통해 우리는 과거의 지질학적 사건을 참고하고 그런 일이 일어날 가능성이 있음을 인정함으로써 이 재앙을 '가능한' 것으로 만드는 능력을 얻었다.

하지만 불확실성이 존재한다고 해서 위협이 더 약하다거나 걱정할 게 없다는 의미는 아니다. 오히려 장피에르 뒤퓌가 제안한 계몽된 재앙 정책과 맥락을 같이한다. 불확실성이 존재하더라도 급격한 변화가 확실한 것처럼 행동하고, 따라서 그러한 변화가 일어나지 않도록 가능한 모든 조치를 취해야 하는 것이다.

사실, 임곗값 예측 도구는 우리가 경계를 넘어(3장 참조) 위험 영역에 진입하고 있음을 보여주는 데 매우 유용하다. 불행하게도 이것은 종종 우리가 이전의 안정적이고 익숙한 상태로 되돌아가기엔 이미 너무 늦었다는 것을 의미하지만 말이다. 하지만 임곗값 예측 도구는 특정 날짜를 예측하는 것보다 어떤 종류의 미래가 우리를 기다리고 있는지 알 수 있게끔 해준다.

그러므로 붕괴론에서, 우리는 모든 걸 예측할 수 없다는 사실을 받아들여야 한다. 이것은 양날의 검이다. 한편으로 우리는 (직접 경험하기 전까지) 전반적 붕괴가 임박했다고 확신할 수 없다. 회의론자들은 항상 이를 근거로 이의를 제기할 것이다. 반면 과학자들은 우리가 이미 경계를 심각하게 넘지 않았다고 장담하지 못한다. 즉, 오늘날 인류가 살고 있는 공간이 안정적이고 안전하다는 것을 객관적으로 보증할 수 없다. 따라서 비관론자가 끼어들 여지는 항상 있다.

그렇다면 무엇을 해야 할까? 2009년 이탈리아의 라퀼라(L'Aquila: 이탈리아 중부 도시―옮긴이) 지진을 기억하는가. 과학자들은 잠재적 지진의 가능성을 명확하게 추정하지 못했다는 이유로 법원에서 유죄 판결을 받았다. 재앙은 측정 장비와 상관없이 발생한다. 또한 2008년 금융 위기가 시작되기 전에 매우 통찰력 있는 일부 논평가들이 경보를 울렸지만 누구도 귀 기울이지 않았다는 사실을 떠올려보자. 그들은 미국 부동산 시장의 투기 거품이나 전통적으로 안전 자산 역할을 하던 금값의 급등 같은 위기가 임박했다는 많은 징후를 **직관적으로** 포착했다. 그러나 그들이 주장하는 바를 객관적이고 합리적으로 증명하는 것은 불가능했다. 재앙은 측정 장비 없이 발생했고, 내부 고발자의 직감도 어쩔 도리가 없었다. 그렇다면 어떻게 알아내야 할까? 그리고 누구를 믿어야 할까?

특히 경제적 계산이나 비용–이익 분석은 더욱 쓸모가 없다! "우리가 한계에서 멀리 떨어져 있는 한 우리는 아무런 처벌도 받지 않고 생태계를 괴롭힐 수 있기 때문이다." 지불해야 할 비용이 없기 때문에 모든 것은 이익이다! 그리고 장피에르 뒤피가 지적했듯 "위태로운 한계에 근접하면 비용–이익 분석은 웃음거리일 뿐이다. 이때 중요한 것은 한계를 넘지 말아야 한다는 사실뿐이다. 〔……〕하지만 한계가 어디인지조차 모른다는 사실을 덧붙일 필요가 있다".[17] 따라서 우리의 무지는 과학적 지식을 쌓아야 하는 문제가 아니라, 복합적인 시스템의 본질 그 자체에 내재해 있다. 즉, 불확실한 시대에는 직관이 중요하다.

모형은 무엇을 말하는가

미래를 탐색하는 또 다른 방법은 수학적 모형과 컴퓨터 모형을 사용하는 것이다. 이러한 모형은 미래를 예측하는 것이 아니라, 우리 시스템과 사회의 작동 방식 및 변화에 대한 통찰력을 제공한다. 우리는 두 가지 모형을 선택했다. 하나는 2014년 초 NASA에서 지원한 연구비로 개발한 HANDY(Human and Nature Dynamics) 모형으로, 언론에서 '매우 가까워진 문명의 종말'이라고 떠들썩하게 발표해서 화제가 되었다. 다른 하나는 40년 동안 비판과 검증을 받고도 실제 데이터에 여전히 유효하게 적용되는 그 유명한 '메도스 보고서(Meadows Report)' 또는 '로마 클럽 보고서'의 기초가 된 월드 3(World 3) 모형이다.

오리지널 모형: HANDY

수학자, 사회학자, 생태학자 등 여러 학문 분야의 연구팀이 개발한 HANDY 모형은 생물리학적 제약을 받는 가상 문명의 인구통계학적 역학을 시뮬레이션한다.[1] 이 과학 실험은 과거에 관찰한 붕괴 현상을 더 잘 이해하고 미래에 그것을 피할 수 있도록 변화를 모색하는 것이 목표다. 이 새로운 모형은 경제적 불평등이라는 매개 변수를 통합하고 있다는 점에서 독창적이다.

HANDY는 수학자 앨프리드 로크타(Alfred Lokta)와 비토 볼테라(Vito Volterra)가 1920년대에 고안한 방정식 체계를 바탕으로 만들었으며, 포식자 개체군과 먹이 개체군 간 상호 작용을 설명하기 위해 생태학에서 자주 사용한다. 간략하게 설명하면, 먹잇감이 빠르게 증식하면 포식자 개체군의 수가 늘어나서 먹잇감 수가 다시 줄어든다. 이로 인해 포식자 개체군은 붕괴한다. 포식자가 거의 없는 상태로 변하면 먹잇감은 다시 빠르게 증식하기 시작하므로, 이러한 주기가 반복된다. 장기적으로 볼 때, 개체군은 성장과 감소 기간을 반복하며 사인(sine) 곡선을 그린다.

HANDY 모델에서 포식자는 인간이고 먹잇감은 환경이다. 그러나 어류나 늑대와 달리 인간은 한정된 자원이 개체군의 최대 규모를 결정하는 맬서스 세계에서 스스로 헤쳐 나올 능력이 있다. 조직적 사회 집단을 만들고 기술을 사용할 수 있으며 잉여를 생산하고 보관할 수 있는 능력 덕분에 천연자원이 조금 고갈된다고 해서 인구가 반드시 감소하지는 않는다. 따라서 이 모델을 보다 현실성 있게 만들기 위해 두 가지 매개 변수를 방정식에 추가했다. 누적된 전체 부의 총량, 그리고 소수 '엘리트' 계급과 다수 '서민' 계급 사이의 분배가 그것이다.

여기서 세 가지 그룹의 시나리오를 도출했다. 첫 번째 A 그룹은 엘리트가 없는 평등주의 사회(엘리트=0)를 출발 가설로 삼는다. 두 번째 B 그룹은 엘리트가 있지만 근로 소득을 이러한 비노동자와 노동자 사이에 동등하게 분배하는 평등한 사회다. 마지막으로, 세 번째 C 그룹은 엘리트가 부를 소유해 서민에게 손해를 입히는 불평등한 사회다.

시뮬레이션을 시작하기 전에 연구원들은 각 가상 사회의 자원 소비율을 변경해 가장 지속 가능한 것부터 가장 급격한 것까지 네 가지 유형의 시나리오를 다시 만들었다. 1. 인구와 환경 간 균형을 향한 느린 접근. 2. 균형을 이루기 전에 진동 주기를 만들며 교란된 접근. 3. 성장과 붕괴를 반복하는 주기. 4. 강한 성장에 뒤이은 돌이킬 수 없는 붕괴.

계층이 없는 평등한 사회(A 그룹)에서, 소비율이 지나치지 않으면 사회는 균형에 도달한다(시나리오 1, 2). 소비율이 증가하면 사회는 성장과 쇠퇴 주기를 반복한다(시나리오 3). 그리고 마지막으로 소비율이 지속적으로 늘어나면 인구는 증가하다가 돌이킬 수 없는 방식으로 붕괴한다(시나리오 4). 일련의 이 첫 번째 결과는 불평등과 상관없이 천연자원에 대한 사회의 '약탈' 비율이 그 자체로 붕괴의 요인임을 보여준다.

이제 불평등이라는 매개 변수를 추가해보자. '공정한' 사회, 즉 소수의 인구는 일하지 않고 대다수 인구는 일하지만 부의 분배가 잘되는 균형 시나리오(B 그룹)는 소비 수준이 낮고 성장이 매우 느린 경우에만 달성할 수 있다. 소비와 성장이 가속화하면, 사회는 다른 세 가지 시나리오(교란, 쇠퇴 또는 붕괴 주기)로 쉽게 전환할 수 있다.

엘리트가 부를 전유하는 불평등한 사회(C 그룹), 즉 우리 세계의 현실에 가장 부합해 보이는 이 시나리오는 소비율이 어떻든 붕괴를 피하기 어려운 것으로 나타난다. 그러나 미묘한 요소가 있다. 예상대로 전체적인 소비율이 낮을 경우 엘리트 계급이 성장하기 시작하고 서민을 희생시키면서 더 많은 양의 자원을 독점한다. 불행과 굶주림으로 인해 약해진 서민은 더 이상 사회를 유지하기 위한 충분한 노동력을 제공할 수 없고, 이는 사회의 쇠퇴로 이어진다. 그러므로 자원의 소비에 있어 상대적으로 불평등한 사회의 붕괴를 초래하는 것은 자원의 고갈이 아니라 사람의 고갈이다. 즉, 인간은 자연보다 빠르게 사라진다. 연구에 의하면, 인구 붕괴 이후 자연이 회복된 마야의 경우도 이와 유사한 역학을 따랐다고 한다. 따라서 사회가 전반적으로 '지속 가능'하더라도, 소수 엘리트의 소비율은 필연적으로 사회의 쇠퇴로 이어진다.

많은 자원을 소비하는 불평등한 사회의 경우 그 결과는 같지만, 역학은 정반대다. 자연은 인구보다 빨리 고갈되며, 이런 경우 붕괴가 더 빠르게 진행되고 회복할 수 없다. 문명이 사라진 후에도 환경은 폐허 상태로 남아 있던 이스터섬이나 메소포타미아가 이런 경우다.

일반적으로 HANDY 모형이 보여주는 것은 강한 사회 계층이 문명의 붕괴를 피하기 어렵게 만든다는 것이다. 따라서 이런 결과를 피하는 유일한 방법은 인구 내 경제적 불평등을 줄이고 인구 통계를 위험 수준 이하로 유지하기 위한 조치를 취하는 것이다.

이 모형은 비교적 단순한 수학적 구조를 사용해 복합적인 작동 방식을 모델링하려는 독창적인 시도다. 심지어 아주 간단한 이 모형은 세상을 단지 네 가지 방정식만으로 모델링하지는 않는다. 이 작업은 매우 중요한 발견적(heuristic: 교육학에서, 비구조적인 엉성한 사태나 환경에서 질서나 원리를 찾아내는 것—옮긴이) 도구이며, 손에 잡히지 않는다고 해서 무시하는 것은 잘못된 일이라고 경고한다.

에르베 켐프(Hervé Kempf)는 그의 책 《부자들이 지구를 어떻게 망쳤나(Comment les riches détruisent la planète)》[2]에서 불평등과 소비 사이의 밀접한 관계를 보여주었다. 실제로, 경제적 격차가 커지면 **과시적 소비**라고 일컫는 사회학적 현상으로 인해 전반적인 소비가 촉진된다. 사회학자 소스타인 베블런(Thorstein Veblen)이 처음으로 제시한 과시적 소비란 각 사회 계층은 바로 위에 있는 사회 계층을 닮기 위해 (특히 소비하는 데 있어) 모든 노력을 다하는 경향을 가리킨다. 즉, 가난한 사람은 중산층을 닮으려 애쓰고, 중산층은 부자의 속성을 갖고 싶어 한다. 그리고 부자는 자신들이 '하이퍼 리치'에 속한다는 것을 보여주기 위해 온갖 노력을 다한다. 이런 현상은 너무나 강력해 부유한 사회에서는 소비가 개인의 정체성 형성에서 빠질 수 없는 요소가 될 수 있다. 결국, 경쟁 모델에 갇힌 사회는 소비와 자원 고갈의 하향 곡선으로 빠져든다.

HANDY 모형은 오늘날 자원 소비와 관련한 심각한 불평등으로 인해 나타나는 우리 사회의 모든 증상을 잘 보여준다. 1980년대 이후 불평등은 말 그대로 폭발적으로 늘어났다. 경제적 불평등이 우리 사회에 매우 해롭다는 증거는 아주 많다.

조지프 스티글리츠(Joseph Stiglitz: 노벨 경제학상을 수상한 세계적 석학. 정보경제학이라는 새 분야를 개척한 이론가이자, 백악관과 세계은행 등에서 행정 경험을 한 그는 미국 행정부와 국제 경제 기구가 주도하는 지금까지의 세계화를 가차 없이 비판하고 개발도상국과 빈곤 국가들을 옹호해온 대표적 인물이다―옮긴이)에 따르면, 경제적 불평등은 좌절감을 심화시켜 정치와 그 제도에 대한 사람들의 신뢰를 떨어뜨리고 혁신을 방해한다. "민주주의가 위기에 처해 있다. 이 시스템은 '1인 1표' 원칙을 '1달러 1표' 원칙으로 대체한 것 같다."[3] 기권(abstention)이 늘어나고 있으며, 공권력의 기능에 대해 (투표하는) 가장 부유한 계층의 영향력은 더욱 강해지고 있다.

불평등은 건강에도 해롭다. 멀리서 풍요를 바라보는 사람들의 고뇌, 좌절, 분노, 부당함은 범죄율, 기대 수명, 정신 질환, 영아 사망률, 음주, 비만, 학업 성취도, 사회적 폭력에 상당한 영향을 미친다. 전염병학자 리처드 윌킨슨(Richard Wilkinson)과 케이트 피킷(Kate Pickett)은 베스트셀러 《평등이 답이다(The Spirit Level: Why Equality Is

Better for Everyone)》[4]에서 이러한 주장을 통계와 자료를 이용해 잘 설명했다. 23개 선진국의 데이터(UN과 세계은행의 데이터)를 비교해보면, 한 국가의 건강을 나타내는 수많은 지표는 GDP 하락 때가 아니라 경제적 불평등 수준이 높을 때 더 나빠진다. 다시 말해, 경제적 불평등은 사회에 해악을 끼치며, 평등은 모든 사람, 심지어 부자에게도 이롭다!

불평등은 또한 경제적, 정치적 불안정을 야기한다. 20세기의 가장 중요한 두 가지 위기, 즉 1929년의 대공황과 2008년의 주식 시장 붕괴는 모두 불평등을 급격하게 악화시켰다. 경제 및 금융 저널리스트 스튜어트 랜슬리(Stewart Lansley)에 따르면, 소수 엘리트 계급의 손에 자본이 집중되면 디플레이션뿐만 아니라 투기 거품이 발생해 경제 회복력이 줄어들고 그로 인해 금융 붕괴의 위험이 늘어난다.[5] 반복적인 충격은 신뢰와 특히 GDP 성장률을 떨어뜨리고, 이는 계층 간 격차만 증대시킨다. 설상가상으로 경제적 불평등은 가장 빈곤한 인구와 국가에 가장 큰 타격을 주는 기후 변화의 해로운 영향력으로 인해 더욱 커지고 있다.[6] 아래로 내려갈수록 심해지는 이러한 불평등은 결국 자기 파괴로 이어진다.

경제학자 토마 피케티(Thomas Piketty)는 불평등을 증대시키는 요소는 바로 자본주의 구조에 내재된 'DNA'라고 보았다.[7] 18세기의 세금 기록에서 출발해 역사적 분석을 시도한 피케티와 그의 연구팀은 GDP 성장으로 인해 발생하는 소득이 한 국가의 인구 전체에 혜택을 준다는 기존의 통념에 도전했다. 실제로 자본 수익률(r)이 경제 성장률(g)보다 높을 때 자산은 소수의 금리 생활자 계층에 가차 없이 집중되었다. 이는 완전히 기계적이었다. 이런 함정을 피하는 유일한 방법은 소득을 공평하게 재분배하는 강력한 국내 및 국제 제도를 시행하는 것이다. 그러나 이러한 민주적 변혁이 일어나기 위해서는 특별한 조건이 필요하다. 지난 세기 동안, 특별한 조건은 두 차례의 세계대전과 1930년대의 대공황 이후에만 충족될 수 있었다. 바로 금융계가 충분히 약해져서 무릎을 꿇고 강력한 기관의 통제를 받는 것이다. 하지만 오늘날 금융 기관은 충돌(자극제로서 재구축과 함께)에 뒤이은 강력한 성장 속에서 번성했기 때문에 이런 조건을 충족하기가 더욱 어려워졌다.

이러한 관점에서 볼 때 '영광의 30년'(1945~1975년까지 30년간 프랑스의 경제적 호황기를 일컫는 말―옮긴이)은 '역사적 일탈'이다.[8] 그리고 1980년대 이후 불평등으로의 회귀는 정상으로의 복귀일 뿐이다! 예를 들어, 미국에서 불평등 수준은 최근 1929년 수준에 도달했다.[9]

이 이야기에서 가장 혼란스러운 것은 사회에 미치는 악영향의 증거와 역사적 교훈에도 불구하고 불평등이 끝없이 되살아나는 것을 지켜봐야 한다는 점이다. 그렇다면 이것은 피할 수 없는 운명이 아닐까? 우리는 다음 전쟁, 그게 아니라면 문명의 붕괴를 기다려야 하는가? 엘리트 역시 이 두 가지 재앙적 사건으로 고통을 겪을 게 분명한데 왜 아무것도 하지 않는 것일까?

이 질문에 답하기 위해 잠시 HANDY 모형으로 돌아가보자. 불평등한 사회가 붕괴하는 두 가지 시나리오(서민의 기근 또는 자연의 붕괴)에서, 부(富)를 통해 대비한 엘리트가 쇠퇴로부터 즉시 영향을 받지 않는다는 점에 주목할 필요가 있다. 그들은 인구 대다수가 감지한 후에, 혹은 생태계가 돌이킬 수 없는 파괴를 겪은 후에, 다시 말해 너무 늦은 후에야 비로소 재앙의 영향을 느낀다. "이러한 부의 '완충 효과'로 인해 엘리트는 다가오는 재앙에도 불구하고 '지금까지 해오던 대로' 계속할 수 있다."[10]

더욱이 사회의 일부 구성원은 체제 붕괴가 임박했으며, 따라서 사회의 구조적 변화가 필요하다는 경보를 울리지만, 엘리트와 그 지지자들은 붕괴 이전에 나타나는, 오래도록 지속 가능한 것처럼 보이는 궤적에 눈이 멀어 그걸 아무것도 하지 않는 핑계로 삼는다.

이 두 가지 메커니즘(부의 완충 효과와 과거의 풍요라는 핑계)은 '사회-기술적' 전환을 차단하는 수많은 잠금 현상의 원인에 덧붙여져(4장 참조), 엘리트가 사회의 재앙적 궤적을 의식하지 못하고 역사 속에서 관찰할 수 있는 붕괴를 왜 허용하게 되는지 그 이유를 설명해준다. HANDY 모형의 개발자들에 따르면, 특히 로마 제국과 마야인들의 상황이 이런 경우에 속했다.

오늘날 가난한 대부분의 나라와 부유한 나라의 대다수 주민이 극심한 불평등과 생활 조건의 파괴로 고통받고 있으며, 언론은 그 어느 때보다 더 날카로운 목소리로 이를 경고하고 있다. 이런 경고가 거슬리는 사람들은 재앙주의자를 향해 독설을 퍼붓고 나쁜 소식을 전하는 사람들에게 총을 쏘기도 하지만, 누구도 이에 대비해 행동을 취하지는 않는다. 그러나 1970년대의 그 유명한 '메도스 보고서'부터 WWF, UN 또는 FAO의 문서를 종합한 IPCC의 최근 보고서까지, 이것들이 전하고자 하는 메시지는 하나의 세부 사항에서 거의 똑같다. 즉, 붕괴는 더 이상 미래형이 아니라 현재형이다.

확고한 모형: 월드 3

월드 3는 40년이 넘은 오래된 모형이다. 이 모형은 전 세계적으로 1200만 부 넘게 팔린 베스트셀러이자 '로마 클럽 보고서'로 더 잘 알려진 《성장의 한계》[11]에 잘 설명되어 있다. 그러나 이 보고서의 주요 메시지는 여기에 동의한다고 생각하는 사람이나 동의하고 싶어 하지 않는 사람 모두에게 지금까지 매우 잘못 이해되고 있다. 보고서는 이렇게 말한다. 즉, 만약 우리 세계에 물리적 한계가 있다고 가정한다면(이는 기본 가정이다), 우리의 열-산업 문명은 21세기 전반부에 붕괴할 가능성이 매우 크다.

1960년대 말, 로마 클럽[12]은 MIT(매사추세츠 공과대학)의 연구원들에게 '세계' 시스템의 장기적 진화에 대한 연구를 의뢰했다. 그들 중에는 시스템역학 교수 제이 포레스터(Jay Forrester)를 비롯해 데니스 메도스(Dennis Meadows)와 도넬라 메도스(Donella Meadows)를 포함한 그의 제자들이 있었다. 이렇게 해서 정보과학적 연구가 시작되었고, 연구팀은 컴퓨터 시뮬레이션 모형(World 3)을 설계해 세계의 주요 매개 변수 간 상호 작용을 설명하기로 결정했다. 그중 가장 중요한 여섯 가지 매개 변수는 인구, 산업 생산, 사회 서비스, 식량 생산, 오염 수준 및 재생 불가능한 자원이다. 그런 다음 연구원들은 이것을 컴퓨터에 실행시켰다.

이 모형의 목표는 실제 데이터를 입력하고 '엔터(Enter)' 키를 눌러 150년에 걸쳐 작동해온 세계 시스템을 시뮬레이션하는 것이었다. '표준 실행'이라 불리며 '지금까지 해오던 대로 하는' 시나리오를 반영한 첫 번째 결과는 우리 시스템이 극도로 불안정하며, 21세기에 전반적으로 붕괴에 이를 것이라고 묘사했다(그림 9 참조). 2015~2025년 경제와 농업 생산이 정체하기 시작해 제2차 세계대전 이후 기하급수적으로 성장할 때보다 더 빠른 속도로 붕괴가 진행될 것이라고 했다. 그리고 세기말이 오기도 전에 완전히 붕괴한다. 그리고 인구는 2030년부터 '통제 불가능한 속도로' 줄어들기 시작해 세기말이 되면 최대치의 절반인 약 40억 명에 도달할 것이다. (이 수치는 대략적인 규모를 나타낸다.)

이 결과에 놀란 연구원들은 시스템을 안정시키기 위해 인류가 적용할 수 있는 시나리오, 즉 '해결책'을 시뮬레이션했다. 효율적인 기술을 개발하면 어떻게 될까? 새로운 자원을 발견한다면? 인구나 산업 생산량을 안정시킨다면? 농업 수확량을 늘리거나 오염을 제한한다면? 그런 다음 연구원들은 모형의 매개 변수를 바꾸어 두세 번의 클릭으로 모든 걸 테스트했다. 엔터. 엔터. 엔터. 불행히도 거의 모든 대안 시나리오 역시 붕괴라는 결론을 도출했다. 때로는 첫 번째 시나리오보다 더 치명적이었다. 우리의 '세계'를 안정되

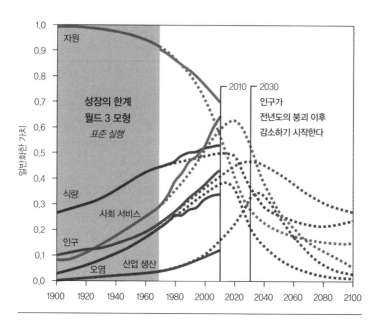

그림 9 그레이엄 터너가 설계한 메도스 '표준 실행' 모형. 실선은 실제 데이터이고, 점선은 모형이다.

출처: Graham M. Turner, "On the cusp of the global collapse? Updated comparison of *The Limits to Growth* with historical data", *GAIA–Ecological Perspectives for Science and Society*, vol. 21, n° 2, 2012, pp. 116–124.

게, 즉 '지속 가능한' 문명으로 이끄는 유일한 방법은 이 모든 조치를 1980년대부터 동시에 실행하는 것이었다!

1990년대에 업데이트한 이 보고서는 이러한 한계(3장에서 다룬 '경계')가 존재하며, 우리 문명이 한계에 접근하거나 경계를 넘어서고 있음을 보여주었다.[13]

더 가혹하게도 2004년에 발표한 보고서는 1972년 이후 '지금까지 해오던 대로 하는' 시나리오를 피하기 위해 아무런 조치도 취하

156   2부 그렇다면 언제인가

지 않았다는 사실을 확인했다.[14] 반대로, 1963년 이후 세계 산업 생산량은 24년마다 2배씩 증가했다! 2008년과 2012년 오스트레일리아 과학자 그레이엄 터너(Graham Turner)는 지난 40년간의 실제 데이터를 다양한 시나리오와 비교해 어느 것이 현실에 가장 근접했는지 알아내기 위한 연구에 착수했다.[15] 그 결과는 어떠했을까? 우리의 세계는 분명히 '지금까지 해오던 대로 하는' 시나리오, 즉 최악의 시나리오에 따라 움직이고 있었다. 터너는 다음과 같이 결론 지었다. "이것은 매우 분명한 경고다. 우리는 지속 가능한 길을 가고 있지 않다."

이 모형은 처음부터 수많은 가혹한 비판을 견뎌왔지만, 40년의 세월 동안 더욱 사실로 입증되었다. '메도스 보고서'의 주요 결론은 험담하기 좋아하는 사람들이 말하는 것처럼 미래를 정확하게 예측하거나, '제로 성장'을 옹호하거나, 2000년까지 석유가 고갈될 거라고 발표하는 게 아니다. 이 보고서는 단순히 우리 시스템이 극도로 불안정하다는 사실을 경고한다. (왜냐하면 우리 시스템은 기하급수적인 성장을 만들어내기 때문이다.) 이 모형은 모든 위기가 서로 연결되어 있다는 사실을 놀라울 정도로 잘 보여준다. 우리는 예를 들면, 피크 오일이나 출생률 조절, 오염 같은 문제를 '해결'할 수 없고, 결국 아무것도 바꾸지 못할 것이다. 이런 문제는 모두 동시에 다룰 필요가 있다.

2004년판(版) 이후로 이 연구팀의 낙관론자 도넬라 메도스는 놓쳐서는 안 되는 작은 기회가 있을 수 있다고 말한다. 이 모형은 지구의 수용 능력을 중심으로 경제와 인구가 균형을 유지하려면, 다음 세 가지 조건을 충족해야 한다고 지적했다.

조건 1 인구가 빠르게 안정된다면(1가족당 평균 2명의 자녀), 2040년에는 인구가 75억 명(예상보다 5억 명 적은 수치)에 도달해 세계적 차원에서 경제 및 인구 붕괴를 몇 년 뒤로 미룰 수 있을 것이다. 하지만 이것으로는 충분하지 않을 터이다. "단지 세계 인구를 안정시키는 것만으로 붕괴를 멈출 수는 없다." 우리에게는 두 번째 지렛대가 필요하다.

조건 2 세계 산업 생산량을 2000년보다 10퍼센트 높은 수준으로 안정시키고 이 생산물을 공평하게 재분배한다면, 기한을 몇 년 더 연기할 수 있을 것이다. 그러나 이렇게 하면 오염 물질이 계속 쌓여 생태계의 재생 능력을 위태롭게 할 것이므로 여전히 붕괴를 피하기에 충분하지 않다. 따라서 세 번째 지렛대가 필요하다.

조건 3 기술의 효율성을 높일 수 있다면, 즉 농업 생산량을 늘리면서 오염이나 토양 침식 수준을 낮출 수 있다면, 세계는 안정되고 80억 미만의 인구가 (우리가 알고 있는 것과 비슷한) 21세기 말의 좋은 생활 수준을 유지할 수 있을 것이다. 이 균형 시나리오는 매우 신속하게 실시할 경우에만 고려할 수 있다. 그렇게 한다면, 결론은 2004년으로 거슬러 올라갈 수 있다. ……정확한 날짜를 예고하는 것은 불가능하지만, 확실한 점은 해를 거듭할수록 우리가 개입할 수 있는 여지는 크게 줄어들고 있다는 것이다.

세계적 붕괴를 피할 수 있는 기회의 창이 닫히고 있다. 2011~2012년 유럽을 순방하는 동안 데니스 메도스는 인터뷰와 기고문에서 그 어느 때보다 비관적인 답변을 반복해서 했다. "지속 가능한 개발을 하기에는 너무 늦었다. 충격에 대비해야만 하고, 충격에 잘 견디는 소규모 시스템을 시급하게 구축해야 한다."[16]

그다음에는 어떻게 해야 할까? 당신의 직감은 당신에게 무엇이라고 속삭이는가? 2020년? 2030년? 2100년?

3부

붕괴론

재앙은 원하지 않는 운명이라고 말해야 하지만,
두 눈을 똑바로 뜨고 절대로 시야에서 놓치지 말아야 하기 때문에 고약한 운명이다.
—장피에르 뒤퓌[1]

조사해야 할 모자이크

이 책의 1부와 2부는 산업 문명의 붕괴가 조만간 발생할 수 있으며, 이러한 운명이 일부 생물권뿐만 아니라 인류 전체에 닥칠 가능성이 있다는 사실을 다루었다. 그러나 구체적 근거와 경보 신호를 보여주는 것만으로는 충분하지 않다. **어떤 모습으로 붕괴할지** 알려주지 않았기 때문이다. 어떻게 하면 붕괴라는 사건이 각자의 상상 속에서 영화 〈매드 맥스(Mad Max)〉나 〈투모로우(The Day after Tomorrow)〉〈월드워 Z(World War Z)〉의 한 장면으로 바뀌지 않도록 조금이나마 안심시켜줄 수 있을까?

정확하게 무엇에 대해 말하는 것일까

붕괴라는 단어가 각자의 머릿속에서 다양한 모습으로 '폭발'하는 장면을 연출하는 것은 이 주제에 대한 어휘가 빈약하기 때문이다. '눈(snow)'을 100여 가지로 표현하는 이누이트족처럼 우리를 기다리고 있는 문명의 복합적인 과정을 구분해 표현하려면 한없이 많은 단어를 만들어야 한다.

어원의 관점에서 볼 때, '붕괴'는 처박히면서 부숴지는 행위(12세기), 동물의 내장을 비우는 행위(14세기), 땅이 깊이 흔들리는 행위(18세기), 또는 무너지는 행위(18세기)를 나타냈다. 가격 하락(19세기)이나 낙심(19세기)을 겪는 것과도 관련이 있었다.[1] 오늘날 이 단어는 주로 구조, 제국, 주식 시장 또는 개인의 심리적 상태가 몰락하거나 소멸하는 것을 가리키는 데 쓰인다.

역사학자와 고고학자들 사이에서는 왕국, 제국, 국가, 민족, 사회 및 문명의 **몰락**(비교적 빠른 경우) 또는 **쇠퇴**(비교적 느린 경우)를 설명하는 데 사용된다. 재러드 다이아몬드는 붕괴를 그것이 일으키는 효과로 정의한다. (이것이 폭넓게 받아들이는 정의다.) 그는 붕괴를 "꽤 넓은 지역에서 오랜 기간에 걸쳐 인구 그리고/또는 정치적·경제적·사회적 복합성의 급격한 감소"[2]라고 설명한다. 이 책의 '추천의 글'에서 인용한 이브 코셰(Yves Cochet)의 정의는 고고학자들에게는 덜 유용하겠지만, 우리 시대에는 더 적합하다. 붕괴는 "기본적인 필요(물, 음식, 주택, 의복, 에너지 등)가 법으로 규제받는 서비스를 통해 인구 대다수에게 더 이상 〔합리적 비용으로〕 제공되지 않는 과정의 마지막 단계"다.

'산업 문명의 붕괴'라는 표현은 세 가지 상투적 의미를 내포하고 있기 때문에 영어권 국가보다 프랑스어권 국가에서 훨씬 더 심각한 뉘앙스를 가진다. 첫 번째는 법과 사회 질서를 보장하는 큰 제도가 무너질 가능성을 의미하는데, 이는 (자유로운) 현대인에게 야만으로의 불가피한 회귀를 나타낸다. 두 번째는 종말에 대한 종교적 이미지 때문에 연상되는, 붕괴에 뒤따르는 커다란 공허감을 나타낸다. 세 번째는 사회 전체를 단칼에 잘라내는 것처럼 쉽게 날짜를 헤아릴 수 있을 정도로 상대적으로 짧은 순간에 갑작스럽게 일어나는 사건을 가리킨다.

그러나 몇몇 인류학 연구에 따르면, 정부나 국가의 부재가 반드시 야만으로의 회귀[3]를 의미하지는 않으며, 때로는 그 반대다.[4] 또한 역사 속 많은 사례가 증명하듯 붕괴 후에 세상이 멸망하는 것은 아니다. 마지막으로, 붕괴는 일반적으로 문명의 경우 몇 년, 몇십 년, 심지어 몇 세기에 걸쳐 진행되기 때문에 정확한 연대를 측정하기 어렵다. 따라서 과학사학자 나오미 오레스케스(Naomi Oreskes)와 에릭 콘웨이(Erik Conway)는 그들의 미래 예측 에세이 《다가올 역사, 서양 문명의 몰락(L'Effondrement de la civilisation occidentale)》[5]에서 21세기 말 역사가의 관점으로 우리가 겪게 될 붕괴에 대해 설명했다. 그들은 IPCC를 창설한 1988년을 '암흑기'의 시작으로 정했다. 사실, 경보가 울리자마자 타이타닉호가 침몰하기 시작한 것은 아니다.

'위기'라는 단어는 상황을 일시적인 것으로 여기게 만들기 때문에 우리는 이 단어를 가능한 한 사용하지 않으려고 노력했다. 위기는 정상으로의 복귀가 가능하다는 희망을 유지하며, 따라서 '정상적인 상황에서는' 결코 용인되지 않을 조치를 사람들이 받아들이도록 만들기 위해 경제 및 정치 엘리트들이 협박용으로 사용하는 단어다. 위기는 위급하다는 느낌을 주는 동시에 역설적으로 연속성을 상상하게끔 한다.

프랑스에서는 매우 어려운 상황을 가리키기 위해 '문제(problème)'라는 단어만을 사용한다. (동의어는 더 적다.) 문제가 발생하면 상황을 분석하고 (종종 기술적) 해결책을 찾은 다음, 이것을 적용해 그 문제를 사라지게 한다는 걸 모두가 알고 있다. 위기와 마찬가지로 문제는 일시적이며 되돌릴 수 있다. 그러나 영어에는 붕괴 개념을 더 잘 설명하는 'predicament(궁지)'라는 단어가 하나 더 있다. 궁지는 빠져나올 수 없고 돌이킬 수 없는 복잡한 상황을 가리키며, 이에 대한 해결책은 없다. 단지 적응을 위한 조치만 취할 뿐이다. 이것은 '해결책' 없이 **함께 살아가야 하는** 불치병의 경우와 같다.[6] 궁지에 처하면 해야 할 일은 있지만, 해결책은 없다.

우리는 '쇠퇴'라는 용어를 사용하지 않는다. 그 이유는 단지 붕괴를 **피하려는** 의도로 만든 정치 프로그램(절약과 공생)만큼이나 역사적 현실을 잘 나타내지 못하기 때문이다.[7] 그러나 이런 '희망'은 물질 소비나 에너지 소비를 통제적이고 자발적인 방식으로 서서히 줄이는 것을 의미하며, 이는 앞으로 살펴보겠지만 그다지 현실적이지 않다. 쇠퇴와 달리 붕괴의 개념은 완전히 통제되지 않는 미래에 대해 생각하게 한다.

종종 재앙은 현대 산업 세계에 뒤이어 오는 것이 무엇인지 강조하기 위해 낙관적인 완곡어법으로 표현되기도 한다. 에드가 모랭(Edgar Morin)의 '변형 작용(metamorphose)', 알베르 자카르의 '변동(mutation)' 또는 롭 홉킨스의 '전환' 등이 그 예다. 이러한 표현은 대중에게 열정을 불러일으키고, 반드시 허무주의나 묵시록적 관점이 아닌 미래를 상상하게 만든다는 점에서 매우 가치 있다. 하지만 이러한 표현은 긴박감이나 고통, 죽음, 사회적 긴장, 지정학적 갈등 같은 문제를 너무나 쉽게 분산시킨다. 그러나 우리는 '붕괴 정책'의 맥락에서, 즉 사실적 묘사로 충분하지 않고 희망과 자발적 노력이 어느 정도 필요한 경우에는 이런 표현을 기꺼이 사용할 것이다(10장 참조).

과거 문명은 우리에게 무엇을 말해주는가

우리 이전의 모든 문명은 아무리 강력했다고 하더라도 쇠퇴와 붕괴를 겪었다. 일부는 다시 시작할 수 있었고, 다른 일부는 그럴 수 없었다. 이들 문명이 쇠퇴한 이유는 수백 년 동안 치열하게 논의되었다. 14세기 아랍의 역사가이자 철학자 이븐 할둔(Ibn Khaldun, 1332~

1406)은 문명의 흥망성쇠에 대한 일관성 있는 이론을 최초로 분명히 밝힌 것으로 유명하다.[8] 18세기에 몽테스키외(Montesquieu, 1689~1755)[9]와 영국 역사가 에드워드 기번(Edward Gibbon, 1737~1794)[10]은 로마 제국의 흥망성쇠에 깊은 관심을 보였다. 이전 세기의 고고학적 발견에 이어 20세기 초 오스발트 슈펭글러(Oswald Spengler, 1880~1936)[11]와 아널드 토인비(Arnold Toynbee, 1889~1975)[12]도 문명의 '보편적 역사'를 시도했으며, 학계에서 논란의 여지는 있지만 이 주제를 대중화하는 데 크게 기여했다. 프랑스에서는 1929년부터 아날학파(École des Annales)가 다원적 접근과 학제적 방식을 개발해 과거로부터 반복되는 요소에 특별한 관심을 기울였다. 오늘날 재러드 다이아몬드, 조지프 테인터, 피터 터친(Peter Turchin)[13] 또는 브라이언 워드퍼킨스(Bryan Ward-Perkins)[14] 같은 성공한 작가들은 이 주제에 대해 견해·가설 및 다양한 해석을 제시하지만, 대부분은 어쩌면 '과학적 신중함'이라는 태도로 이러한 역사적·고고학적 지식으로 우리 문명의 붕괴 가능성을 추론할 수 없다는 데 동의한다. 우리는 이번 장에서 **조금 덜 신중한** 시도를 할 것이다……

붕괴의 원인은 일반적으로 두 가지로 나누어볼 수 있다. 사회가 안고 있는 경제적·정치적·사회적 불안정 같은 내재적 원인, 그리고 너무나 급격한 기후 변화, 지진, 쓰나미, 외국의 침입처럼 외부의 재앙적 사건과 관련 있는 외재적 원인이다.

재러드 다이아몬드는 자신이 연구한 사회들이 붕괴한 이유를 다섯 가지(종종 반복적이고 공조 작용을 한다)로 나누어 관찰했다. 환경 파괴와 자원 고갈, 기후 변화, 전쟁, 갑작스러운 무역 파트너 상실, 환경 문제에 대한 (나쁜) 사회적 반응이 그것이다. 그는 9세기 초 마야의 도시들, 11세기 바이킹, 18세기 이스터섬 붕괴의 주요 원인으로 생태학적 조건을 꼽았다. 그러나 이러한 생태학적 원인을 단순한 외부 요인으로 축소하는 것은 잘못이다. 왜냐하면 모든 붕괴에 유일하게 공통된 것은 사실 다섯 번째인 사회정치적 원인이기 때문이다. (하지만 이것이 유일한 원인은 아니다.) 제도의 기능 장애, 맹목적 이념, 불평등 수준(8장 참조), 무엇보다도 사회의 무능력, 특히 재앙이 될 수 있는 사건에 적절히 대응하지 못하는 엘리트의 무능력이 여기에 해당한다. 책 말미에서 재러드 다이아몬드는 '사회'가 잘못된 결정을 내리는 이유에 대한 질문을 던진다. 그리고 인간 집단은 여러 가지 이유로 재앙을 겪는다고 설명한다. 요컨대 인간 집단은 재앙을 예측할 수 없어서, 그 원인을 인식하지 못해서, '문제 해결'을 시도하다가 실패해서, 또는 단순히 그들의 지식수준에 맞는 '해결책'이 없어서 재앙을 겪는다.

사실, 다섯 번째 원인은 한 사회의 취약성(회복력 부족)을 강조하며, 따라서 평소 아무런 문제를 느끼지 못하던 교란 요소에 매우 민감하게 반응하게끔 만든다. 이것을 바탕으로 고고학자이자 지리학자 칼 버처(Karl W. Butzer)는 최근 붕괴의 '사전 조건'(사회를 취약하게 만드는 것)과 '방아쇠'(사회를 불안정하게 만들 수 있는 충격)를 새롭게 구분했다.[15] 사전 조건은 종종 내재적이며(엘리트의 무능력이나 부패, 농업 생산성 감소, 빈곤, 천연자원 감소 등), 사회의 회복력을 낮추고, **쇠퇴**의 원인이 된다. 반면 방아쇠는 더 빠르게 발생하고, 종종 외재적이며 (극단적 기후 사건, 외부의 침략, 자원 고갈, 경제 위기 등), '유리한' 사전 조건이 선행되면 **붕괴**를 촉발한다. 다시 말해, 일반적으로 '자연' 재해라고 부르는 것은 인간의 행동과 전혀 관련이 없는 게 아니다.[16]

조지프 테인터는 여기에 열역학적 요소를 추가해 정치 기능 장애에 대한 개념을 완성했다. 즉, 사회정치 제도는 항상 더 높은 '신진대사 비용', 즉 물질, 에너지, 낮은 엔트로피(물질이 열역학적 변화를 일으킬 때 변화된 온도를 열량으로 나눈 값으로서 쓸 수 없게 된 에너지—옮긴이)에 대한 필요가 커지면서 복잡해졌다. 사실, 위대한 문명은 거의 빠져나올 수 없는 엔트로피의 덫에 걸려 있다. 미국 정치학자 윌리엄 오펄스(William Ophuls)의 말을 인용하면 "자원이나 에너지의 이용 가능한 양이 더 이상 문명이 요구하는 수준의 복합성을 유지할 수 없을 때, 문명은 파멸의 길을 준비하면서 미래에서 빌려오고 과거로부터 북돋워져 스스로 소진되기 시작한다".[17] 로마 제국의 붕괴 이후 유럽의 경우처럼 중세 동안 계속 사회의 '단순화' 시기가 뒤따랐다. 그것은 경제 및 직업의 전문화 감소, 중앙 집권적 통제력 감소, 개인 간 또는 집단 간 정보 유동성 감소, 그리고 영토 사이의 무역과 전문성 감소 등으로 나타났다.

역사가 피터 터친과 세르게이 네페도프(Sergey Nefedov)는 최근의 역사를 경제 (그리고 에너지) 흑자 시기와 적자 시기의 연속, 즉 구조적으로 유사한 상승과 하락의 '주기'로 설명하면서 (그리고 모델링하면서) 이러한 현상을 일반화했다. 중세 영국〔플랜태저넷 왕조(Plantagenet:

12세기부터 14세기에 걸쳐 노르만 왕조의 뒤를 이어 약 250년 동안 영국을 지배한 왕조) 주기)과 전근대 영국(튜더-스튜어트 왕조 주기), 중세 프랑스〔카페 왕조(Capetian) 주기〕 또는 고대 로마(공화정 주기)는 모두 팽창기, 정체기, 위기 및 쇠퇴기를 거쳤다. [18]

역사적·고고학적 연구는 칼 버처의 최근 연구가 집대성한 바와 같이 계속 다듬어지고 있다. 버처는 새로운 발견적 기법 덕분에 이제부터는 붕괴에 책임 있는 하나 이상의 원인을 찾아내기보다는 사회경제적 측면과 생태학적 측면 사이의 상호 작용에 대한 연구를 심화할 것을 제안했다.[19] 우리는 이것으로부터 어떤 교훈을 끌어낼 수 있을까?

오늘에 대해서?

우선 세계는 재러드 다이아몬드가 찾아낸 다섯 가지 원인 중 적어도 세 가지 경보 신호, 즉 환경 파괴, 기후 변화, 그리고 특히 사회 정치적 기능 장애(사회·기술적 잠금 현상, 무능력한 엘리트, 과도한 불평등 수준 등)를 내보내고 있다. **게다가** 단지 세계 인구 중 일부만 관련 있는 열-산업 문명은 테인터가 제시한 붕괴의 특징적 징후를 나타낸다. 즉, 효율성 감소 시기가 도래하면서(2장), 이와 동시에 에너지 소모가 심한 복합성이 늘어나고 있다(5장).

그러나 우리의 상황은 완전히 새로운 세 가지 측면에서 이전과는 다르다. 첫째, 산업 문명의 세계적 특징과 문명에 가해지는 위협(기후, 환경 파괴, 자원 부족, 시스템 위기 등). 둘째, 여러 가지 '사전 조건'과 수많은 잠재적 '방아쇠'의 동시성. 그리고 셋째, 이 모든 요소 사이의 상호 작용 가능성(그리고 자기 강화).[20] 따라서 오늘날 위협은 우리의 역량에 비례하며, 붕괴의 '수위'는 '현실감을 잊게 하는' 우리의 비범한 능력으로 측정할 수 있다.

우리는 어떻게 붕괴할까

분명한 것은 시간적으로나 공간적으로나 똑같은 방식이 아니라는 점이다. 붕괴의 역학을 이해하기 위해 몇 가지 모델을 제시하고자 한다.

붕괴의 다양한 단계

러시아계 미국 엔지니어 드미트리 오를로프(Dmitry Orlov)는 소련의 붕괴를 연구하고, 이것을―그에 의하면 임박해 있으며 피할 수 없는―미국의 붕괴와 비교함으로써 명성을 얻었다.[21] 그는 최근 붕괴를 그 심각도에 따라 금융, 경제, 정치, 사회, 문화의 5단계로 나누는 새로운 이론적 틀을 제안했다.[22] 각 단계에서 붕괴는 거기서 끝날 수도 있고, 일종의 나선 형태로 다음 단계로 이어지며 더욱 심각해질 수도 있다. 예를 들어, 소련은 세 번째 단계(정치적 붕괴)에서 심각한 변화가 시작되었지만, 이것이 러시아 사회의 소멸로 이어지지는 않았다. 오를로프 덕분에 우리는 지진의 리히터 규모처럼 붕괴를 다양한 특성과 강도에 따라 단계별로 구분할 수 있다.

금융적 붕괴는 "'평소처럼 일이 돌아갈 것이다'는 희망이 사라질 때 발생한다. 더 이상 위험을 평가하거나 금융 자산을 보장할 수 없다. 금융 기관은 파산한다. 예금은 종잇조각이 되고 자본 접근성은 사라진다". 그러므로 저축 예금, 신용카드, 투자, 보험 및 연금과 모두 작별을 고해야 한다! 2001년 아르헨티나의 경우처럼 통화가치뿐 아니라 신용도도 급격히 하락한다. 은행은 추후 공지가 있을 때까지 문을 닫고, 정부는 폭동을 피하기 위해 긴급 조치(국유화, 통화 완화, 사회 지원 등)를 시행한다. 오를로프는 이런 경우라면 돈이 거의 또는 전혀 없는 상태에서 사는 법을 배우는 것이 낫다고 제안한다…….

경제적 붕괴는 "'시장이 물자를 제공할 것이다'라는 희망이 사라질 때 발생한다. 상품은 쌓여가고, 공급망은 끊어진다. 생필품 부족 현상이 일상화한다". 상거래나 정보의 양 및 다양성이 급격히 줄어든다. 경제는 서서히 '복합성'을 잃어간다. 1990년대 쿠바의 경우처럼 수입이 급격히 줄어들고 쇼핑몰은 상품 부족으로 결국 문을 닫는다. 물질적 풍요는 더 이상 없으며 비공식 경제, 즉 물물교환, 수리, 수선, 재활용, 벼룩시장 등이 활성화한다. 상황을 통제하기 위해 정부는 가격 통제 또는 배급 정책으로 시장을 규제하려고 한다. 이런 경우라면 가족과 공동체의 기본 욕구를 스스로 채울 수 있는 수단을 확보하는 것이 좋다⋯⋯.

정치적 붕괴는 "'정부가 당신을 돌봐줄 것이다'라는 희망이 사라질 때 발생한다. 정부의 경제 정책이 실패한다. 정치 계급은 정당성과 타당성을 잃는다". 이는 '구조 파멸'의 과정이다. 정부는 질서 유지를 명목으로 통행금지 또는 계엄령을 선포한다. 구소련의 경우와 마찬가지로 결국 부정부패가 과거 행정부에서 제공하던 서비스를 대체한다. 공공 서비스가 사라지고, 도로가 유지되지 못하며, 쓰레기 수거 또한 어렵다. 오를로프는 미국과 대다수 부유한 국가에서 여기까지의 세 단계는 이제 불가피하다고 말한다.

사회적 붕괴는 "동료들이 당신을 돌봐줄 것이라는 희망이 사라질 때 발생한다. 자선 단체든 다른 단체든 권력 공백을 메우기 위해 나선 지역 사회 기관은 자원 고갈이나 내부 갈등으로 인해 실패한다". 따라서 사람들은 혈연 집단, 내전 또는 '각자 자기가 알아서 살아야 하는' 세계로 진입한다. 이 단계에서는 충돌, 실향, 영양실조, 기근, 전염병 등으로 인해 '인구 감소'가 진행된다. 따라서 신뢰와 상부상조가 기본 가치인 작지만 여전히 결속력 있는 공동체 중 하나의 일원이 되는 게 훨씬 나을 것이다.

문화적 붕괴는 "인류의 선함에 대한 믿음을 잃을 때 발생한다. 사람들은 친절, 관대함, 배려, 애정, 정직, 환대, 연민, 자선 능력을 상실한다". 이런 맥락에서, 다른 사람에게 공감하는 것이 점점 더 어려워지고, 이러한 능력을 잃음으로써 우리는 일반적으로 '인간미'라고 불리는 것을 상실한다. 불행하게도 인문학과 사회과학은 이런 예외적인 상황을 거의 연구하지 않는다.

좀더 최근에 오를로프는 이 모델에 여섯 번째이자 마지막 단계인 **생태학적 붕괴**[23]를 추가할 것을 제안했다. 이때 사회는 척박한 환경 속에서 다시 시작할 가능성이 매우 희박하거나 아예 없다. (여기에 대해서는 이번 장 마지막 부분에서 다룰 것이다.)

시간을 통해서

사회-생태 시스템(자연 시스템과 인간 시스템 간 상호 작용)을 관찰하면 생명력 있는 어떤 것도 정말로 안정적이거나 균형 상태에 있지 않다는 사실을 알 수 있다. 복합적인 시스템은 순환하는 역학의 영향을 받는다. 1970년대 생태학자 C. S. 홀링(Holling)과 건더슨(L. H. Gunderson)이 생태계 복원성[24]에 대한 연구의 일환으로 개발한 적응 주기[및 상호 연관성(panarchy: '전체'를 나타내는 pan-과 '계층'을 의미하는 hierarchy의 합성어. 상하위 체계의 상호 연결 및 상호 영향 관계를 일컬음—옮긴이)] 이론에 따르면, 모든 시스템은 4단계 주기를 따른다. 시스템이 물질과 에너지를 축적하는 성장 단계(r), 시스템이 점점 더 서로 연결되고 경직되어서 취약해지는 보존 단계(K), 붕괴 또는 '이완' 단계(Ω), 그리고 (종종 매우 다른 조건에서) 또 다른 성장으로 이어지는 신속한 재조직 단계(α)에 따라 작동한다. 이 모델로 현재의 산업 사회-경제 시스템을 분석하면, 성장 단계(1장)를 끝내고 취약성이 증가하며(2장과 3장) 강력한 상호 연결성(5장)에 의해 시스템이 경직된 보존 단계(4장)에 있다고 볼 수 있다.

게다가 순환 모델과는 별도로, 몇몇 연구자는 붕괴 단계가 얼마 동안 지속될지 알아내기 위해 붕괴 단계의 특정한 역학을 연구하는 데 전념했다. 물리학자이자 분석가 데이비드 코로비치는 이 단계가 이론적으로 선형적 쇠퇴, 진동형 쇠퇴, 또는 조직적 붕괴라는 세 가지 경로를 취할 수 있다고 설명한다.[25]

선형적 쇠퇴 모델에서 경제 현상은 원인에 비례해 반응한다. 예를 들면, 석유 소비와 GDP 사이의 밀접한 관계는 피크 오일 이후에도 동일하게 유지될 것이라는 비현실적 가정을 바탕으로 한다. 이 모델에서 경제는 점진적이고 통제된 방식으로 쇠퇴하기 시작한다. 그리고 우리의 행동을 근본적으로 변화시켜 재생 가능 에너지로 전환할 수 있는 시간과 가능성을 준다. 이는 성장 반대론자와 '전환주의자'의 가장 낙관적인 시나리오에 해당한다(10장 참조).

진동형 쇠퇴 모델에 따르면 경제 활동 수준은 경기 부양과 경기 침체가 교차하지만, 대체로 하락하는 추세다. 유가가 높을 때 경제는 침체에 빠지고, 이로 인해 배럴당 가격이 다시 하락하면서 경제는 성장하기 시작한다. 이런 성장세는 배럴당 가격이 다시 최고점에 도달할 때까지 지속된다. 진동형 쇠퇴 모델은 이런 경우에 찾아볼 수 있는 역학 모델이다. 경기가 침체할 때마다 시스템의 복구 능력은 조금씩 더 떨어져서 서서히 회복력을 잃는다. 부채가 쌓이고, 화석 연료와 재생 가능 에너지 개발에 투자할 가능성은 계속 줄어든다. 미래학 작가 존 마이클 그리어(John Michael Greer)[26]가 제안한 '이화작용적〔catabolic: 이화작용(異化作用)은 물질대사 중 복잡한 물질을 화학적으로 간단한 물질로 분해하는 반응의 총칭─옮긴이〕' 붕괴 모델과 (더디게 진행된다는 점에서) 평행을 이루는 이 모델은 첫 번째 모델보다 훨씬 더 현실적이며 사회가 적응할 수 있는 여지를 아직은 충분히 주고 있다. 이 모델은 오늘날 우리가 바랄 수 있는 최선의 희망이며, 우리가 취하는 조치에 달려 있다.

복잡한 시스템과 네트워크의 역학에 대한 훨씬 더 정확한 연구를 기반으로 하는 **조직적 붕괴 모델**은 3장과 5장에서 설명한 것처럼, 우리 문명이 고도로 복합적인 시스템의 작동 방식을 따른다고 설명한다.[27] 따라서 일련의 작은 교란이 눈에 보이지 않는 티핑 포인트(전환점)를 지나면, 그 규모를 예측할 수 없는 극적인 변화로 이어질 수 있다. 시스템은 수많은 피드백 고리로 얽혀 있어 인과 관계가 비선형적이다. 이러한 역학 모델에서는 현재의 생활 수준을 적절히 유지하면서 세계 경제 시스템을 통제된 방식으로 서서히 수축시키는 것이 어렵다. 이 모델은 처음에는 눈에 띄지 않는 임계점을 언제 넘게 될지 예측하지만, 더 나중에는 평화롭게 진동하는 주기를 따르거나 통제를 통해 조용히 쇠퇴하기보다 비선형적인 효과가 결합하면서 난폭하게 붕괴한다.

공간을 통해서

산업 문명의 중심에는 고도로 전문화하고 복합적인 사회들이 자리 잡고 있다. 이런 사회에서 농민 계층은 인구의 겨우 몇 퍼센트로 줄어들고, 수많은 전통 기술과 사회성이 사라졌다. '발달'에 뒤처진 몇몇 지역을 제외한 대부분 산업 국가의 상황이 이러하다. 따라서 동유럽, 남유럽 그리고 라틴아메리카에서 여전히 농민 계층을 유지하고 있는 몇몇 '낙후한' 곳은 준주변부〔semi-periphery: 이매뉴얼 월러스틴(Immanuel Wallerstein) 등의 '세계 시스템론'에 등장하는 자본주의 세계 경제에서 '중심'과 '주변' 사이에 존재하는 중간 지역을 말한다─옮긴이〕에 속한다. 세계-시스템은 준주변부 지역에 전반적으로 영향을 미치지 않는다.[28] 그리고 '현대' 세계의 변두리에는 전통적인 공동체 시스템을 상당 부분 간직하고 있는 '개발 중인' 지역들이 남아 있다. 이러한 지역은 세 가지 이유로 "놀라울 정도로 집단적으로 행동하는 방식을 잘 유지해왔다".[29] 첫째 이 지역들은 면적이 작으며, 둘째 '중심' 국가들의 이해관계로부터 멀리 떨어져 있고, 셋째 그들의 본질적 가치를 놀라울 정도로 창의적으로 유지하고 있다. 몰락한 문명이나 제국은 무엇보다 주변에 대한 통제력을 상실했다는 특징이 있다. 이런 이유로 제국의 중심에서 사용할 수 있는 자원이 줄어들고, 따라서 제국이 몰락하기 시작한 것이다.

세계에 대한 이러한 동심원적 설명은 산업 세계의 '중심'이 붕괴로부터 가장 치명적 타격을 입게 될 것이라는 점에서 유용해 보인다. 예를 들어, 잠비아나 말라위에서 농업생태학을 실천하는 공동체는 세계적 산업 시스템과 연결되지 않았기 때문에 2008년 경제위기에서 촉발된 식량 위기로부터 영향을 거의 받지 않았다.[30] 식량난을 겪지 않았던 것이다. 반면 유럽 국가들은 식량에 대한 자율성이 거의 없다. 예를 들어, 영국의 농지는 인구가 필요로 하는 식량의 50퍼센트밖에 생산하지 못하는 것으로 추산된다.[31]

따라서 붕괴 가능성은 세계의 질서를 뒤집는다. 현대 세계 시스템의 주변부 및 준주변부 지역은 경제적 충격이나 에너지 충격을 더 약하게 받을 뿐 아니라(기후 충격이 아니라는 사실에 주의하라!), 무엇보다도 조직적 대안을 만드는 데 꼭 필요한 자율성의 공간, 즉 사회 변화의 역동적 공간을 구성하기 때문에 가장 회복력이 있다. 그렇다면 문명이 '재약진할 수 있는 핵심부'는 오늘날 가장 덜 '발달했다고' 여겨지는 지역이 아닐까?

……목까지?

잠시 멈춘 후 시스템을 다시 시작할 수 있을까

모두가 멈춘 다음 바닥을 깨끗이 닦아내고 다시 시작하는 것을 누가 상상해보지 않았을까? 금융 시스템의 경우 이보다 더 건강한 방법이 있을까? 그러나 경제 시스템이나 산업 기반 시설, 생산 라인의 경우 "시스템이 [……] 녹슬고 성능이 저하되었다"[32]는 단순한 이유로 이렇게 한다면, 문제는 훨씬 더 심각해질 수 있다. 새롭게 시작하는 것은 그리 쉽지 않다. 예를 들어, 2008년 경제 위기 동안 독일은 운송 활동이 급격히 감소했다. 따라서 기차와 기관차는 일시적으로 멈춰 섰고, 1년 후 다시 재개하기로 결정했을 때 많은 요소가 바뀌어 중대하고 값비싼 수리가 필요했다.[33]

우리 사회는 갑작스럽지만 비교적 짧은 중단(식량, 에너지, 운송 등)을 견딜 수 있을 정도로 회복력이 있다. 하지만 너무 긴 중단(며칠에서 몇 주까지)은 생산 기반 시설의 엔트로피 분해가 너무 커져 되돌릴 수 없게 된다. 심장마비의 경우와 마찬가지로, 일분일초가 중요하며 '정상으로 회복' 가능한 수준에서 멀어진다.

이 '재부팅(reboot)' 효과는 관계자들이 즉각적 조치가 필요한 비상 상황에 노력을 집중하느라 미래를 위한 투자를 할 수 없게 만든다는 점에 주목해야 할 필요가 있다. 게다가 계속 이어지는 비상 상황은 기관이나 사람의 적응 능력(회복력)을 서서히 감소시켜 '후속 조치'를 조직하는 능력을 점점 더 약하게 만든다. 예를 들면, 더 가난한 취약 계층의 사람들은 재해 비용을 보장받기 위해 보험 정책 같은 '안전망'에 의존할 수도, 식량을 분배받기 위해 세계화한 경제에 의존할 수도 없다. '위기'와 재앙이 잦을수록 '기계'를 쉽게 재부팅할 가능성은 줄어든다.

더 심각한 경우 석유 공급 중단과 더불어 너무 긴 정전은 원자로의 비상 정지 절차에 부담을 줄 수 있다. 왜냐하면 원자로를 냉각하고 정지하는 데는 몇 주, 심지어 몇 달의 작업 과정과 에너지가 필요하기 때문이다.

붕괴 후 문명을 다시 시작할 수 있을까

우리 문명의 초복합적 시스템은 엄청난 양의 지식을 축적했다. 이것은 (앞서 살펴보았듯) 막대한 에너지 소비와 수많은 사람의 네트워크를 통해 가능했다. 실제로 인류학자들은 한 문화의 복합성은 인간 '집단'의 규모에 비례한다는 점을 오랫동안 지적해왔다. 최근 몽펠리에(Montpellier) 대학의 연구팀이 이 이론을 바탕으로 한 실험[34]에 따르면, 집단이 클수록 지식의 우발적 손실은 줄어들고 혁신은 더 풍부해졌다. 따라서 규모가 큰 사회는 환경에 대한 적응력 측면에서 구체적이고 발전적인 이점이 있다. 그러나 이러한 이점은 뒤로 되돌아가는 것이 불가능하다는 단점과 함께 나타난다. "우리가 더 많은 지식에 의존해 생존할수록 우리는 더 큰 집단 내에서 살아야 한다."[35] 이 연구를 통해 발견한 바에 따르면, 집단의 규모를 줄일 경우 상당한 기술 손실할 초래할 수 있으며, 따라서 쇠퇴를 빠르게 앞당기거나 사회적 붕괴를 유발할 수 있다. 우리 산업 문명이 '탈세계화'하고 '복합성을 줄일' 가능성은 또 다른 가능성, 즉 우리 대다수의 생존에 필요한 특정 지식을 제공해주는 문명의 문화 전체를 보존할 수 없을지도 모른다는 가능성을 수반한다.

우리의 지식 전부를 미래 세대에 전달하는 것이 불가능할 때, 또 다른 중요한 문제가 제기될 수 있다. 그것은 바로 핵 위험이다. 미래 세대가 이 원자로를 '관리'할 수 있도록 하려면 어떻게 해야 할까? 오늘날 원자로는 지식의 갱신 문제와 관련해 곤란한 상황에 직면해 있다. 예를 들어 "프랑스전력공사(EDF)의 회장은 2011년 원자력 노동자의 절반이 2017년까지 은퇴할 것이라고 발표했다. 남은 6년 동안 어떻게 58개의 원자로를 가동할 수 있도록 절반의 기술자를 훈련시킬 수 있을까? 〔……〕 학위를 취득한 수많은 젊은 원자력 기술자들이 현장에 들어가보지도 않았거나 얼마 지나지 않아서 현장을 떠나버리는 상황에서 말이다".[36] 더 재미있는 것은 미국의 몇몇 연구자들이 장기간에 걸쳐 지식을 가장 잘 전달하는 방법은 구전 전통, 즉 말로 신화(myths)를 전달하는 것(글이나 더 나쁜 경우 전자 문서가 아니라)이라는 사실을 알게 되었다는 점이다. 그래서 핵 전문가들은 이러한 전통을 지키고 있는 '전문가들'에게 조언을 구하기 위해 찾아갔다. 그 전문가들은 바로 아직 생존해 있는 소수의 아메리카 원주민, 더 정확히 말하면 우라늄 개발 때문에 쫓겨난 사람들이었다.[37]

축적된 기술 지식이 없다면, 우리 세대가 만들어낸 폐기물의 독성을 미래 세대는 어떻게 처리하겠는가? 이는 현재 가동 중인 230개 정도의 원자로를 성공적으로 폐쇄했을 때, **최상의 상황**에서만 제기할 수 있는 중요한 질문이다. 실제로 지정학적 불안정과 지구 온난화는 원자로의 정상적인 기능(테러, 무력 충돌, 냉각수 부족, 홍수 등)을 심각하게 위협한다.[38] 그뿐만 아니라 원자력을 보유한 지역이 재정적, 경제적 그리고 정치적으로 붕괴할 경우 누가 원자로를 냉각시킬 수 있는 수백 명의 기술자와 엔지니어의 자리 유지를 보장할 수 있을까?[39]

물론, 체르노빌 발전소 주변 지역, 특히 유령 도시 프리피야트 (Pripyat)에 야생 동물이 돌아온 것으로 입증된 것처럼 원자력 사고 후에 생명이 끝나는 것은 아니다. 그러나 어떤 삶이 펼쳐질까? 우리 후손들이 문명을 재건하도록 해줄 것은 무엇일까?

그리고 이 모든 상황 속에서 인간은?

근본적으로 산업 문명의 붕괴가 제기하는 진정한 문제는 정확한 날짜나 기간, 속도를 넘어 개인적 차원에서 우리가 예측하는 방식으로 고통을 겪거나 죽을지 여부다. 아울러 사회적 차원에서는 우리 후손, 그리고 심지어 우리 '문화'가 지속할 수 있을지의 문제다. 그리고 이 모든 것은 예상보다 더 빨리 멈출 수도 있지 않을까?

붕괴, 그리고 붕괴에 대한 연구는 인간을 다른 시각으로 볼 수 있는 기회. 따라서 우리는 여전히 초보 단계인 붕괴론의 각 분야, 즉 인구통계학, 심리학, 사회학, 정치학이라는 문을 통해 이 주제에 대해 살펴볼 것이다.

세기말에 우리는 몇 명이나 살아남을까(붕괴의 인구통계학)

인구 문제를 해결하지 않고 붕괴에 대해 논의할 수는 없다. 하지만 문제는 인구에 대해서는 침착하게 논의하는 것이 불가능하다는 데 있다. 인구라는 주제는 절대적으로 금기시되고 있으며, 고드윈 포인트(Godwin point)—사람들 중 누군가가 다른 사람을 나치주의자로 취급해서 어떤 논의도 불가능해지는 순간—에 도달하는 걸 두려워하지 않고 감히 공개적으로 제기하는 것이 힘들다.[1] 인구 통계에서 부딪히는 한계는 성격은 다르지만 늘 동일하다. "중국과 같은 상황을 원하는가?"

세계의 미래에 대해 토론하면서 우리는 에너지·기후·농업·경제와 관련한 모든 수치를 논의하고 온갖 주제를 다룰 수 있지만, 2050년에는 90억 명, 2100년에 100억 명 내지 120억 명[2]이 될 것이라는, 인구에 대한 UN의 공식 수치를 문제 삼을 수는 없다. 한 번 실험해보자. 예를 들어, 누군가와 농업의 미래에 대해 토론하더라도 모든 논쟁은 2050년에 90억 명이라는 엄청난 수치에서 **시작될 것이다.**

하지만 이 수치는 이론적 모델의 수학적 예측일 뿐이다. 게다가 이 이론적 모델은 지구 시스템의 현실로부터 심각하게 단절되어 있다. 왜냐하면 자원·에너지·환경 또는 오염 같은 요소를 고려하지 않고, 오직 출생률·사망률·이민율 같은 예측에 바탕을 두고 있기 때문이다. 따라서 이것은 '현실과 괴리가 있는' 모델이며, 다음과 같이 요약할 수 있다. 즉, **다른 모든 조건이 똑같다면** 지구의 인구는 2050년 90억 명에 도달해야 한다. 문제는 이 책 1부에서 자세히 설명했듯 모든 조건이 똑같이 유지되지는 않는다는 것이다. 따라서 2050년이나 2100년에 세계 인구는 예상보다 적을 수 있다. 그렇다면 얼마나 될까?

MIT에서 지구 시스템에 훨씬 더 적합한 모델을 개발한 메도스 연구팀(8장 참조)에 의하면, 산업 문명의 불안정성은 2030년부터 '회복할 수 없고 통제할 수 없는' 인구 감소로 이어질 것이다. 물론, 이는 확실한 것이 아니다. 왜냐하면 이 모델이 견고하기는 하지만 '검은 백조', 즉 긍정적이거나(훌륭한 발명품 또는 인본주의적 부흥) 부정적인 돌발 요소(세계대전, 거대한 소행성 충돌, 심각한 핵 사고 등)를 고려하지 않기 때문이다. 그렇다면 어떤 것을 믿어야 할까?

코누코피아일까, 맬서스일까

사실, 이 두 가지 모델이 중요한 이유는 우리에게 좋은 예측을 제공한다기보다 세계를 보는 두 가지 방식, 즉 코누코피아(cornucopia)의 관점과 맬서스의 관점을 보여주기 때문이다. 신화에서 '풍요의 뿔'을 상징하는 코누코피아의 관점에서 미래는 인간의 기술력과 독창성 덕분에 인간이 계속해서 환경을 통제하며 무한히 진보한다. 반대로 맬서스의 관점에서 미래는 인간의 능력과 창의성에 한계가 있으며(따라서 경계가 있다), 근대 이후로 꾸준한 이어왔던 (소비, 영향력,

인구 통계에서) 성장을 계속해가는 것이 어려워지는 순간(불가능이라는 표현은 피하자)이 찾아온다.

이 두 가지 상상은 양립할 수 없지도 배타적이지도 않다. 간단히 말해, 연이어 나타날 수 있다. 동물은 환경의 수용 능력에 따라 개체 수와 소비량의 한계가 결정되는 맬서스의 세계에서 살고 있다. 인간은 코누코피아 시기와 맬서스 시기를 번갈아 거치며 수천 년 동안 문명의 탄생, 성장, 침체, 쇠퇴 그리고 부흥이나 소멸의 주기를 이어왔다. 성장의 시기는 환경이 상대적으로 파괴되지 않았기 때문에 분명히 코누코피아의 시기라고 할 수 있다. 그런 다음 '인구 급증'과 더불어 환경의 한계라는 바이스(vise)가 조여오자 인류는 기술 혁신을 이루며 물리적 한계를 인위적으로 밀어낼 수 있었다.[3] 하지만 문명이 너무 많은 한계와 경계(일반적으로 기후, 자원, 복합성 및 정치)에 부딪히면서, 다시 갑작스럽게 맬서스의 시기로 넘어갔다. 결과적으로 사회는 더 이상 스스로 생존 조건을 유지할 수 없게 되고, 결국 인구가 감소한다.

따라서 문제는 산업 국가들이 다시 맬서스 세계로 전환해 전쟁, 기근 및 질병으로 고통받는 국가들의 행렬에 합류할지 (그리고 그것이 언제인지) 알아내는 것이다. 그런 경우엔 몇 년간 (약하게) 상승하던 출생률 그래프에 뒤이어 사망률 그래프가 다시 심각하게 상승할 것이다. 여기서 모순은 실제로 맬서스 세계에서 사람들이 자녀를 더 많이 낳는다는 것이다! 반면, 물질적으로 풍요로운 세계에서는 출생률이 떨어진다. [이를 '인구학적 천이(demographic transition)'라고 한다.〕 그러나 붕괴 후 이어지는 출생률의 증가가 사망률의 폭발적 증가를 벌충할 수는 없다. 오히려 자원 고갈을 빠르게 하는 데 기여할 뿐이다. 이것이 바로 인구통계학적 붕괴의 논리다.

이러한 현상은 메도스 보고서의 그래프에 설명되어 있지만, 훨씬 더 자세하고 엄격하게 연구할 필요가 있다. 일부 붕괴론자는 주로 직관이나 지나치게 대략적인 계산을 바탕으로 다양한 예측을 하는 경향이 있다. 2100년 지구 인구를 수백만 명에서 10억~20억 명까지 예측하기도 한다. 왜냐하면 지난 세기에 인구의 폭발적 성장을 가능케 한 화석 에너지의 유입을 고려하면, (대량의 천연가스로 만든) 산업용 질소 비료가 없는 세상을 상상하는 것은 매우 혼란스러울 것이기 때문이다.[4] 에너지, 환경 및 인구 사이의 연관성을 전문으로 연구하는 바츨라프 스밀(Vaclav Smil)은 산업화한 농업에서 많은 양을 생산할 수 있게끔 해주는 비료(에너지 비용이 막대하다)가 없다면, 오늘날 세계 인구 5명 중 2명은 생존하지 못할 것이라고 말한다.[5] 예를 들어, 경작지 1헥타르당 9명으로 세계에서 인구 밀도가 네 번째로 높은 벨기에의 경우 회복력과 생산성을 갖춘 생태 농업 시스템이 자리 잡기 전에 식품 산업 시스템이 붕괴한다면, 국민에게 어떻게 식량을 공급할 수 있을지 의문이 생길 수밖에 없다.[6]

부자가 될 것인가, 다수가 될 것인가

저출산 논쟁에 거부감이 있는 사람들은 인구통계학적 논의를 하기 전에 가장 부유한 국가가 먼저 1인당 생태 발자국을 줄이고, 특히 부의 재분배를 잘해야 한다고 주장한다. 인구가 환경에 미치는 영향을 인구(P), 생활 수준(A), 기술 수준(T)의 세 가지 요소로 본다면 이러한 주장은 납득할 만하다(I=P×A×T).[7] 그러나 마지막 두 항목을 줄이는 것(소비량의 감소 및 기술 효율성 개선)만으로 우리가 가고 있는 기하급수적 경로를 완전히 바꿀 수는 없다. 우리는 한 빈도 성공하지 못했을 뿐만 아니라(반동 효과[8]와 과시 소비 현상 때문이다), 첫 번째 항목이 계속 증가하는 한 이러한 모든 노력은 수포로 돌아갈 것이다.

한계와 경계는 매우 거북한 문제가 되었다. 왜냐하면 우리 세계의 견딜 수 없는 불평등을 줄이기 위한 정치적 조치를 기다리는 동안, 이 문제는 인구통계학적 용어로 다음과 같이 풀이할 수 있기 때문이다. 즉, 전 세계적으로 인구가 줄고 소비를 더 하는 것이 나을까, 인구가 늘고 소비를 덜 하는 것이 나을까? 지금까지 인구와 소비를 줄이려는 의도로 드물게 했던 시도는 그다지 좋은 결과를 얻지 못했고, 제도에 대한 진지한 논쟁은 여전히 명쾌하게 이루어지지 않고 있다. 그러나 우리가 오늘날 누가 (그리고 얼마나) 태어날지 집단적으로 결정할 수 없다면, 몇 년 안에 누가 (그리고 어떻게) 죽을지 차분하게 고려할 수 있을까?

우리는 서로 죽이게 될까(붕괴의 사회학)

워킹 데드(walking dead)의 미래

대규모 인구 이동과 자원에 대한 접근을 둘러싼 갈등은 이미 시작되었다. 다르푸르(Darfur) 전쟁은 '기후 전쟁'[9]의 가장 초기 사례 중하나다. (적어도 가장 잘 알려진 사례다.) 사회심리학자이자 사회의 진화와 폭력 사이의 관련성을 연구하는 하랄트 벨처(Harald Welzer)에 따르면, 이러한 충돌의 원인이 무엇이든 사람들은 허구를 만들어내서라도 서로를 죽이는 걸 정당화할 것이기 때문에 충돌은 더 확대되고 잦아질 것이다. 근본 원인이 자원 부족, 인구 이동, 기근, 질병또는 기상 이변이라고 해도 무력 충돌은 종교 분쟁이나 신념(信念)전쟁의 형태를 취할 수 있다.

벨처는 한 사회가 인본주의적 가치에 의문을 제기할 정도로 견딜 수 있는 것의 한계를 서서히 밀어내면서 몇 년 전에는 용납할수 없다고 여겼던 것을 용인하게 되는 과정을 보여준다. 사람들은극단적 기상 현상, 식량 부족 또는 인구 이동에 익숙해질 것이다. (그리고 이미 익숙해지고 있다.) 부유한 국가의 국민은 이민자나 다른 국가에 대한 점점 더 공격적인 정책에 익숙해진다. 더 중요한 것은재난 피해를 입은 사람들이 느끼는 불공정에 점점 더 공감하지 않을 가능성이 높다는 점이다. 그리고 이러한 괴리감은 미래 갈등의온상이 될 것이다.

최신 IPCC 보고서에 따르면, 기후 변화는 "폭력적 분쟁의 위험을 높이고, 이것은 내전이나 국가 간 전쟁의 형태를 취할 것이다".[10] 2013년 〈사이언스〉에 발표된 한 연구는 전 세계 45개 분쟁에 대한 1만 년 이상의 역사적 데이터를 사용해 평균 기온 상승과 강수 상황의 변화가 대인 관계에서의 폭력이나 무력 충돌 증가와 체계적 상관관계가 있음을 보여줌으로써 이러한 경향을 확인했다.[11]

물론 기후가 앞으로 있을 분쟁의 유일한 원인은 아니며, 이런 단순한 상관관계가 사회나 개인 사이의 사회정치적 혹은 문화적으로 복합적인 관련성이 이와 같은 역학 속에서 작용하고 있다는 사실을 가려서는 안 된다.[12] 하지만 과학자들은 기후와 폭력 간의 이러한 상관관계를 아직 분명하게 계산해내지는 못했지만(그렇게 하는 것이 가능할까?), 환경 재해(에너지, 물, 기후, 오염 등)가 특히 신흥 국가에서 무력 충돌과 사회 불안정의 명백한 원인이 되고 있다고 확신한다.[13]

'위기'의 집중은 국가 안보에 책임이 있는 군대, 정부, 기관을 심각하게 불안하게 만든다. 예를 들어, 국제 보안 전문가 나피즈 모사데크 아메드(Nafeez Mosaddeq Ahmed)에 의하면, 펜타곤은 앞으로 몇 년 내에 재해가 정부와 기관에 대한 대중의 분노를 유발할 것에 대비한다고 한다.[14] 따라서 국가안보국(NSA)의 글로벌 감시 프로그램에 대한 에드워드 스노든(Edward Snowden)의 폭로처럼 정부와 기관은 더 잦아진 무력 충돌, 폭동 및 테러 공격에 대비하고, 평화 운동을 포함해 주민들을 감시함으로써 긴장과 불확실성의 세계를 예측하고자 한다. 실제 폭력을 유발하는 이러한 폭력에 대한 추측은 점점 더 확대되고 있다.

재해 시 서로 돕기

대재앙을 두려워하는 이유 중 하나는 우리가 살고 있는 사회의 질서가 사라질지 모른다는 두려움 때문이다. 재앙이 발생하기 전 우리 사회를 지배하던 질서가 없어지면 모든 것이 혼란, 공황, 이기주의, 모두에 대한 모두의 전쟁으로 빠르게 악화할 것이라는 믿음이 널리 퍼져 있다. 놀랍게도, 이런 일은 실제로 일어나지 않는다. 재앙, 즉 "정상적인 활동을 중단시키고 대규모 공동체를 위협하거나 심각한 피해를 주는 사건"[15] 이후 대부분의 사람은 특히 더 이타적이고 침착하고 차분한 행동을 보인다. (강제수용소처럼 기습 효과가 없는 상황이나 무력 충돌로 인해 더욱 복합적인 상황은 예외다.) "대륙 전체 혹은 세계 각 지역에서 제2차 세계대전 중 폭격을 당하거나 홍수, 태풍, 지진, 폭풍 같은 재난에 직면한 인간 행동에 대해 수십 년간 면밀하게 이루어진 사회학적 연구가 이를 입증한다."[16] 이러한 상황에서 일부 사람은 그들 주위의 사람들, 즉 친척·이웃 또는 완전히 낯선 사람을 돕기 위해 비상식적인 위험을 감수하기도 한다. 이상하게 보일지 모르지만, 재난의 시기에 이기적이고 겁에 질린 사람의 이미지는 전혀 사실이 아니다.

2005년 미국 뉴올리언스를 폐허로 만든 허리케인의 모습을 떠올려보라. 엄청난 양의 탁한 물에 잠긴 수백 채의 집 지붕을 공중에서 찍은 사진, 바로 그 지붕 위에서 구조를 요청하는 생존자(대부분 흑인), 생존자를 이송하는 구조용 보트, 수색 및 응급 구조를 통솔하는 무장 군인······. 우리는 언론의 이런 논평을 기억한다. 절도, 약탈, 강간, 살인 ······ 카오스다.

몇 년 후, 우리는 우리의 상상력이 우리를 기만했다는 걸 확신할 수 있었다. 홍수와 무장 군인 이미지는 매우 생생했다. 하지만 재난에 대한 이런 기억, 더 정확히는 **재난으로 인한 사회적 폭력**에 대한 기억은 현실과 일치하지 않았다. 그건 사전 검증 없이 언론이 퍼뜨린 조작된 내용이었다. 왜냐하면 발표된 범죄는 발생한 적이 없기 때문이다! 이 거짓말이 현장에 파견된 수천 명의 무장 경찰과 군인을 조건화했기 때문에 상황은 더욱 심각해졌다. ······그들은 고통에 처한 사람들을 **실제로** 공격하거나 폭력을 행사하기도 했으며, 언론은 다시 이것을 이용해 재난이 폭력을 유발한다는 허구를 정당화했다.

이러한 오해의 원인 중에는 뉴올리언스 시장 레이 네이긴(Ray Nagin)과 경찰서장 에드워드 컴패스(Edward Compass)가 있었다. 두 사람은 비극 직후 범죄, 절도, 아동 강간에 대한 거짓 소문을 퍼뜨렸다. 훨씬 더 시간이 지난 후 언론은 이러한 소문이 근거가 없었다는 사실을 발견했다. 이에 경찰서장은 사임하며 공개적으로 이렇게 선언했다. "우리에겐 살인, 강간, 성폭행에 대한 어떤 공식적인 정보도 없었다."[17]

2001년 9월 11일 테러, 런던 폭탄 테러, 기차 탈선, 비행기 추락, 가스 폭발 또는 허리케인에서 살아남은 생존자들의 증언을 살펴보면, 그들 대다수가 침착함을 유지하고, 서로 돕고, 조직화했다는 걸 알 수 있다. 사실 사람들은 무엇보다 안전을 추구하기 때문에 폭력을 가하지 않고 타인에게 피해를 주지 않는다. 요컨대 경쟁적이고 공격적인 행동은 제쳐두고 모든 '나'가 멈추지 않을 것 같은 힘으로 힘껏 즉시 '우리'가 된다. 마치 비범한 상황이 비범한 행동을 가져오듯이 말이다.[18]

인간 공동체는 엄청난 '자가 치유' 능력을 갖고 있다. 정상적인 상황에서는 보이지 않는 이런 매우 강력한 사회적 결속 메커니즘은 새로운 환경에서 생존에 유리한 사회 구조를 재창조함으로써 공동체가 충격을 받은 후 자체적으로 다시 태어날 수 있도록 한다. 진짜 문제는 현재 시행 중인 비상 계획이 여전히 물리적 구조물(건물, 기관 등)을 보전하는 데 집중하고 있다는 점이다. 그러나 과학자들은 경제 및 사회적 네트워크가 건물보다 더 회복력 있다는 사실을 이해하기 시작했다. 건물은 무너져도 인재(人材)는 남는다.[19] 따라서 재난에 대비하는 것은 무엇보다 먼저 자신의 주변과 유대를 형성하는 걸 의미한다.

'재난사회학' 연구의 이 단계에서 중요한 질문은 일회성 재해를 앞으로 닥쳐올 일련의 강렬하고 반복적인 대규모 재해에 비교할 수 있느냐 하는 것이다. '공동체의 회복력'은 붕괴 시에도 동일한 방식으로 작동할 것인가? 전적으로 그렇다고 말할 수는 없다. 전쟁(특히 내란) 시기에는 사회 질서가 때때로 너무 빨리 무너져 가장 '정상적인' 사람들 사이에서 가장 야만적인 행위가 발생할 수 있다는 사실은 잘 알려져 있다. 그럼에도 불구하고 우리는 **예상하지 못한** 일회성 재난의 **중심**에서 인간이 이미 그 자체로 대단한 능력을 발휘한다는 사실 또한 잘 알고 있다. 이는 적어도 찬양할 만한 일이다.

한편으로 상호 원조와 이타주의, 다른 한편으로 경쟁과 침략은 동전의 양면과도 같은 인간 본성이다. 개인이나 사회에서 이 둘의 상대적 비율은 무한히 많은 요소에 좌우된다. 수천 년 된 비밀 조리법 같은 이러한 상호 원조의 재료, 이 깨지기 쉬운 연금술은 여전히 미묘하고 복잡하다. 오늘날 행동과학은 인간 집단 내에서의 협력이 매우 빠르게 경쟁으로 바뀔 수 있지만, 그 반대도 사실이라고 주장한다.[20] 게다가 수많은 연구와 관찰 결과는 야생의 자연 상태에 더 강력한 법이 필요하고, 만인에 대한 만인의 전쟁 같은 상태라고 믿도록 만든 우리 자유주의 사회의 건국 신화를 반박한다.[21] 이는 붕괴론에서 가장 흥미롭고 가장 시급하게 연구해야 할 분야 중 하나다.

붕괴한 사회의 조직이 어떤 모습일지 말할 수 있는 사람은 아무도 없지만, 상호 원조가 필수적이지 않아도 상당한 역할을 하리라는 것은 확실하다. 실제로 개인주의는 에너지가 풍부한 사회만이 누릴 수 있는 사치임이 분명한 것 같다. 우리 모두가 '5000명의 에너지 노예'를 부릴 수 있다면 서로를 도울 필요가 있을까?[22] 다시 말해서 에너지가 부족한 시대에는 개인주의자가 가장 먼저 죽을 것이다. 놀랍도록 협조적인 행동을 보일 수 있는 집단은 더 나은 생존 기회를 가질 것이다. 공동의 조상을 가진 다른 영장류들로부터 우리 인간이 따로 분리되어온 수백만 년 동안 그랬던 것처럼 말이다.[23] 따라서 역설적이게도 우리는 이제 상호 협조의 시대로 접어들고 있다.

영화를 보고 소설을 읽는 것의 중요성

그러나 순진하게 생각해서는 안 된다. 상황은 당신이 상상하는 것보다 훨씬 더 복잡할 것이다. 붕괴를 생각하려면, 사물에 대한 통일된 견해를 포기하는 연습을 끊임없이 해야 한다.

심각한 위기가 반복되는 상황에서, 누구도 한 사건에 대해 같은 견해를 갖지 않을 테고, 따라서 같은 방식으로 대응하지 않을 것이다. 우선, (특정적이고 객관적인 사건이더라도) 개인마다 그 사건에 대한 초기 반응이 다르기 때문에, 사건 당사자들이 같은 순간에 같은 것에 대해 말하지 않을 우려가 있다. 더 나쁜 것은 연쇄적인 위기(식량 위기 또는 에너지 위기 등으로 악화한 주식 시장의 붕괴)에서 흔히 볼 수 있는 것처럼 여러 사건이 섞여 있는 경우 당사자들이 동일한 '문제'를 다루지 않을 위험이 있다. 따라서 재해가 반복될 경우 사람마다 목표가 완전히 다를 게 확실하다. 몇몇 사람은 이전 질서로의 복귀에 집착하는 반면, 몇몇 사람은 제도의 지속 가능성에 중점을 두고, 또 다른 몇몇 사람은 이를 이용해 사회를 변화시키고자 할 것이다.

게다가 상황이 어떻게 전개되고 있는지 실시간으로 신뢰할 만한 정보를 얻기 어려울 것이라는 점 역시 고려해야 한다.

사실, 거의 모든 것은 세계에 대한 상상과 표현의 영역에서 펼쳐진다. 예를 들어, 이 책을 읽고 있는 일부 독자들은 재난 시 상호 협조에 대해 앞서 말한 내용을 여전히 믿지 않을 수 있다. 왜냐하면 인간이란 법으로 규제받지 않으면 근본적으로 이기적이고 폭력적이라고 확신할 수도 있기 때문이다. 다른 독자들은 재난이 닥치면 사람들이 비명을 지르고 이리저리 뛰어다니며 혼란을 일으키는 등 비이성적으로 행동한다고 믿을 것이다.[24] 사실에 근거하지 않은 할리우드 영화 등의 영향으로, 잠재의식에 너무 깊이 박혀 있는 비합리적인 군중에 대한 이런 상상을 당연하게 받아들이기 때문이다.

전환 이니셔티브는 우리가 상상과 스토리텔링 영역에서 싸우고 노력해야 한다는 사실을 매우 잘 이해하고 있다. 실제로 각 문화, 각 세대에는 고유한 이야기가 있다. 이야기는 역사적 사건이나 전설·신화를 해석하고, 우리 세계를 어떻게 구성하고 조정하고 변형할 수 있는지 이해하는 데 도움을 준다. 그뿐만 아니라 집단 정체성을 싹트게 하고, 이렇게 함으로써 운명 공동체를 형성한다.[25]

오늘날 주류 문화 속 서사는 기술이나 경쟁, 인간의 무한한 독창성, 삶의 유일한 원칙으로서 최강자의 법칙, 불굴의 행진으로 이루어낸 진보에 대해 이야기한다. 이것은 마치 자기 창조 과정의 자동 실행 명령처럼 작동한다. 우리는 야생의 신화를 믿기 때문에 생존주의자가 되기도 하지만, 최악의 상황에 대비해 긴장·의심·폭력

분위기를 조성하는 사람들에게 두려움을 느끼기도 한다. 그리고 이것은 다시 신화를 정당화시킨다. 따라서 전환의 요점은 이러한 폭력, 허무주의, 비관주의의 악순환을 끊기 위해 이야기와 신화를 활용하는 것이다. 하지만 재난을 직접 지켜보면서 우리는 과연 아름다운 이야기를 나눌 수 있을까?

위대한 불확실성의 시대에 진입하기 위해 우리에게는 새로운 전환적인 이야기, 예를 들어 상호 원조와 협력을 통해 화석 연료에서 벗어나는 데 성공한 세대에 대한 이야기가 절실히 필요하다. 상상을 훈련하는 일은 이런 것이다. 다시 말해, 인지 부조화와 부정에 빠지는 걸 막아줄 수 있는 이야기를 찾는 것이다. "상상력을 해방시키자!" 경제학자 세르주 라투슈(Serge Latouche)의 표현이다. 쓰고, 이야기하고, 상상하고, 느끼게 하기……. 앞으로 몇 년 동안 예술가들이 해야 할 일이 많다.

전환 이니셔티브와 그들의 유명한 전환 이야기[26]가 좋은 예다. 영화, 랩, 신문 기사, TV의 미래 관련 뉴스, 만화 및 애니메이션을 통해 전환주의자들은 자신의 미래, 즉 지금부터 20년 또는 30년 후에 살고 싶은 미래를 만들어간다. 더 나은 미래를 상상함으로써(그러나 석유가 없고 불안정한 기후와 더불어), 전환 이니셔티브는 몹시 해롭고 널리 퍼져 있는 무력감에서 사람들을 해방시킨다. "이처럼 집단 상상력을 만들어가는 작업은 부분적으로 회복력을 강화한다. 왜냐하면 이것은 석유 이후의 미래 또는 성장 이후의 미래에 대한 어쩔 수 없이 암울한 전망에 대해 사람들이 무감각해질 수 있도록 문화화하기 때문이다."[27] 이러한 이야기는 또한 (기후, 에너지 등에 대한) 비전문가들이 공동의 미래를 준비하고 예측하는 데 참여할 수 있도록 한다.

가장 시급한 동시에 가장 중요한 것은 재난 상황에서 사용할 '사회적 자본'이라고 할 수 있는 신뢰의 분위기를 서서히 조성하도록 지역 사회 조직을 견고하고 활기차게 재건하는 것이다. 그러므로 이제 우리는 자신의 틀에서 벗어나 집단적 '관행'을 만들어야 한다.[28] 이 집단적 관행은 우리의 물질주의적이고 개인주의적인 사회가 지난 수십 년 동안 조직적이고 양심적으로 따로 떼어놓았던 함께 살아가는 능력이다. 우리는 이러한 사회적 능력이 재난 시 회복력을 보장해줄 유일한 방법이라고 확신한다.

왜 대부분의 사람은 믿지 않을까(붕괴의 심리학)

빅 원(Big One). 캘리포니아를 황폐하게 만들 지진을 일컫는 말이다. 우리는 언젠가 닥칠 것이라고 알고 있지만, 대부분의 캘리포니아 주민은 일상 속에서 그 사실을 잊고 지낸다. 이제 당신이 캘리포니아에서 살고 있고, 지진 감지 장치가 빅 원이 아마도 2020년 이전에, 또는 2030년 이전에는 분명히 발생할 것이라고 경고한다고 상상해보자. 어떻게 반응하겠는가? 이 사건은 당신의 삶을 바꾸게 될까?

진실을 말하면, 대부분의 사람은 비관적인 태도로 체념하거나 단순히 메시지를 완전히 거부한다. 이러한 행동을 설명할 수 있는 요소는 많다.

인지 장벽: 보지 않는다

이 분야에 대한 연구는 활발하게 진행되고 있다! 철학자 클라이브 해밀턴(Clive Hamilton)은 그의 저서 《인류를 위한 진혼곡(Requiem for Human Species)》[29]의 절반을 다음과 같은 질문에 할애한다. 왜 우리는 지구 온난화의 위협에 대응하지 못했을까?

첫 번째 이유는 인지 절차에 있다. 우리는 시스템 차원의 위협이나 장기적 위협이 될 만한 위험 요소를 인지할 준비가 되어 있지 않다. 반대로 우리의 두뇌는 즉각적인 문제를 처리하는 데 매우 능숙하다. 지난 수천 년 동안 환경을 선택하라는 압력은 눈에 보이는 구체적 위험에 대한 민감도를 높였으며,[30] 그로 인해 우리는 이성이나 직관을 사용하기보다 본능에 귀를 기울이며 위험에 반응한다. 미국 하버드 대학교의 심리학 교수 대니얼 길버트(Daniel Gilbert)는 이를 재치 있게 요약했다. "많은 환경 운동가들은 기후 변화가 너무 빠르다고 말한다. 그렇지 않다. 사실은 너무 느리다. 우리의 관심을 끌 만큼 빠르지 않다."[31] IPCC 보고서가 우리를 향해 으르렁거리며 다가오는 늑대의 모습보다 아드레날린을 덜 분비하게 만드는 것은 분명하다. "이는 우리가 유리 상자에 든 독거미를 쳐다보거나 고층 빌딩의 테라스에 올라갈 때처럼 (오늘날) 안전하다고 알고 있는 상황에서도 두려움을 느끼지만, 이와 달리 총이나 자동차 같은 정말로 위험한 물건 앞에서 아무런 두려움도 느끼지 않는 이유를 설명해준다."[32]

더욱이 우리가 앞서 다루었던 습관화 효과도 있다. 개구리 이야기를 예로 들 수 있다. 개구리를 물이 끓고 있는 냄비 속으로 곧장 넣으면 펄쩍 뛴다. 하지만 차가운 물이 담긴 냄비에 넣은 후 서서히 열을 가하면 개구리는 죽을 때까지 냄비 속에 그대로 머무른다. 우리는 석유가 배럴당 100달러 넘는 데 익숙해져 있지만, 1980~1990년대에는 배럴당 20달러에 불과했다. 이와 같은 맥락에서, 어떤 어부가 온갖 기술을 갖춘 배를 타고 바다에 나가서 잡은 물고기의 양이 120년 전 그의 조상이 범선을 타고 같은 시간 동안 잡은 물고기 양의 6퍼센트밖에 되지 않는다는 걸 깨달을까?[33]

신화는 우리로 하여금 재난의 현실을 보지 못하도록 막기도 한다. 현대 사회는 경제 성장에 매우 집착한다. 1972년 로마 클럽 보고서의 저자 중 한 명인 데니스 메도스는 다음과 같이 말했다. "시장이 '보이지 않는 손'에 의해 움직인다고 믿는다면, 기술이 물리적 희소성 문제를 모두 해결할 마법의 능력을 지니고 있다고 믿는다면, 혹은 신성한 존재가 우리를 모든 광기로부터 구원하기 위해 지구에 내려올 것이라고 상상한다면, 당신은 물리적 한계에 대한 질문에는 완전히 무관심한 셈이다."[34]

사실, 신화는 우리의 정체성과 세계관의 기초를 이루고 우리 마음에 깊숙이 뿌리내리고 있기 때문에, 새롭게 등장한 정보가 이 신화에 도전할 수는 없다. 심지어 그 반대다. 마음은 그 바탕이 되는 신화의 틀에 새로운 정보를 맞추려고 온갖 수단을 동원한다.

부정: 믿지 않는다

재앙 문제와 관련해 가장 흥미롭고 이상한 점은 우리가 무슨 일이 일어나고 있는지, 어떤 일이 일어날지 알면서도 믿지 않는다는 것이다. 사실, 오늘날의 어느 누구도 위기 경고에 대한 과학 자료가 부족하다거나 언론에서 이를 충분히 다루지 않는다고 말할 수 없을 것이다. 그러나 대부분의 사람이 이러한 정보를 신뢰하지 않는다는 것 역시 분명하다. "우리가 이용하는 자료가 재앙이 가능하다거나 심지어 확실하거나 거의 확실하다고 여기게 만드는 순간에도 우리는 재앙을 불가능하다고 여긴다. 〔……〕 우리에게 장애물은 과학적이든 아니든 불확실성이 아니라, 최악의 일이 일어나리라는 걸 믿지 않는 것이다."[35] 달리 말하면, 과학적 자료를 쌓아갈 필요는 있지만, 이것만으로 붕괴 문제를 완전히 해결하기에는 충분하지 않다.

데니스 메도스가 관찰한 것처럼 지난 40년 동안 "우리는 행동을 변화시키지 않을 이유를 계속 바꿔왔다".[36] 이에 대한 증거로 메도스는 자신의 보고서가 수십 년에 걸쳐 어떤 반응을 불러일으켰는지 비교했다.

1970년대 비평가들은 단언했다. "한계는 없다. 한계가 있다고 생각하는 모든 사람은 단순히 아무것도 이해하지 못하는 것뿐이다." 1980년대에 한계가 존재한다는 사실이 명확해지자 비평가들은 말했다. "물론이다. 한계는 있지만, 그것은 아주 멀리 있다. 우리는 그것에 대해 걱정할 필요가 없다." 1990년대에는 한계가 그리 멀리 떨어져 있지 않다는 사실이 밝혀졌다. 〔……〕 그래서 성장 지지자들은 외쳤다. "한계가 어쩌면 가까이 있을 수도 있지만, 시장과 기술이 문제를 해결할 것이기 때문에 이에 대해 걱정할 필요는 없다." 2000년대 들어 기술과 시장이 한계의 문제를 해결할 수 없다는 게 분명해지기 시작했다. 대답은 다시 한번 바뀌었다. "성장을 계속 지원해야 한다. 그렇게 해야만 문제에 대처하는 데 필요한 자원을 제공할 수 있기 때문이다."[37]

클라이브 해밀턴은 우리로 하여금 지구 온난화의 현실을 직시하지 못하도록 막는 모든 형태의 부정에 대해 분석했다. 그중 가장 중요한 것 하나는 인지 부조화 현상으로, 해밀턴은 1950년대 미국에서 널리 퍼졌던 사이비 종교 이야기를 예로 들며 이를 설명한다.

메리언 키치(Marian Keech)라는 이름의 여성 종교 지도자가 최후의 심판이 임박했음을 알리는 메시지를 외계인으로부터 받았다고 주장했다. 지구 종말의 대홍수가 곧 인류에게 닥칠 테고, 외계인이 1954년 12월 21일 자정에 신도들을 대홍수로부터 구원하기 위해 우주 왕복선을 보낼 것이라고 했다. 바로 그날 신도들이 한자리에 모였다. 하지만 자정이 되도록 아무도 그들을 데리러 오지 않았다.

우리가 짐작할 수 있는 바와 달리, 이 사이비 종교 신도들의 반응은 실망도 절망도 아니었다. 오히려 그 반대였다! 신도들은 흥분하며 그 이유를 언론에 말했다. 즉, 그들이 퍼뜨린 빛 덕분에 외계인이 결국 인류 모두를 구원하기로 결정해 대홍수를 일으키지 않기로 했다는 것이다. 따라서 이 사이비 종교의 모든 게 말이 안 된다고 생각하는 회의론자들에게 메리언 키치는 모든 역경에서 인류를 구한 것은 바로 자기 신도들의 헌신이라고 주장했다. 신화는 사실보다 강하다.

메도스는 다음과 같이 확신했다. "우리는 실제로 무슨 일이 일어나고 있는지 알고 싶어 하지 않는다. 우리는 이미 가지고 있는 느낌을 확인하기를 원한다."[38] 따라서 기후회의론자를 예로 들면, 그들은 진정한 회의론자가 아니다. 그들은 엄격하게 분석할 수 있는 사실을 찾기보다 오히려 자신의 세계관과 모순되는 것에 반대하고, 그런 다음 이러한 반대를 정당화할 이유를 찾는다.

기후회의론자들은 심지어 '적극적이고' 집단적으로 부정하기 위해 진짜 기업을 설립하기까지 했다. 강력한 권한을 가진 세계적 기업의 관계자들은 이렇게 조직된 싱크 탱크(think-tank)에 자금을 지원해 이미 잘 정립된 과학적 사실 여기저기에 불확실한 '분위기'를 조성하고 논란을 만드는 데 성공했다. 그들이 만든 제품의 유해 효과를 은폐하기 위해 사용한 의심과 무지 전략은 담배, 석면, 살충제, 내분비 교란 물질 그리고 더 최근에는 지구 온난화에 잘 적용되고 있다.[39] 이러한 전략은 2009년 코펜하겐 기후 협상을 실패로 만드는 데 특히 효력을 발휘했고, 2015년 12월 파리 정상 회담 전후에도 그러한 전략을 사용했을 것이라는 데 의심의 여지가 없다.

그러나 다국적 기업과 석유 회사가 유일한 범인은 아니며, 정부에도 그들 몫의 책임이 있다. 해수면 상승에 대해 공개적으로 언급하는 것을 금지하는 노스캐롤라이나(미국)의 법률 통과가 그 예다. 만일 '국가 지출에 대한 책임 있는 관리'에 관한 새로운 법률을 입법한다면, 과학 학술 대회에서 연구 결과를 논의하거나 미디어와 공유할 기회나 권리를 잃고 당혹해하는 기후학자를 꽤 볼 수 있을 것이다.[40]

우리는 지나친 재앙주의자일까

붕괴의 심리학은 모순과 오해로 가득 차 있다. IPCC 보고서가 지나치게 불안을 야기하고 언론이 이에 속는 거라고 불평하는 사람이 많다. 그러나 IPCC 보고서는 합의를 담고 있다는 사실을 기억해야 한다! IPCC 보고서는 수많은 과학 출판물과 대조적으로, 합의가 이루어진 중립적이며 부드러운 주장을 담고 있다. 심지어 가장 최근의 (따라서 가장 재앙적인) 연구 결과[41]는 반영하지도 않았다. 우리가 현실을 인정한다면, IPCC는 비관적이지 않다.

한편, 재앙주의적 태도는 일반적으로 잘 받아들여지지 않는 반면, 수많은 사람이 자신에게 불운이 닥칠 가능성이 있다고 생각하거나 믿는다. 그들은 보험 계약서에 서명할 때마다 이러한 이율배반적인 믿음을 드러낸다. 화재·도난·홍수 같은 사고는 일생에서 극히 드물게 발생하며, 이러한 사건의 위험을 계산하는 과학적 근거를 알고 있는 사람은 거의 없다. 그럼에도 사람들은 이러한 사고를 직관적으로 **가능한** 것으로 간주하고 구체적으로 대비하는 반면, 기후 변화의 결과는 사실로써 잘 입증되었음에도 무시한다. 사실, '운동가들, 그리고 최근까지는 대부분의 과학자들' 모두가 기후 변화의 영향력을 철저하게 과소평가했다.[42] 그들은 하나같이 "대중을 너무 극심한 공포에 떨게 해서 마비시킬까 봐 두려워했다".[43] 그렇다면 우리는 각자 마음속에 재앙주의에 대한 한계를 정하고 있는 것일까? 이는 모두 단지 정도의 문제일까? 그러므로 **무슨 수를 써서라도** 재앙주의적 담론을 피할 필요가 있을까? 더 정확히 말해, 지난 40년 동안 생태계 문제에 대해 구체적인 정치적 결과가 없는 것은 너무나 재앙주의적인 담론 때문일까, 아니면 오히려 너무나 부드러운 담론 때문일까?

각자 이 문제에 대해 나름의 견해가 있겠지만, 대책을 기다리면서 교착 상태에 있는 것은 분명하다. 사실을 있는 그대로 직설적으로 말해야 하지만, 만일 그렇게 한다면 재수 없는 사람이라는 비난을 당할 위험이 있다. (그리고 일부 사람들로부터 신뢰를 잃을 수도 있다.) 또는 (기후나 다른 환경 재해에 대해) 너무나 냉혹한 수치를 피하고 차분하게 말한다면, 상황에 대한 심각성을 제대로 알리지 않아 정치적 우선순위에서 가장 뒤로 밀려나게 할 위험이 있다.

사실, 사회심리학 실험에 따르면, 사람들이 위협을 진지하게 받아들이려면 상황에 대해 잘 알고 있어야 하며 신빙성 있고 신뢰할 만한 대안이 있어야 한다.[44] 만약 부분적인 정보만으로 제한적인 역할만 할 수 있다면, 사람들이 참여할 가능성은 적다. 따라서 재난에 대한 가장 완전한 정보는 행동을 촉발하기 위한 조건 중 하나다. 문제는 오히려 다른 요소에서 비롯될 것이다. 붕괴에 대한 진정한 대안이 없으며(단지 적응하는 방법밖에 없다), 신속하게 접근 가능한 구체적인 행동 방법을 찾기 어렵다는 것이다.

보고, 믿고 …… 반응하라!

그럼에도 불구하고, 세계화한 사회의 붕괴, 심지어 인류의 붕괴를 다루는 기사나 강연·이야기에 귀를 기울이고 이해하고 신뢰하는 사람들이 여전히 있다. 여러 차례 공개 강연을 하고 개인적 대화를 나누면서, 우리는 붕괴가 임박했다는 사실에 설득당한 것처럼 보이는 사람들의 다양한 반응을 접했다. 그리고 그 반응들을 분류해 보았다. 이는 참고 문헌에 기초한 게 아니라 완전히 주관적 경험에 따라 대략적으로 분류한 것이다. 붕괴론에 대한 향후 연구가 이 분류를 좀더 정확하게 할 수 있길 바란다.

미친 듯이 화를 내는 반응("이건 미친 짓이야")은 우리 세계의 파괴에 직면해 무력감을 느끼는 것으로, 이런저런 이유 때문에 사회에 대한 분노나 유감이 있는 사람들한테서 일반적으로 나타나는 반응이다. "붕괴라고? 잘됐군! 이 사회는 너무 썩었어……. 내 말이! 싹다 무너져버려라!" 그러나 이러한 태도는 재앙에 대한 매우 침울하고 허무한 상상을 드러낸다. 그뿐만 아니라 그 자신의 죽음 역시 상상하고 있는지, 아니면 그 자신은 다른 생존자들과 함께 언덕 꼭대기에서 무너져가는 도시를 내려다보며 통쾌한 복수를 즐기는 모습을 상상하는지 정확히 알 수 없다. 두말할 필요도 없이 이런 태도는 재난이 발생할 경우 정치나 사회 조직에 상대적으로 해롭다……

그러든지 말든지 반응("그래봤자 무슨 소용이 있겠어?")은 매우 일반적이다. 모든 것이 끝장날 텐데, 죽도록 일만 할 필요가 있을까! "젠장, 우리에게 남은 것을 이용하자!" 하지만 주의해야 할 점은 이러한 유형의 반응에서 '이용'이라는 단어의 모호성과 관련한 두 가지 경향을 구별해야 한다. 한편으로 이기적이지만 동정심이 남아 있는 쾌락주의자 라블레(F. Rabelais: 프랑스의 작가, 인문주의자─옮긴이)는 선술집에서 인생의 마지막 쾌락을 즐기며 남은 생을 마무리할 것이다. 그리고 다른 한편으로 이 상황을 이용해 다른 사람들에게 손해를 입히는 '개자식'들이 있다. 그들은 떠나기 전에 가능한 한 많은 연료를 태우고, 소비하고, 한 번 더 약탈한다.

생존주의자 또는 프레퍼(prepper: 가까운 미래에 재난이나 재앙이 닥칠 것이라 믿고, 음식이나 비축 물자를 사재기해서 '준비하는 사람'을 말한다─옮긴이)("자기 똥은 자기가 치우자")는 세계적으로 점점 더 많아지고 있다. 각 개인이 바리케이드를 치고, 자가 격리를 하고, 벙커에 몸을 숨기고, 엄청난 양의 무기와 생필품을 보관한다는 기사나 다큐멘터리를 보지 못한 사람은 거의 없을 것이다. 먹을 수 있는 야생 식물을 식별하는 연습을 하거나 식수 만드는 기술을 배우고 아이들에게 활쏘기를 가르친다. 이들은 다른 사람(이웃? 침략자?)도 그들처럼 폭력적으로 반응할 것이라 믿으면서 폭력에 대비한다. 이러한 태도 뒤에는 〈매드 맥스〉나 좀비 영화 같은 작품 또는 인간은 근본적으로 악하다는 믿음에서 비롯된 나쁜 상상력이 자리 잡고 있다. "혼자서 더 빨리 가자"가 이들의 모토일 것이다.

전환주의자("우리는 모두 같은 배를 타고 있다")는 종종 비폭력적이며(어쩌면 폭력을 휘두를 수 없다고 생각한다) 집단주의 정신을 가지고 있다. 그들은 대규모 '전환'을 요구한다. 왜냐하면 주위 세계가 무너지면 삶은 무의미하다고 생각하기 때문이다. 따라서 그들은 뒤로 물러서 있기보다는 개방성과 포용성을 실천하고, 미래는 생태 마을에 있다고 확신해 전환 이니셔티브 간 네트워크를 지원한다. "함께, 우리는 더 멀리 간다"가 그들의 모토일 수 있다.

붕괴론자는 누구도 말로 표현하지는 않지만, 그들 삶에 의미를 부여하는 이 주제에 대해 열정을 갖고 있다. 연구하고, 공유하고, 글 쓰고, 소통하고, 이해하는 과정은 점차 많은 시간이 걸리는 활동으로 바뀌고 있다. 그가 붕괴론자인지는 책의 출간 빈도나 해당 주제를 다루는 블로그나 사이트에 게시한 기사 및 댓글로 평가할 수 있다. 흥미롭게도, 영어권에서 'collapsniks'라는 별명으로 유명한 '붕괴 긱(geeks of collapse: geek은 일반적으로 '특별히 열정적인 사람'을 일컫는 말. 일본의 '오타쿠'가 수집의 측면이 강한 반면, 미국의 '긱'은 특정 분야에 대

한 강한 지적 열정을 갖고 있다―옮긴이)'은 종종 엔지니어 …… 그리고 남
성이다. 게다가 이는 빈번하게 부부간 단절의 원인이 되기도 한다.
왜냐하면 아내는 붕괴를 여러 대화 주제 가운데 단 하나로만 보는
반면(그리고 남편에게 가족이나 친구들 앞에서 이 주제에 관해 이야기하지 말라고
요구한다), 남편은 벙커를 준비하거나 전환 모임에 끊임없이 참가하
기 때문이다……. 진부한 표현은 제쳐두더라도, 남성과 여성의 차
이는 일반 대중 사이에서 매우 잘 드러난다. 남성은 여성보다 수치,
사실, 기술(예를 들면 에너지 관련 기술)에 대해 토론하려는 성향이 훨씬
더 강하지만, 여성은 (적어도 공개적으로는) 이러한 질문의 정서적·영
적인 측면을 한층 쉽게 다룰 수 있다.

훨씬 더 복잡한 현실 세계에서, 몇몇 사람은 자신이 이 분류 중
하나 이상에 속한다고 느낄 수도 있다. 예를 들어, 붕괴론자로서
사전 조치에 참여하기도 하지만 다른 사람들처럼 너무나 치명적인
기후 위기를 피하기 위해 붕괴가 빨리 진행되길 바라기도 한다(이번
장 마지막 부분 참조). 또는 협력만이 가능한 유일한 탈출구라고 **확신
하면서** 먹을 수 있는 야생 식물의 재배법을 배우기도 한다…….

하지만 어떻게 함께 살아갈까

실제로 부인은 유익한 인지 절차(단기적으로는!)로, 지나치게 '해로운'
정보로부터 자연스럽게 자신을 보호한다. 실제로 붕괴 가능성은 종
종 너무 큰 불안을 유발하는데, 이러한 불안이 만성화하면 신체에

매우 해롭다. 붕괴에 대한 구체적 대안이 없는 경우라면 무력감을 느끼기도 한다. 무력감은 그 자체로 암을 유발한다.[45] (하지만 일단 대책을 세우고 나면 무력감은 사라진다.) 그러나 한편으로 재난의 장기적 영향력을 과소평가하면서 "매우 불행한 미래에 직면하게 될 것이라는 사실을 거부하는 것은 잘못된 태도일 수 있다".[46] 그렇다면 무엇을 해야 할까? 어떻게 하면 건강을 유지할 수 있을까?

이에 대한 대답은 모든 '심리적 전환'에 애도의 과정을 포함하는 것이다. 기후 재해 또는 "우리가 알고 있는 세계가 끔찍한 종말을 맞이할 가능성"은 종종 인간의 정신력으로 받아들이기엔 너무 힘든 일이다.[47] "우리 자신의 죽음도 마찬가지다. 우리는 모두 그 일이 일어나리라는 걸 '알고' 있지만, 우리가 결국은 죽음으로 이어지는 삶의 진정한 의미를 이해하게 되는 것은 죽음이 임박했을 때뿐이다."[48]

애도 과정은 미국 심리학자이자 임종 연구 전문가 엘리자베스 퀴블러로스(Elisabeth Kübler-Ross)가 정립한 것으로, 알려진 모델에 의하면 여러 단계, 즉 부정·분노·타협·우울·수용의 단계를 거친다. 우리는 이 모든 단계를 대중의 반응, 심지어 이 책을 준비하면서 우리가 느꼈던 감정에서 확인할 수 있었다. 전환 또는 붕괴를 주제로 토론이나 워크숍을 하면서, 우리는 증언이나 감정을 공유하는 순간이 그 자리에 참석한 사람들로 하여금 그런 미래에 직면하고 그런 감정을 느껴야 하는 유일한 사람이 아니라는 사실을 이해하도록 하는 데 꼭 필요하다는 사실을 확인했다. 이런 순간을 통해 우리는 감사와 희망을 회복해 적절하고 효율적인 행동을 이끄는 데 꼭 필요한 수용 단계에 가까워질 수 있었다.

붕괴를 사회의 놀라운 기회로 받아들이고 앞으로 나아가 바람직한 미래를 찾아내기 위해서는 반드시 절망, 두려움, 분노라는 불쾌한 단계를 거쳐야 한다. 이 단계를 통해 우리는 내면의 어두운 지대로 뛰어 들어가 그런 감정을 정면으로 바라보고 끌어안는 법을 배워야 한다. 그러므로 애도라는 '작업'은 집단적인 동시에 개인적이다. 클라이브 해밀턴, 조애너 메이시(Joanna Macy), 빌 플로트킨(Bill Plotkin) 및 캐럴린 베이커(Carolyn Baker)의 연구가 강조하는 것처럼[49] 이러한 감정에 몰입하고 공유할 때 우리는 비로소 삶의 행동과 의미를 음미할 수 있다. 그런 다음 우리는 상징적으로 성인이 된다. 현재 상호 지원 네트워크가 전 세계 곳곳에서 꽤 은밀하지만 강력하고 활발하게 활동하고 있으며, 그들이 가져다주는 행복에 비례해 성장하고 있다.[50]

철학자 클라이브 해밀턴이 증언하듯 이러한 큰 변화는 구원자가 될 수도 있다. "한편으로, 나는 안도감을 느꼈다. 내 이성이 나에게 끊임없이 말했던 것을 마침내 인정했으며, 잘못된 희망에 더 이상 에너지를 낭비할 필요가 없다는 사실에 안도감을 느꼈다. 그리고 지구 온난화에 대한 조치를 지연시킨 데 큰 책임이 있는 정치인, 기업가, 기후회의론자에게 분노를 표출할 수 있게 되어 안도감을 느꼈다."[51]

마지막으로, 애도의 과정은 또한 정의감으로 이루어진다. 부당한 손해를 입은 사람들은 그에 대해 잘못이 있는 사람들을 처벌할 수 있어야 한다.[52] (또는 처벌하는 것을 지켜볼 수 있어야 한다.) 그러나 우리 사회가 붕괴하는 경우라면 이 과정은 특히 우려스럽다. 실제로, 모욕을 당했다고 느끼는 사람은 희생양이나 부당한 일에 책임 있는 사람에게 극단적 폭력을 통해 분노를 쉽게 표출한다. 역사책에는 이러한 유형의 사례가 가득하다. 오늘날에는 역사가·언론인·운동가의 작업을 통해서, 우리가 당하는 재난에 대해 어떤 개인 혹은 어떤 조직에 책임이 있는지 명확하게 밝히는 게 어느 정도 가능해졌다. "우리 아이들이 우리를 고발할 것이다"라는 말 역시 자주 듣는다. 그러나 걱정할 필요 없다! 어쩌면 그때쯤이면 우리 아이들도 고발당할 나이가 되어 있을 테니 말이다…….

믿게 된 지금, 우리는 무엇을 해야 할까(붕괴의 정치학)

건설적 행동, 가능하다면 비폭력적 행동은 개별적으로나 집단적으로 특정 심리적 단계를 거친 후에야 나타날 수 있다. 하지만 현실을 직시하자. 행동을 취하기 전에 모든 사람이 슬퍼할 때까지 기다릴 여유가 없다. 첫째, 그러기엔 이미 너무 늦었기 때문이고 둘째, 인간은 그런 식으로 움직이지 않기 때문이다. 실제로 행동은 과정의 끝이 아니라, '내적 전환' 과정의 필수적인 부분이다. 매일 만족감을 주고 낙천적 태도를 유지하게 함으로써 **의식하기 시작하는**

순간부터 느끼게 되는 불편한 무력감에서 벗어날 수 있게끔 해주는 것은 바로 행동이다. 처음에는 무의미해 보이는 작은 행동으로 시작하지만, 그로 인해 얻은 만족감이 그다음에 좀더 실질적인 행동을 하도록 만든다. 행동할 때, 우리의 상상은 변화한다. 각자의 선호도와 개인사에 따라 우리 중 일부는 폭력적 봉기(어느 정도 해방을 위한 것이다)를 선택하고, 또 일부는 정체성을 감추거나 도망가는 방법을 선택하고, 또 다른 일부는 비폭력적 대안을 선택하는 것은 바로 우리의 상상 때문이다. 이렇게 해서 '붕괴의 모자이크'는 온갖 색상을 띤다.

우리가 어떤 단계에 있든, 그 단계에 포함된 모순과 무력감을 느끼며 '어제의 세계'에 몸을 담그고 계속 살아야 한다. 그러므로 우리 각자는 붕괴가 진행되는 사회적 환경에 따라 **붕괴를 생각하고 행동할 기회를 발견할 것이다.** 일단 본질적인 것은 붕괴를 깊이 믿는다고 해서 우리 자신이나 가까운 사람들을 지나치게 불안하게 해서는 안 된다는 사실이다. 왜냐하면 우리는 모두 이 고통과 불확실성의 시기를 거쳐 가기 위해 감정적, 정서적 위로가 절실히 필요하기 때문이다.

전환: 예측과 회복력

붕괴에 대한 상상에 기반을 둔 정치 운동은 많지 않다. 그중 가장 건설적이고 평화적인 정치 운동(여기서 봉기 운동에 대해 논의하지는 않겠다)[53]은 전환과 탈성장 운동이다.

일반적으로 인간은 재앙이 일어나기 직전까지, 즉 너무 늦어버리기 전까지 재앙의 가능성을 믿지 않는다. **전환과 탈성장**의 원칙은 재앙을 앞서감으로써 이를 깨뜨리는 것이다. 화석 연료의 고갈, 기후 교란, 식량 공급의 중단 등을 앞서가는 것이 '전환'이나 성장 반대 프로그램의 사례다. (두 프로그램을 지지하는 부류는 종종 같은 사람들이다.) 지속 가능성에 바탕을 둔 안정적 국가 경제를 구축하기에는 너무 늦었다고 해도, 지역 차원에서 경제적 충격을 더 잘 견딜 수 있는 작고 탄력적인 시스템을 구축하는 것은 결코 너무 늦지 않았기 때문이다.

어쩔 수 없이 지역 차원의 소규모 운동이지만, 이와 같은 전환 이니셔티브는 놀라운 속도로 성장하고 있다. 2006년 영국에서 시작된 전환 이니셔티브(이전의 '전환 도시')는 10년도 안 되는 동안 5개 대륙에서 수천 개로 늘어났다. 많은 호응을 불러일으키는 이 운동은 이미 관련된 사람들의 삶에 가시적 영향을 미치고 있다. 재생 가능한 에너지 생산을 위한 시민 협동조합, 지속 가능한 지역적 식량 시스템〔도시 농업, 영속 농업(permaculture: permanent와 culture의 합성어로, 오스트레일리아의 빌 몰리슨(Bill Mollison)이 더 생태적인 방법으로 농사를 짓고 농장을 경영하며 더 나아가 의식주를 비롯한 모든 생활을 지속 가능하게 만들어 궁극적으로 영구히 살아남을 수 있는 인류 문화를 만들고자 시도하고 있는 방법론—옮긴이), AMAP(Association pour le Maintien de l'Agriculture Paysann: 프랑스의 직거래 운동으로, 소비자 그룹과 지역 농장 사이의 인근 파트너십—옮긴이)

등), 새로운 협력 경제 모델 등 많은 예가 있다. 그런 예를 찾으려면 몇몇 신문을 읽거나[54] '구체적' 또는 '긍정적' 대안에 관한 수많은 책을 찾아보거나[55] 1시간 정도만 인터넷을 뒤지면 된다.

정치적 관점에서 전환은 역설적이라 더욱 낯설게 다가온다. 정치적 전환은 재앙이 임박했음을 받아들이는 것, 즉 우리 산업 문명을 애도하는 것이며, 아직 '모델'이나 '시스템'으로 만들지 못한 새로운 소규모 '로테크' 시스템의 출현을 장려하는 것을 의미한다. 구체적 관점에서, 전환 과정(당연히 일시적이다)은 목표와 전략의 여러 면에서 양립할 수 없는 두 시스템, 즉 하나는 죽어가고 다른 하나는 부상하는 두 시스템을 공존시키는 데 성공해야 한다(성장에 대한 예는 4장 참조).

전환 이니셔티브는 재앙주의와 낙관주의의 입장을 **동시에** 취한다. 다시 말해, 통찰력이 있으며 실용적이다. 통찰력이 있다고 말하는 이유는 이 운동에 참여하는 사람들이 재난에 대해 부정하는 태도를 취하지 않기 때문이다. 그리고 대부분 영원한 성장의 신화, 그리고 묵시록의 신화를 포기한다. 우리를 기다리고 있는 것이 무엇인지 **알고 있으며** 이미 구체적 대안에 발을 딛고 있기 **때문에**, 그들은 대체로 재앙에 대해 수용적이다. "재앙주의적 정치사상은 종말론적 성격을 띠지 않는다. 세상의 종말을 걱정하는 것이 아니라, 보다 정확히 말하면 갑작스러운 충격을 받을 생태계와 사회의 재구성을 걱정하기 때문이다."[56] '평소와 다를 바 없는 현실'도 세상의 종말도 아닌, 단지 지금 여기에서 함께 만들어갈 세상을 걱정할 뿐이다.

상당한 의지와 아주 조금의 뻔뻔함, 약간의 순진함 역시 필요하다. 실제로 전환 이니셔티브가 성공하려면 참가자들이 미래에 대해 '긍정적 비전'을 가지고 있어야 한다. 침체기에 빠지지 않기 위해, 그들은 석유가 없고 기후가 좋지 않지만 잘살 수 있는 2030년의 미래를 (함께) 상상한다! 상상력의 위력은 디테일에 있다. 세부적인 것을 함께 상상하고, 함께 꿈꾸고…… 그런 다음 소매를 걷어붙이고 실현에 옮기면 된다. 이런 전략은 결집이나 창의성 측면에서 매우 강력한 것으로 입증되었다.[57]

이 '역설적인' 정책의 일반화는 또 다른 문제를 제기한다. 바로 공개적이고 공식적으로 구세계의 죽음을 받아들여야 한다는 것이다. 이를 공식화하려면 무엇보다 자기 충족적(self-fulfilling) 예언의 위험을 무릅써야 한다(6장 참조). 예를 들면, 총리가 국가에서 붕괴를 대비하고 있다고 선언하자마자 주식 시장과 국민은 예민하게 반응하고 …… 이것이 불안감을 조성해 예측하던 상황을 더 빨리 촉발한다.

따라서 전환 정책은 '죽음/삶'(새로운 형태의 사회가 출현할 수 있도록 하는 것은 우리 산업 사회의 죽음이다)과 '연속/단절'(중기 전환 정책과 재앙으로 인한 단절의 사건을 동시에 고려해야 한다)과 같은 역설로 짜여 있기 때문에, 에드가 모랭의 표현을 빌리자면 어쩔 수 없이 '대화 형식'을 취한다.

영토 차원에서 전환의 라이트모티프(leitmotif: 반복적으로 나타나는 주제 또는 중심 사상—옮긴이)는 '지역적 회복력',[58] 즉 매우 다양한 조직적 교란(식량, 에너지, 사회 질서, 기후 등)으로부터 회복할 수 있는 지역 공동체의 능력을 높이는 것이다. 거시경제적 차원에서는 더 이상 부채 시스템에 기반하는 것이 아니라 자발적 절제, 공정한 분배, 혹은 배급(앞의 두 가지가 혼합된 형태) 같은 훨씬 더 합리적인 패러다임에 기반을 둔 '에너지 감축' 경제 또는 탈성장 경제를 만들어내는 것이다.

이 거대한 프로젝트는 초기 단계에 있으며,[59] 어떤 것도 미리 얻을 수 없다. 실제로 경제 성장 없이 유연하고 자발적인 방식으로 경제 시스템을 전환하는 것은 매우 어려울 뿐만 아니라(4장 참조), 한 사회가 장기간에 걸쳐 자발적으로 소비를 줄이는 것 역시 일반적으로 불가능하다. 붕괴를 피하기 위해 사회가 자발적으로 제약을 가한 역사적 사례는 극히 드물다. 가장 잘 알려진 예는 재러드 다이아몬드가 인용한[60] 태평양의 작은 섬 티코피아(Tikopia)다. 이곳 주민들은 나무에 대한 숭배와 극도로 엄격한 산아 제한 정책 덕분에 섬의 수용력 한계보다 3000년 이상 생존할 수 있었다.

그러나 흥미로운 사실은 경제적·사회적 충격이 처음으로 나타나자마자 내일의 세계를 미리 보여주는 항의/창조 운동 같은 대안이 그리스·포르투갈·에스파냐 등지에서 빠르게 번지고 있다는 점이다.[61]

마지막으로, 전환의 개념은 사람들을 하나로 묶는다. 이는 진보가 계속될 것이라는 상상을 근본적으로 막지는 않지만, 재앙주의적 통찰력을 펼칠 수 있게끔 한다. 이를 통해 그 자체만으로도 놀라운 공동의 실천 방식을 다시 찾아내고 긍정적인 상상을 공유할 수 있다. 전환주의자들은 정부가 나서기를 기다리지 않고 붕괴를 비극적이지 않은 방식으로 경험할 수 있는 방법을 지금부터 찾고 있다. 그들은 최악의 상황을 기다리지 않고 최선을 만들고자 한다.

위대한 플러그 뽑기 정책

전환은 궁극적으로 '플러그 뽑기'라고 볼 수 있다. 산업 시스템으로부터 스스로 플러그를 뽑는 것은 결핍을 견뎌야만 하는 상황이 닥치기 전에 그 산업 시스템이 제공하는 모든 것(가공식품, 의류, 빠른 이동, 잡화, 전자 제품 등)을 **미리** 포기하는 걸 의미한다. 그러나 너무 빨리 플러그를 뽑아버리는 것 역시 수많은 사람을 죽음으로 몰고 갈 수 있다. 실제로 부유한 나라의 국민은 산업 시스템의 도움 없이 음식을 먹고, 집을 짓고, 옷을 입고, 움직이는 방법을 아는 사람이 거의 없다. 그러므로 문제는 플러그를 뽑기 **전에** 생존 수단을 확보할 수 있도록 지식과 기술을 준비하는 데 있다. 이때부터 자율성을 획득하기 위한 과정은 반드시 집단으로 이루어진다. 화석 연료가 없을 때 그 부족을 벌충하기 위해 제공해야 하는 노동량이 상당하기 때문이다. (석유 1배럴은 약 2만 4000시간의 인간 노동력에 해당한다. 주당 40시간 작업할 경우 11년 동안 일해야 하는 양이다.)[62] 로테크라는 자율적이고 좀더 탄력적인 작은 시스템에 일단 '플러그를 꽂으면' 전환주의자 집단은 추락하면서 그들을 휩쓸고 갈 위험이 있는 대형 시스템으로부터 더 차분하게 '플러그를 뽑을' 수 있다. 더 이상 슈퍼마켓에 가지 않고, 가족당 자동차를 한 대씩 구입하지 않고, 중국산 옷을 구입하지 않는 것. 이는 작은 실천적 승리이지만 위대한 상징적 승리에 해당한다.

일부 '붕괴 긱'은 한발 더 나아가 일종의 대형 불매 운동, 곧 "수요 감소를 통한 충돌"[63]을 통해 광범위하고 보편적인 플러그 뽑기를 제안하는데, 이는 세계 경제 시스템의 급격한 몰락을 초래할 수도 있다. 2013년 12월 발표한 자료에서 영속 농업 개념의 공동 창시자 데이비드 홈그렌(David Holmgren)은 그 어느 때보다 비관적으로 최근 지구 온난화의 영향력에 우려를 표했다. 홈그렌에 따르면, 생물권을 너무 심각하게 파괴하는 것을 피할 수 있는 유일한 방법이 이제는 세계 경제 시스템을 급속하고 급진적으로 붕괴시킬 수 있다. 무엇보다 피크 오일의 임박(30년 이상 전부터)을 두려워했던 홈그렌은 이제 그것이 충분히 빨리 오지 않는 걸 안타까워하며, 이 주제에 민감한 모두에게 가능한 한 빨리 플러그를 뽑을 것을 제안한다. 홈그렌은 선진국 인구의 10퍼센트가 통화(通貨) 시스템 밖에서 지역적으로 회복 이니셔티브에 완전히 집중한다면, 통화 시스템은 돌이킬 수 없는 한계점에 도달할 정도로 위축될 수 있다고 했다. 이것이 바로 '조직적인 보이콧'을 블랙아웃(black-out) 정책이라고 부르는 이유다! 이 제안은 전 세계 붕괴론자들 사이에서 큰 논란을 불러일으켰으며, 논란은 여전히 끝나지 않고 있다……

전쟁에서처럼 사람들을 동원하라

전환 운동을 대규모로 강력하게 조직한다면 이점을 얻을 수 있다. 1990년대 생태 농업으로 전환한 쿠바의 놀라운 예는 대규모 전환의 속도와 위력에 있어 당국의 역할이 얼마나 중요한지 보여준다. 실제로 문제는 철도 운송, 하천 관리 또는 상거래의 경우처럼 종종 지역 사회를 넘어서 발생한다. 쿠바 정부는 '특별 기간'을 지정해 재난의 규모를 파악하고 전환에 찬성하는 법률을 통과시켰다.[64] 그러나 유럽과 다른 주요 민주주의 국가에서 이것이 여전히 가능할까? 유럽 주요 기관에 대한 민간 기업의 로비 위력을 알고 있는 우리 세대는 조직적인 대규모 변화가 가능했던 사례를 충분히 찾지 못했다. 하지만 두 차례의 세계대전 중에는 분명히 이런 일이 가능했다. 정부는 공동의 목표, 즉 적을 격멸하기 위해 상당한 힘을 동원하는 데 성공했다. 1940년대에 미국은 전쟁에 엄청난 노력을 들이느라 "소비와 낭비의 문화를 잠시 포기"[65]하는 데 성공했다. 1943년의 '승리 정원(Victory Gardens: 제2차 세계대전 동안 정원을 일구어 만든 뜰 안 채소밭 - 옮긴이)'은 2000만 명 넘는 미국인을 동원했고, 미국 채소 생산량의 30~40퍼센트를 담당했다! 재활용, 카풀, 심지어 배급도 그 당시 몇 년 동안 미국에서는 일종의 규칙이었다. 탐구할 가치가 있는 이런 사례는 전쟁이나 독재 정권을 정당화하기 위함이 아니다. (예를 들어, 구소련 붕괴 이후 스스로 운명을 책임져야 했던 북한은 쿠바처럼 독재 정권하에서 기근에 빠졌다.) 이러한 예는 단지 공통 목표를 위해 조직적으로 움직일 때 신속하게 행동하고 넓게 생각할 수 있다는 사실을 보여준다.

우리가 추구해야 할 것은 전쟁 상황(따라서 결핍의 시기)이라는 측면에 있다. 실제로, 배급보다 붕괴의 특징을 잘 보여주는 정책을 상상할 수 있을까? 정치학자 마틸드 쉬바(Mathilde Szuba)가 설명하듯 선진국들은 이미 근본 원칙(시장 및 개인 소비)을 어기면서 배급 정책을 시행하기에 이르렀다.[66] 예를 들어, 1915년 파리에서는 원자재 부족으로 인해 사회가 폭발할 상황에 이르자 정부는 마지못해 시 당국이 석탄 가격을 책정하고 배급하기로 결정했다. 배급은 궁극적으로 한계로 억눌린 세계에서 서로 연대하는 정책이라고 볼 수 있다. "풍요는 독립을 가능케 하지만 〔……〕 자원의 제한은 서로를 의존하게 한다."[67] 모든 국민의 운명은 연통관(communicating vessel, 連通管) 또는 '제로섬 게임(zero-sum game)' 원리와 연결되어 있으며, 한 사람이 소비하는 것은 다른 사람으로부터 이 재화를 박탈하는 셈이다. 이 경우 당국의 역할은 부유층의 소비를 확실히 억제하고 최빈곤층의 최저 생계를 보장하는 것이다. 배급과 관련한 두 가지 강력한 개념엔 "사용 가능한 수량을 공평하게 계산하는 방식인 공정한 분배의 개념과 사회적 특권을 정지시키는 만인에 대한 평등의 개념"[68]이 있다.

제2차 세계대전 중 배급이 불쾌한 기억을 남긴 프랑스와 달리, 영국에서는 (이 시대를 살았던 사람들의 증언에 따르면) 이런 정책이 사회 통합에 매우 유익한 공정성을 전파했다. 놀랍게도 "1940~1950년대에 의료 기간이 실시한 조사에 의하면 영국인, 그중에서도 어린이의 건강과 수명이 배급 기간에 향상했으며, 특히 일부 인구는 더 나은 음식에 접근할 수 있었던 것으로 나타났다".[69]

민주주의는 어디에 있어야 할까

그럼에도 불구하고 우리는 기후 재앙과 에너지 및 경제적 충격이 정치 시스템에 반드시 영향을 미칠 것이라는 착각에 빠져서는 안 된다. "민주주의는 우리가 프로그래밍하고 있는 보편적 삶의 조건을 변경하는 데 있어 첫 번째 희생양이 될 것이다. 〔……〕 종의 붕괴가 확실해질 때, 그 긴급성 때문에 느리고 복잡한 심의 과정은 필요 없어질 것이다. 공포에 사로잡힌 서방 국가들은 자유와 정의의 가치를 위반할 것이다."[70]

국가 신용도가 하락하고 임금과 연금을 더 이상 제때 지급하지 못하거나 식량 부족이 너무 심각해지면, 정치 체제가 유지된다는 보장이 없다. 파시즘은 사회적 불안, 무시받는 사람들의 분노, 반복되는 경제적 기능 장애로 인해 비자발적이고 광범위한 '지역으로의 회귀'가 늘어난 상황을 이용할 수 있다. 따라서 유럽 한복판에서 '자유롭고' '개방적인' 세계라는 국제적 이상과는 거리가 먼, 분열되고 폭력적인 사회가 예상보다 훨씬 빠르게 출현하는 것을 볼 수도 있다.

더욱이 자본주의는 쿠데타와 폭력적 탄압 같은 충격을 겪은 사회(1973년의 필리핀과 칠레 등)라면 어느 곳에서든 존재감을 드러내는 놀라운 능력을 가지고 있다.[71] 따라서 심각한 경제 '위기'가 평화롭고 합의된 전환을 자발적으로 이루어낼 것이라는 보장은 없다.

산업 국가의 정치 및 경제 엘리트가 오늘날 민주적이라고 주장하는(하지만 명백히 과두제가 되어버린) 모델을 계속 옹호한다면,[72] 그들은 '성장 촉진' 조치로 인해 재앙을 촉발할 뿐만 아니라(2장, 3장, 5장, 8장 참조), 그들이 불러일으킬 희망(기대를 저버린 희망)에 비례해 사람들에게 분노를 안겨줄 것이다.

탈성장 지지자와 전환주의자는 그들이 지역적(종종 지방 자치 단체) 규모로 행동할 수 있는 힘을 가지고 참여적이면서 협력적인 거버넌스(governance: 공동의 목표를 달성하기 위해 주어진 제약하에서 모든 이해 당사자들이 책임감을 가지고 투명하게 의사 결정을 수행할 수 있게끔 하는 제반 장치―옮긴이) 관행을 개발하며 민주주의적 이상을 보존할 수 있을지 매우 우려하고 있다. 정치학자 뤽 세말(Luc Semal)이 분석하듯 이러한 운동의 독창성은 "재앙주의적 방침이 지역적 정치 논쟁을 차단하는 방식이 아니라, 오히려 통제된 방식으로 공평하게 분배된 지역 에너지 절감의 실천 방식에 대해 다시 논쟁할 수 있게끔 하는 기회로 여겨진다"[73]는 사실에 있다.

따라서 어떤 사람들은 현재 시스템을 유지하기 위해 무엇이든 할 테고, 다른 사람들은 그걸 더욱 민주적으로 만들기 위해 노력할 테고, 또 다른 사람들은 그게 모든 불행의 원인이라고 비난할 것이다. '붕괴의 정치학'이라는 이 이론적이고 실용적인 분야에서 민주주의 문제는 확실히 가볍지 않다. 이런 측면에서 참여 및 직접 민주주의, 노동자 자주 관리, 연방주의 및 자치 등의 정치적 경험은 이러한 전환 네트워크에 매우 유용할 수 있다.

그러나 몇 가지 이론적 질문은 아직 풀리지 않은 채로 남아 있다. 소규모의 지역 민주주의로 이루어진 모자이크가 여전히 민주적 프로젝트일 수 있을까? 재앙주의적 태도가 민주적 절차와 양립할 수 있을까? 더 정확하게 말하면, 우리는 **재난의 시기**에 활동하는 동안 우리의 재산을 여전히 충분히 소유할 수 있을까? 오늘날 우리가 설명한 문제들, 즉 민주적 행동과 재앙의 긴급함 사이에서 타협점을 찾을 수 있도록 평온하고 침착하고 합리적으로 대응하는 정책에 대해 반드시 깊이 생각해볼 필요가 있다.

결론

기근은 시작일 뿐이다

"세계 인구 과잉, 부자의 과소비, 기술에 대한 선택 부족"[1]은 우리의 산업 문명을 붕괴의 길로 몰아넣었다. 시스템이 돌이킬 수 없을 정도로 강한 충격을 받을 가능성이 매우 크고, 그 대규모 붕괴의 기한은 2050년이나 2100년경으로 우리가 일반적으로 상상하는 것보다 훨씬 더 가깝다. (미래의 고고학자들이 보기에) 계속 이어지는 재앙이 언제 붕괴로 바뀔지 정확한 시점을 아무도 알 수 없지만, 이 일이 현세대에게 닥칠 것이라는 사실은 수긍할 만하다. 이는 과학자든 활동가든 우리가 수많은 관찰자와 **직관적**으로 공유하는 것이다.

이러한 입장이 웃음거리가 되는 경우도 많아서 말하기 거북하지만, 우리는 재앙주의자가 되었다. 그렇다고 해서 우리가 재앙을 원하거나 재앙의 영향력을 줄이기 위한 투쟁을 포기하거나 비관주의에 빠졌다는 의미는 아니다. 그 반대다! 미래가 암울하다고 해도 "우리는 싸워야 한다. 왜냐하면 이러한 사실에 수동적으로 복종할 이유가 없기 때문이다".[2] 우리에게 재앙주의자가 된다는 것은 단순히 '부정'하는 입장을 피하고 지금 일어나고 있는 재앙을 인정하는 것이다. 우리는 재앙을 지켜보고 인정하며, 이러한 사건들이 우리에게서 빼앗아갈 모든 것을 애도하는 법을 배워야 한다. 미래에 대해 현실적 방향을 제시하는 것은 두 눈을 크게 뜨고 용감하게 의식 있고 침착한 태도를 취하는 것이지, 비관주의가 아니다!

확실한 것은 우리가 지난 수십 년 동안 경험했던 '정상적인' 상황으로는 절대 돌아가지 못할 것이라는 사실이다.[3] 첫째, 열-산업 문명의 엔진인 에너지-금융 커플이 사라질 위기에 처해 있다. 한계에 도달한 것이다. 환경·에너지 및 경제적 비용이 많이 드는 비전통적인 화석 연료의 수요 급증을 통해 알 수 있듯 풍부하고 값싼 화석 연료의 시대는 끝나가고 있다. 이는 경제 성장을 되찾을 가능성을 확실하게 땅에 파묻고, 따라서 결코 갚지 못할 부채에 기반한 시스템에 사형 선고를 내리는 것이다.

둘째, 우리 문명이 기하급수적으로 물질적 팽창을 하는 동안 그 기반을 이룬 자연이라는 복합적 시스템은 돌이킬 수 없을 정도로 파괴되었다. 이미 경계를 넘어섰다. 지구 온난화와 생물 다양성의 붕괴는 그 자체로 식량, 사회, 무역 및 보건 시스템의 붕괴, 구체적으로 말하면 대규모 인구 이동, 무력 분쟁, 전염병 및 기근을 예고한다. '비선형적'으로 변화한 이 세계에서는 예측할 수 없는 더 강력한 사건들이 표준을 이룰 것이며, 적용하고자 하는 해결책이 이러한 시스템을 훨씬 더 교란할 것이라는 사실을 예상해야만 한다.

셋째, 식량·물·에너지를 제공하고 정치·금융 및 가상 영역

(virtual sphere)이 작동하도록 하는 훨씬 더 복합적인 시스템은 더 많은 에너지 투입을 요구한다. 이러한 기반 시설은 상호 의존적이고 취약해지기 쉬우며 종종 노후화해서 유통이나 공급이 잠시만 멈춰도 불균형한 연쇄 효과를 일으켜 전체 시스템의 안정성을 위험에 빠뜨릴 수 있다.

이 세 가지 상태(한계 접근, 경계 초과, 복합성 증가)는 되돌릴 수 없으며, 이것이 결합해 한 가지 문제를 촉발할 수 있다. 과거에는 특정 지역에 국한된 문명의 붕괴가 많았다. 오늘날에는 세계화로 인해 **글로벌 시스템 리스크**가 발생했으며, 따라서 거의 전 세계적 차원의 대규모 붕괴 가능성이 있다. 하지만 이런 일은 하룻밤 사이에 일어나지는 않을 것이다. 붕괴는 지역·문화 및 환경 위험에 따라 속도·형태 및 추이가 달라질 것이다. 따라서 사전에 결정된 게 아무것도 없는 복잡한 모자이크로 보아야 한다.

경제 성장으로의 회귀가 모든 문제를 해결해줄 거라고 생각하는 것은 심각한 전략적 실수다. 이는 성장으로의 회귀가 가능하다는 것을 전제로 할 뿐만 아니라,[4] 무엇보다도 지도자들이 이런 목표에 집중하는 한 화석 연료 소비를 획기적이고 빠르게 줄이는 것 같은 기후와 생태계의 안정성을 보존하기 위한 진지한 정책을 마련할 수 없기 때문이다. 따라서 현재의 부양 정책과 긴축 정책에 걸친 모든 논쟁은 핵심 문제에서 주의를 산만하게 할 뿐이다. 사실, 우리가 빠져나올 수 없는 이 상황에서 찾을 수 있는 '해결책'은 없다. 우리의 새로운 현실에 적응하기 위해 추구해야 할 길만 있을 뿐이다.

이 모든 걸 깨닫는 것이 반전의 시작이다. 유토피아가 갑자기 터전을 옮겼다는 사실을 이해해야 한다. 유토피아를 꿈꾸는 사람들은 종종 오늘은 모든 게 이전과 같을 거라고 믿는다. 반대로 현실주의자들은 우리에게 남아 있는 모든 에너지를 신속하고 급진적인 전환에 투입해 영토든 인간이든 지역적 회복력을 구축하고자 한다.

일반 및 응용 붕괴론을 향하여

"왜냐하면 재앙은 시선을 절대로 떼지 않고 두 눈을 고정한 채 지켜보며 우리가 원하지 않는다고 말해야만 하는 끔찍한 운명이기 때문이다."[5] 이는 붕괴론의 라이트모티프가 될 것이다. 한스 요나스는 "불행에 대한 예측은 그것이 실현되는 걸 막기 위해 만들어진다"[6]고 했지만, 우리는 (35년 후에) 그 불행을 피하기가 매우 어려울 것이며, 단지 몇몇 효과를 완화하기 위한 시도밖에 할 수 없다는 점에 주목함으로써 한 걸음 더 나아갈 수 있다.

우리는 암울한 전망을 제시한다는 비난을 받을지도 모른다. 그러나 우리를 비관적이라고 비난하는 사람들은 우리가 어디에서 틀렸는지 구체적으로 증명해야 할 것이다. 증명의 책임은 이제 코누코피아에 있다. 붕괴는 이제 무시하기 어려운 개념이 되었으며, 클라이브 해밀턴이 지적한 것처럼 "간절한 소원으로는 충분하지 않을 것이다".[7]

이 책은 시작일 뿐이다. 자료를 통합하고 폭로하는 것 말고 다음으로 해야 할 단계는 앞의 두 장에서 제시한 것처럼 논리적으로 더 깊이 반성하고 탐구하는 것이다. 이게 붕괴론의 목적이 될 것이다. 붕괴론은 **이성과 직관**이라는 두 가지 인지 방식과 논란의 여지없는 과학적 연구를 바탕으로 산업 문명의 붕괴 및 그 후에 발생할 수 있는 것을 연구하는 학제 간 실습으로 정의할 수 있다.

그럼에도 불구하고 붕괴론은 현재 모든 사람이 시도해야 하는 내적 전환 과정에 작은 도움밖에 되지 않을 것이다. 알고 이해하는 것은 우리가 가야 할 길의 10퍼센트에 불과하다. 이와 더불어 믿음을 가지고 그에 따라 행동하며 특히 감정을 관리할 수 있어야 한다. 이 모든 작업은 이미 **파국 후의 세상**에 자리하고 있는 이니셔티브(전환 운동, 알테르나티바, 경제 특구, 생태 마을, 연결 운동 워크숍 등)에 참여하고, 특히 덜 엄격한 다른 형태의 커뮤니케이션, 즉 다큐멘터리·워크숍·소설·만화·영화·드라마·음악·무용·연극 등을 통해 이루어질 것이다.

'숙취' 세대

1970년대에 우리 사회는 '지속 가능한 발전'을 구축할 가능성이 여전히 있었다. 그때 우리는 그것을 선택하지 않았다. 1990년대 이후, 수많은 경고에도 불구하고 이 모든 상황은 계속해서 가속화했다.

그리고 오늘은 이제 너무 늦었다.

그러므로 우리 조상들이 정말로 '지속 가능한' 사회를 원했는지 우리는 정당하게 따져 물을 수 있다. 대답은 "아니요"다. 어쨌든 어느 순간에 기술적·정치적 결정을 내릴 수 있는 권한을 다른 사람들에게 일임한 몇몇 조상은 **사정을 잘 알고도** 지속 불가능한 사회를 선택했다. 예를 들어, 화석 연료의 고갈(그리고 낭비)에 대한 문제는 1800년경 화석 연료의 개발을 시작할 때부터 제기되었다.[8] 일부 사람들이 매우 이성적으로 소비해야 한다고 주장했지만, 그들의 목소리는 사회로부터 외면당했다.[9] 1866년 영국 경제학자 윌리엄 스탠리 제번스(William Stanley Jevons)는 석탄(모든 화석 연료에 적용할 수 있다)에 대한 이런 문제를 "짧은 풍요로움과 긴 초라함 사이의 역사적 선택"[10]이라고 아주 잘 요약했다. 여러분은 그가 누구를 대상으로 간청했으며, 누가 이겼는지 쉽게 추측할 수 있을 것이다……

역사가들의 연구는 뛰어난 경제학자 니컬러스 제오르제스쿠로에젠(Nicholas Georgescu-Roegen)이 1970년대에 명료하게 예측했던 걸 이해하는 데 필수적이다. "마치 인류가 짧지만 신나는 삶을 살기로 선택한 것처럼 모든 게 흘러가고 있다. 길지만 단조로운 삶은 덜 야심 찬 종족에게 맡긴 채 말이다."[11] 하지만 이런 야심 찬 조상의 후손으로서 이 '짧은 풍요로움'의 종말에 이르러 그 결과를 짊어져야 하는 우리 모두는 **최대한** '긴 초라함'의 검소한 시기로 되돌아가는 선택을 할 수 있을까? 심지어 그것조차도 우리는 더 이상 확신할 수 없다.

왜냐하면 예측할 수 없는 공격적인 기후, 파괴되고 오염된 생태
계(그렇다고 누가 오염을 탐지할 수 있을까?), 그리고 생기 잃은 생물 및 문
화 다양성으로 이루어진 지구에 너무 많은 사람이 살고 있기 때문
이다. 따라서 다 함께 분발하지 않는다면, 산업화 이후 세계의 적
막한 침묵 속에서 우리는 중세 시대보다 훨씬 더 불안정한 상황으
로 돌아갈 가능성이 있다. 그리고 이 경우 역설적이게도 우리 모두
를 '석기 시대'로 되돌리는 것은 무한한 성장을 지지했던 사람들일
것이다.

'진보' 예찬자들은 짧은 풍요로움을 숭배했고, 2세기 동안 이어져
온 이러한 축제 정신 속에서 다른 모든 것을 잊기 위해, 그리고 자
신을 잊기 위해 더 높이 뛰고 이동하고 소리를 질렀다. 항상 더 많
은 에너지·물건·속도·통제가 필요했고, 더 많은 것을 가져야 했
다. 오늘 그들에게 남은 것은 숙취뿐이다. "파티는 끝났다!"[12] 결
국 현대성은 포스트모더니즘의 철학적 상처로 사라지는 것이 아니
라 에너지 부족으로 사라질 것이다. 그리고 암페타민(amphetamine:
1933년 미국에서 합성한 각성제의 일종. 오늘날 필로폰으로 잘 알려진 메스암페타민
의 주성분이기도 하다—옮긴이)과 항우울제가 생산제일주의 세계의 약이
었다면 회복력, 절제, 로테크는 숙취 세대의 아스피린이 될 것이다.

파티를 즐기는 다른 방법

'진보주의자들' 또한 '긴 초라함'을 비웃었다. 그러나 긴 초라함은 그렇게 초라했을까? 오늘날 우리가 가야 할 길은 표지가 설치되어 있지 않으며 근본적으로 변화한 삶, 즉 덜 복잡하고 더 작고 더 겸손하고 한계와 경계가 잘 나뉘어 있는 삶으로 이어진 길이다. 붕괴는 끝이 아니라, 우리 미래의 시작이다. 우리는 파티를 하는 방법, 즉 자신과 다른 사람들, 우리 주위 사람들, 그리고 세상의 존재들을 위한 방법을 새롭게 만들 것이다. 세상의 종말? 그것은 너무 쉬울지도 모른다. 지구가 거기에 있고, 삶이 바스락거린다. 감당해야 할 책임과 따라가야 할 미래가 있다. 이제 성인(成人)이 되어야 할 때다.

　대중과 만나는 동안, 우리는 절망을 감추려는 의도에서가 아니라 안도감에서 흘러나오는 기쁨과 웃음을 마주하고 놀랐다. 그동안 표현하지 못했던 마음 깊은 불편함을 말과 감정으로 표현해줘서 감사하다는 사람들도 있었다. 또 몇몇 사람은 심지어 자신의 삶에 의미를 부여할 수 있었다고 말했다! 우리는 더 이상 혼자가 아니었다. 우리는 이미 다수다. 네트워크는 힘겨운 시간을 통해 형성된다. 그리고 우리는 성장한다.

더 알아보고 싶다면, 다음 사이트를 방문하라.

www.collapsologie.fr

아이들을 위하여

———

가파른 언덕,

통계라는 경사로가

우리 앞에 있습니다.

높고 높은

가파른 오르막.

하지만 우리는

무너져 있습니다.

다음 세기에는

또 그다음 세기에는

평화롭게 모일 수 있는

계곡과 초원이 있을 것이라고

우리는 말합니다.

미래의 산등성이를 넘기 위해

당신과 당신의 아이들에게

한마디 전합니다.

함께 머물고

꽃을 배우고

가볍게 떠나세요.

—게리 스나이더(Gary Snyder), 《거북섬(Turtle Island)》, 1974.

추천의 글

이 책에서 다루는 것보다 더 중요한 주제가 있을까? 없을 것이다. 이 책에서 다루는 것보다 더 소홀하게 다루는 주제가 있을까? 그것 역시 없을 것이다. 우리 세계의 정치적 모순은 이런 것이다. 우리가 몇몇 개혁을 통해 운명을 개선하겠다는 확고한 의도를 가지고 계속 노력하고 있음에도 불구하고, 우리 문명이 단기간 내에 사라질 것이라는 데는 의문의 여지가 없다. 이 책에서 반복적으로 보여준 것처럼, 세계적 붕괴의 임박 가능성에 대해 이렇게 많은 징후가 드러난 적은 없었다. 그럼에도 이곳이나 저곳이나 예나 지금이나 정치적 입장이 개입하고 있다는 사실은 이제 놀랍지도 않다. 어떤 체제, 어떤 책임자가 세계 정세를 재앙적 관점에서 분석하고, 그들이 통치하는 사회의 방향성과 공공 정책을 근본적으로 바꿔야 한다는 결론을 내릴 수 있겠는가? 현실을 부인하는 이런 현상은 정치의 짧은 수명('나는 곧 재선(再選)을 생각해야 한다')과 생태계의 긴 생명력(생태계를 회복하려면 길고 긴 시간이 필요하다) 간 모순 때문만은 아니다. 이것

은 무엇보다 인간이 지닌 인지 도구의 한계와 사회심리학적 제약 때문이기도 하다.

요컨대 믿기 힘든 끔찍한 사건이 닥칠 것이라는 선언에 직면해 (여기서는 '세계의 붕괴'), 비록 그 사건이 인간의 행동으로 인해 벌어졌다고 하더라도 그 영향력을 상상할 수 있는 인간은 없을 것이다. 이러한 괴리는 철학자 귄터 안더스(Günther Anders)가 분석한 열-산업 현대 사회의 특징 중 하나로, 그는 이러한 사건의 특징을 '초문턱값〔supraliminal: '문턱값(liminal)'은 작동 상태를 바꾸는 기준이 되는 값―옮긴이〕'이라고 규정지었다. 우리는 이런 사건에 대해 머릿속으로 완전하게 이미지를 그리거나 모든 의미를 파악할 수 없다. 이 책에서 소개하는 저자들이나 나 역시 마찬가지다. 우리가 무수한 자료를 조사하고 추론하더라도 '세계의 붕괴'가 무엇인지, 심지어 시스템적 관점에서조차 완전히 논리적으로 표현하는 것은 불가능하다. 간단히 말하면, 우리는 단지 확신에 가까운 직관을 느낄 뿐이다. 따라서 이러한 사건의 결과를 상상하는 것은 훨씬 더 불가능하다. 이 붕괴로 얼마나 많은 사망자가 발생할까?

몇몇 사람이 느끼는 붕괴에 대한 직관적 확신은 다른 사람들의 대조적 반응에 부딪힐 때 혼란스러워진다. 사실상, 이때부터 초문턱값 사건에 직면한 사회가 아무것도 하지 않는 것에 대해서는 개인의 의지보다 반사 메커니즘(specular mechanism)으로 설명할 수 있다. 내가 붕괴가 임박했다고 확신하고, 이런 확신을 나와 가까운 지인이나 만나는 사람들과 공유하려 한다고 가정해보자. 소수의 사람이 내 말에 동의할 수도 있지만, 대부분의 사람, 그리고 현재로서는 대다수, 심지어 지구생태학적 문제에 대해 잘 알고 있는 사람이라 해도 일단 부정이라는 인지 부조화로 피난처를 찾을 것이다. 그 결과 그들로부터 붕괴를 막기 위한 어떤 집단행동도 끌어내지 못한다. 그뿐만 아니라 대다수 사람이 (예를 들어, 프랑스에서) 마침내 붕괴가 임박했음을 확신한다고 해도, 역설적이지만 이러한 위협에 효과적으로 대처하기 위해 자발적으로 조직적 행동을 할 것 같지는 않다. 여기서 '효과적'이란 이런 가정이 현실화하는 것을 막는 데 필요한 개인 및 집단 행동의 변화와 더불어 필요한 조치를 신속하게 취하는 것을 말한다. 어떤 영역의 불쾌한 사실에 대해 진심으로 믿는 사람이 많더라도, 그 누구도 그에 대해 아무런 행동조차 하지 않는 이와 비슷한 상황의 예는 많다. 기후 변화의 경우에도 대다수 유럽 사람은 인간의 활동에서 비롯되었다고 인정하지만, 이 현상에 대한 개인의 행동이나 공공 정책은 20년 동안 한탄스러울 정도로 취약했다. 20세기 후반, 사담 후세인의 독재도 마찬가지다. 대다수 이라크인이 그의 독재를 잔혹하다고 생각했지만, 이러한 개인적 의견이 정권 전복으로 이어지지는 않았다. 이라크인은 왜 그토록 싫어하는 폭정을 견뎠을까? 이러한 유형의 명백한 모순을 어떻게 설명할 수 있을까? 이 책은 세계가 붕괴 직전에 처했다고 설득력 있게 설명한다. 당신과 마찬가지로 대다수 독자는 어쩌면 이 책의 설명에 설득당해 우리가 알고 있는 세상의 종말이 임박했다고 믿을 것이다. 그리고 …… 그뿐이다. 이 문제에 대해 어떠한 (또는 거의) 개인적 또는 정치적 행동도 뒤따르지 않을 것이다.

앞서 개인의 심리적 한계에 대해 설명한 것처럼, 우리는 이 기이한 사회 현상을 인지적 관점에서 설명하고자 노력할 것이다. 철학자 장루이 뷜리에름(Jean-Louis Vullierme)의 사회심리학적 관점에 따르면, 개인의 행동을 촉발하는 것은 그 개인의 의견이나 의지가 아니라, 충분히 많은 다른 사람들이 행동한다면 그 자신도 행동할 것인지 여부에 대한 질문이다. 집단적 (정치) 행동은 개인의 행동 의지가 결합한 현상이 아니라, 각자 타인의 표현을 관찰함으로써 결과적으로 나오는 표현이다. 사회는 개인 간 표현이 겹쳐진 하나의 시스템이다. 나는 다른 사람들이 사물과 자기 자신을 표현하는 방식으로 나 자신을 표현한다. 즉, 개인이 그 자신이나 세계에 대해 가지고 있는 모델은 다른 사람이 그 자신이나 세계에 대해 가지고 있는 모델에서 비롯된다. (뷜리에름은 이러한 인지적 상호 작용을 '반사'라고 불렀다.) 따라서 개인의 행동을 결정하는 것은 그 개인이 가지고 있는 이러한 모델 시스템이다. 이 가설에 따르면 의지는 일차적 실재가 아니라, 반사적 상호 작용에서 비롯된 실재다. 붕괴를 의식하는 개인은 스스로 자신의 삶을 바꾸고 싶은지 궁금해하기보다, 다른 많은 사람이 그럴 경우에만 그 자신도 삶을 바꾸고 싶어 한다. 붕괴는 각자의 의지가 아니라 각자의 교차된 표현, 즉 같은 상황에 처한 주위 사람들이 삶을 바꾸기 위해 실질적인 행동을 할 것이라는 기대에 따라 그 반응이 달라질 수 있다. 결정권자가 붕괴를 부인한다면 무슨 일이 일어날까? 여기서도 반사 역학이 기능을 발휘할 것이다. 붕괴 임박에 대한 믿음은 경쟁에 사로잡힌 정치 세계에서는 더 느리게 확산할 수 있다. 세계의 모든 지도자들이 마치 계시를 받은 것처럼 갑자기 붕괴가 임박했음을 믿게 되더라도, 그들은 정치적 경쟁자나 친구들 역시 이 사실을 믿고 있는지부터 궁금해할 것이다. 각자 재앙이 임박했다는 사실을 깨닫더라도, 다른 사람들 역시 그런 사실을 알고 있는지 일일이 확인할 수는 없다. 각자 누가 먼저 잘못된 걸음을 내딛는지, 다시 말해 누가 먼저 자신의 신념을 공개하는지 눈치를 보면서, 결국 아무도 나서지 않을 것이다. 따라서 모두가 믿게 된 상황에서도 붕괴에 대한 사실은 공유 지식(상식)이 되지 못할 것이다. 산업 사회의 생산 및 소비 방식을 근본적으로 수정해 공공 정책을 뒤죽박죽으로 만들 수 있기 때문에 집단행동은 더더욱 끌어내지 못할 것이다. 그러기 위해서는 시민 스스로 붕괴가 임박했다는 믿음을 가지고 삶의 방식을 급격하게 변화시키고, 그 결과를 받아들일 수 있어야 한다. 따라서 붕괴를 부인하는 것은 각자가 비합리적인 존재이거나 정보가 충분하지 않아서가 아니라, 반사 효과가 결합한 시스템의 효과다. 전환주의자와 성장 반대론자들로 이뤄진 다양한 공동체가 급속하게 늘어나지 않은 상황에서, 붕괴는 과학적 지식이 부족해서가 아니라 인간을 지배하는 사회심리학이 적절한 순간에 좋은 결정을 하도록 허용하지 않기 때문에 피할 수 없을 것이다.

그러나 이 책에서 언급한 저자들과 마찬가지로, 나 역시 연구를 하면서 만성적인 불안을 느껴보지 않고서는 붕괴론자가 될 수 없다고 생각한다. 다른 분야에 비해 개인적이든 집단적이든 삶과 죽음의 문제가 더욱 직접적인 조사 대상인 생태계 종말론에서, 생각과 감정은 밀접하게 뒤섞일 수밖에 없다. 우리의 인생 전체가 뒤집히지 않을 것이라고 믿으면서 이 질문에 솔직하게 접근할 수는 없기 때문이다. 우리가 말하는 내용이 듣는 사람 모두에게 강렬한 반향을 불러일으킬 것이라는 확신 없이는 세계적 붕괴에 대해 공개적으로 말할 수 없다. 붕괴론은 책임의 학문이다. 그런 다음 우리가 탐구하는 붕괴는 우리를 넘어설 수 있으며, 붕괴론은 어느 순간 우리 개개인을 초월하는 도덕으로 이어질 수 있다. 이 형이상학적 순간은 연민, 공감 또는 이타주의로 채워진다. 그러나 우리는 이 도덕적 힘을 어떤 교리나 종교에 의한 것처럼 우리 외부에 있다고 느끼지 않는다. 붕괴에 대한 이미지나 생각이 다시 분해할 수 없는 합금처럼 우리 영혼에 단단하게 박혀 있는 한 이 도덕적 힘은 우리 존재에 속해 있다. 하지만 조심하라! 붕괴론을 연구한다고 해서 인도주의적 지혜와 이웃 사랑이 넘친다는 말은 아니다. 역설적이게도, 이는 때로 세상의 위협을 무시하고 악의 없이 그들의 소박한 삶을 살아가는 눈먼 인간이나 형제자매를 향한 염세주의로 나타날 수도 있다. 나는 단순히 붕괴가 그 목적에 따라 선과 악으로 구분될 수 있다고 확신한다. 요컨대 죽음의 수를 줄이는 모든 행동은 선으로, 이러한 구분에 대한 무관심 혹은 더 나쁜 경우 수많은 죽음에 대한 병적인 쾌락은 악으로 구분한다.

이런 의미에서 나는 나 자신과 다른 사람들에 대해 도덕적 책임을 판단할 수 있다.

전 환경부 장관

모멘텀 연구소 회장

이브 코세

감사의 글

—

과감하고 친절하고 신중하게 교정을 해주신 Christophe Bonneuil, Gauthier Chapelle, Élise Monette, Olivier Alléra, Daniel Rodary, Jean Chanel, Yves Cochet 및 Flore Boudet에게 감사를 표하며, 추천의 글을 써주신 Yves Cochet에게도 특별한 고마움을 전합니다. 무엇보다 우리의 아이디어와 프로젝트를 믿고 변함없는 인내로 우리를 인도해준 편집자 Christophe Bonneuil에게 다시 한번 감사드립니다. 이 작업을 위해 애써주신 Sophie Lhuillier와 Charles Olivero du Seuil에게도 감사드립니다. 마지막에 실은 시에 대한 아이디어는 어려운 시기에 네트워크의 필수 인력이자 이제는 노련한 붕괴 학자가 된 우리의 형제 Gauthier Chapelle에게서 나왔습니다. 또한 Agnès Sinaï, Yves Cochet(다시 한번 감사드립니다)를 비롯해 금기시되는 이 주제에 대해 너무나 풍요로운 교류의 순간과 장소를 제공해준 모멘텀 연구소의 친구들에게 감사를 전합니다. Barricade, Etopia, Nature & Progrès, BeTransition,

Imagine 및 Réfractions의 친구들에게 이 원고를 작성하기 전에 이러한 아이디어가 살아날 수 있도록 허락해준 데 대해 감사드립니다. 2014년 말에 연구와 저술을 할 물질적 여건이 특히 어려웠지만, 이 책이 나올 수 있도록 물질적·심리적으로 좋은 조건을 한데 모아주고 지원해준 동료, 가족, 친구, 이웃들에게 무한한 감사를 느낍니다. Élise, Stéphanie, Nelly and Michel, Chantal and Pierre, Brigitte and Philippe, Monique, Benoît and Caroline, Antoine and Sandrine, Thomas and Noëlle, Philippe and Martine, Pierre-Antoine and Gwendoline, 그리고 B들에게 감사드립니다! 마지막으로, 이 연구를 계속할 수 있도록 격려하기 위해 콘퍼런스, 워크숍 및 교육 후에 우리를 보러 와주신 모든 분께 감사드립니다.

후기

6년이 지난 후

이 책은 여전히 현실성이 있을까? 이 질문에 답하기 전에 '현실성'이라는 단어의 의미에 대해 합의할 필요가 있다. 붕괴학적 지식을 두 가지 유형으로 나눌 수 있기 때문이다. 실제 붕괴 현상(과거 및 현재)과 관련한 지식, 그리고 미래의 붕괴 위험성을 다루는 지식으로 말이다. 첫 번째 붕괴는 실제로 끝나지 않았으며, 오히려 이론적 토대를 풍부히 쌓게끔 한다. 반대로 두 번째 붕괴는 진화하거나 수정되거나 쓸모없어질 수 있다.

6년에 걸쳐 실질적 붕괴에 대해 쌓아온 지식은 우리가 '붕괴학'이라고 이름 붙이길 제안하는 이 학술 분야를 더욱 공고히 만들었다. 붕괴학은 붕괴라는 개념을 통해 우리 사회의 과거, 현재, 미래의 여정을 더 잘 이해하고자 하는 메타 분야다. 예를 들어, 생태계 파괴 또는 생태학적 자살의 전형적 사례인 이스터섬의 경우, 최근 연구는 섬의 생태계와 인구가 붕괴한 주요 원인을 원주민과 외래종에 의한 과도한 생태 파괴, 그리고 서구 정착민들이 저지른 수탈 때문으로 본다. 원주민 중 일부는 이러한 붕괴에서 살아남았으며, 그들은 예측할 수 없는 충격에 직면한 인간의 회복력을 보여주었다.[1] 붕괴와 회복력은 항상 함께 짝을 이루며 동전의 양면과 같다는 사실을 기억할 필요가 있다.[2] 우리는 그 사실을 잊어버리는 경향이 있다!

미래와 위기에 관해 이 책이 현실성 있는지 알아보려면, 최근 몇 년 동안 시스템의 위기와 세계적 재앙의 위험이 감소하거나 증가했던 신호와 동향을 나열해보는 것으로 충분하다. 붕괴 위험이 감소하고 있다는 사실을 보여주는 것으로는 붕괴론을 무효화할 수 없다는 점에 유의해야 한다. 왜냐하면 붕괴론은 붕괴가 일어날 것이라는 것을 증명하기 위해 존재하는 게 아니라, 붕괴의 전제 조건과 방아쇠를 엄격하게 연구하기 위해 존재하기 때문이다.

이 새로운 후기의 목적은 훨씬 더 완전한 두 번째 매뉴얼을 작성하기 위해서가 아니라, 심각한 동향을 식별하기 위해서다. 따라서 초기에 우리는 주요 분야(기후, 생물 다양성, 자원, 오염 등)의 자료를 업데이트하고 특정 매개 변수가 '녹색'으로 복원되었다는 좋은 소식을 식별하는 작업을 했다. 이 업데이트 작업을 통해 지루한 목록을 만들었지만, 이것으로 완벽하다고 주장할 수는 없다. 따라서 여기서는 재빨리 부분적으로만 다룰 것이다. 그런 다음 우리는 이 목록이 시스템 붕괴의 위험에 미치는 영향에 대해 논의할 것이다. 그리고 붕괴학을 가능케 하는 몇 가지 연구 방법을 언급하면서 마무리하겠다.

좋은 소식이 있습니다!

나쁜 신호에 초점을 맞추느라(이 책에서 훈련하고자 하는 것이다) 긍정적 신호가 늘 존재한다는 사실을 가려선 안 된다. 긍정적 신호 중 대다수는 정치 및 사회계에서 나왔다. 그레타 툰베리처럼 선견지명 있는 인물의 주도로 생태학적 문제에 반기를 든 전 세계 청소년들, 특히 인종 차별, 성차별 및 근친상간 같은 사회 정의 문제에서 이뤄낸 의미 있는 진보, 프랑스의 노란 조끼처럼 전 세계에서 일어나는 대중적 봉기의 증가, 멸종 반란 등과 같은 세계적 운동의 등장, 그리고 홍콩·이란·볼리비아·캐나다·바르셀로나·인도·러시아[3] 등지에서 일어나는 초대형 시위 등이 그 예다.

　법적 측면에서는 예를 들면, 2017년 140년간의 치열한 협상 끝에 뉴질랜드의 강과 산에 인간과 동일한 법적 권리를 부여했다는 사실을 들 수 있다. 지구 차원에서 분명히 상징적 승리이지만 수천 년 동안 이 생태계와 긴밀하게 서로 의존하며 살아온 마오리족에게는 중대한 승리였다.[4] 네덜란드나 프랑스 법원도 기후에 유리한 판결[5]을 내렸다. 유럽의회는 일회용 플라스틱(해양 쓰레기의 70퍼센트)[6]을 전면 금지하는 등 오염을 제한하는 규정을 만들었고, 프랑스는 아마추어 정원사에게 농가용 종자 판매를 승인하는 것과 같은 생물 다양성 촉진 규정을 만들었다.

　사회의 건전성 측면에서, 예를 들면 최근 들어 가장 최고점을 기록했던 2014년[7]에 비해 4년 연속 강제 아동 노동[8]이 줄고 있으며,

무력 충돌로 인한 사망자 수는 43퍼센트 감소했다.

일부 신호는 생물 세계에서도 감지할 수 있다. 예를 들면, 해양 보호 지역이 확장되었다. (현재 해양의 7.5퍼센트가 보호를 받고 있다.)[9] 국제적 보존 노력으로, 1993년 이후 멸종 위기에 처한 최대 48종의 조류와 포유류를 구해냈다. 또한 프랑스의 주행성 맹금류,[10] 전 세계의 바다거북, 유럽의 늑대·스라소니·곰·울버린 및 민물 곤충의 개체 수가 증가하고,[11] 전 세계적으로 대형 고래 종 중 절반 정도의 개체 수가 안정되었다.[12] 중앙아프리카의 숲에서도 2010년 이후 마운틴고릴라의 개체 수가 25퍼센트 증가해 약 750마리에서 1000마리 이상으로 늘어났다.[13] 이 정도로는 여전히 매우 불충분하지만, 국가적·국제적 보전 노력을 적절하게 취한다면 야생 세계가 수십 년의 쇠퇴 후에도 다시 태어날 능력이 있음을 확인할 수 있다.

에너지 문제의 측면에서, 재생 에너지(풍력 및 태양광 발전)의 에너지 회수율(ERR)이 상향 수정되어(≥10) 계속 높아지고 있다.[14] 계속 줄어들어 가까운 미래에 갑자기 고갈될 수도 있는 화석 연료의 ERR도 높아지는 추세다.[15] 전 세계적으로 재생 에너지는 석유·가스 및 석탄의 전력을 대체하기엔 충분한 정도로 발전하지 않지만 상당한 의미가 있다. 새로운 시설의 용량은 5년 동안 거의 40퍼센트 증가해 화석 연료와 원자력을 기반으로 하는 새로운 발전 장치의 용량을 능가한다.[16] 이것은 전략적 금속 자원과 희토류에 희소식일까? 이것은 별개의 문제다.

금융 문제 측면에서, 붕괴에 대한 두려움에도 불구하고 국제 금융 시스템은 아직 무너지지 않았다. 이 소식을 유심히 지켜보던 사람들에게는 참으로 놀라운 일이다! 사실, 경보 신호를 감지하는 도구가 2008년부터 개선되었기 때문에,[17] 중앙은행은 무수한 금융 거품이 발생하더라도 제때 조치를 취해 시스템을 안정시킬 수 있었다.[18] 그 취약성에도 불구하고 금융은 여전히 약간의 회복력을 보여주고 있다. 하지만 이는 부자와 수많은 국가의 사회적 안정을 위해서는 좋은 소식이지만, 가난한 사람들과 지구에는 당연히 나쁜 소식이다.

계속해서 반복되는 나쁜 동향

명백하게 개선되고 있기는 하지만, 2015년 이후 많은 주요 사건이 우리 사회와 생물권을 불안정하게 만들었다는 점에 유의할 필요가 있다. 아마존·시베리아·캘리포니아 또는 오스트레일리아의 대형 산불, 반복되는 가뭄, 아프리카의 사막메뚜기 떼 습격, 브렉시트(Brexit), 파리나 브뤼셀에서 일어난 테러 공격, 생태 위기를 인식하지 못하는 정부들의 집권, 연속적인 COP(유엔기후변화협약 당사국총회—옮긴이) 실패 또는 더 최근의 코로나19 팬데믹 등이 그것이다.

　과학자들은 계속해서 일반 대중에게 경고해왔다. 그중 1700명이 공동 서명해 첫 번째 경고를 한 지 거의 30년이 지났지만,[19] 우리는 여전히 수용 가능한 수준의 글로벌 지속 가능성에 도달하지 못했다. 이에 2017년에는 184개국[20]에서 모인 1만 5364명의 연구원들이 두 번째 '인류에 대한 경고'를 했다! 2020년에는 1만 1000명 이상이 서명을 통해 기후 위기 사태에 대해 경고했다.[21] 과학자들은 청년의 시위운동[22]을 지지하고, 곤충이 빠르게 사라지는 현상의 위험성,[23] 생태계[24] 및 호수[25]의 먹이 사슬 파괴, 부와 불평등 수준의 악화,[26] 또는 우리 사회의 붕괴 위험 가능성[27]에 대해 경고했다.

기후 측면에서 과거의 모델은 예측[28]과 관련해 상당히 정확했던 것으로 판명되었지만(좋은 징후는 아니다), 과학계에는 놀라운 순간이 있었다. 더 많은 변수를 통합한 새로운 기후 예측 모델 CMIP6가 2100년에 7℃ 상승[29]할 거라는 새로운 극단적 시나리오를 내놓았던 것이다! 낮은 대기층의 이산화탄소 농도는 2300만 년 된 오랜 기록을 깨뜨렸다.[30] 북극의 빙하가 갑자기 감소하고,[31] 남극 빙하의 4분의 1이 균형을 잃었다.[32] 메탄 배출량 추정치가 상향 수정되었으며,[33] 겨울철 이산화탄소 배출량은 예상보다 더 심각하다.[34] '극단적 온난화의 핫 스폿'이라는 새로운 현상이 관찰되었다.[35] 토양과 대기 사이의 탄소 플럭스(carbon flux)는 새로운 긍정적인 피드백 루프[36]로 밝혀졌다. 게다가 2019년 첫 7개월 동안 발표된 1만 1602개의 논문을 검토한 결과, 인위적 지구 온난화에 대해 연구자들이 100퍼센트 합의한 것으로 확인되었다.[37]

우리는 또한 가속화에 주목해야 한다. 허리케인의 위력,[38] 히말라야 빙하의 녹는 속도[39](2000~2016년에는 1975~2000년보다 2배 빠르게 녹았다), 해수면 상승 및 해안 홍수에 대한 취약성,[40] 해양 온난화로 인한 강수 강도의 증가, 산호초 파괴, 바다의 산소 수준 감소 및 만년설과 빙하의 해빙[41] 등이 더욱 가속화하고 있다.

아! 아무튼 지연이 있기는 하지만 …… 북대서양의 해류 시스템에는 좋은 징조가 아니며 1600년 동안 유례가 없던 현상이다.[42]

기후 변화가 인류에 미치는 영향이 항상 재앙적이라는 것은 분명하다. 극빈층의 고난,[43] 곡물 생산 지역의 작물 수확량 감소,[44] 연쇄적인 부도 위험,[45] 무력 충돌의 증가,[46] 건강 악화[47] 등이 그런 예다.

최근 몇 년 동안 등장한 주요 주제 중에서도 '극단적 기후 사건', 즉 '전형적이거나 정상적인 범위로 간주할 수 있는 한계를 훨씬 넘어서 생태계의 구조 및 기능을 바꾸어놓는 드물거나 비정상적인 기후로 인해 나타나는 에피소드 또는 사건'에 대해 언급해야 한다. 이러한 기후 사건이 미래에 더 빈번하고 더 강렬해질 위험이 크게 증가했다.[48] 유럽에서는 강력한 폭염의 위협이 5배 증가했다.[49] 세계적으로 현상 유지될 것이라는 낙관적 시나리오에서도 지구의 58퍼센트 지역에서 최고 기온이 해마다 새롭게 기록될 것이다.[50] 2℃ 상승한 세계에서 20억 명 이상의 사람들(인구의 28.2퍼센트)은 적어도 20년마다 극심한 폭염에 노출될 것이다.[51] 현재 세계 인구의 3분의 1이 1년에 최소 20일 동안 치명적인 임곗값을 넘어서는 기후 조건에서 살고 있다.[52]

2018년 여름 미국 국립과학원 회보(PNAS)에 실린 연구에서 인류세 최고의 전문가팀은 지구가 빙하기와 간빙기 동안 10만 년 주기에 따라 규칙적으로 진동하는 리듬에서 벗어나 제어할 수 없는 온도 궤적을 (저항하지 못한 채) 향해 가고 있기 때문에, 결국 이른바 '찜통 지구(hothouse earth)'[53]가 되어 인간이 살기에 적합한 표면이 상당히 줄어들 것이라고 설명했다. (이것이 바로 머리말에서 언급한 그 유명한 연구다.)

왜 '저항하지 못한 채' 끌려갈까? 연구원들은 티핑 요소(tipping elements)라고 부르는 15가지 거대한 긍정적 피드백 루프('눈덩이' 효과) 때문이라고 설명한다. 여기에는 영구 동토층의 메탄 방출, 해양에서의 메탄 하이드레이트 추출, 해양 박테리아의 호흡 증가, 극지방 만년설의 해빙, 해양 순환의 변화, 아마존의 삼림 벌채 등이 포함된다. 문제는 지구 기온이 2℃ 상승할 때 처음으로 나타나는 요소가 다른 요소들을 촉발할 수 있다는 사실에 있다. ……마치 거대한 도미노 효과처럼 말이다. 이 연구가 발표되고 한 달 후인 2018년 9월 세계는 IPCC 특별 보고서에서 이번 세기말까지 지구 온도가 3℃ 증가할 가능성이 높다는 사실을 확인했다. 기회가 없다!

따라서 지구 기온 상승을 1.5℃로 제한하고자 했던 그 유명한 파리 COP21 이후 6년이 지난 지금, 빠르면 2026년[54]에 이 임곗값에 도달하고 지구 기온이 2℃ 상승한 상태에서 안정될 것이라던 꿈이 빠르게 깨지고 말았다.[55]

간단히 말해서, 우리는 기대했던 온실가스 배출량 감소 수준에 전혀 도달하지 못했고(충분히 이뤄지지 않았다[56]), 기후 변화는 우리가 생각했던 것보다 더 빨리 진행될 것이다.[57] 즉각적으로 행동하고[58]

엄청나게 노력해야 한다[59]는 사실은 두말할 필요가 없다.

그레타 툰베리나 저널리스트 데이비드 월러스 웰스(David Wallace Wells)라면 지금은 공황에 빠질 상황,[60] 다시 말해 이 상태를 역전시키기 위해서 지금 당장 집단적으로나 개인적으로 모든 조치를 취해야 할 때다. 안토니우 구테흐스(António Guterres) 유엔 사무총장은 "우리는 돌아올 수 없는 지점에 매우 가까워졌다"[61]고 말했다. 기후 변화에 관한 세계 최고 권위자 중 한 명인 한스 요아힘 셸른후버는 현재의 길을 계속 간다면 "우리는 아주 간단하게 우리 문명을 끝나게 할 매우 큰 위험에 처했다. 인류는 어떻게든 살아남을 수 있겠지만, 지난 2000년 동안 우리가 건설한 모든 걸 거의 파괴할 것"[62]이라고 말했다. 이것이 바로 우리가 이 책에서 전달하고자 한 메시지다.

그렇다면 생물 다양성은 어떨까? 2018년에는 50개국의 전문가 145명이 새로운 IPBES(생물 다양성 및 생태계 서비스에 관한 정부 간 과학 정책 플랫폼)의 첫 번째 보고서를 작성했다. 이 플랫폼의 회장 로버트 왓슨(Robert Watson) 경에 따르면 "다른 모든 종과 마찬가지로 우리가 의존하고 있는 생태계의 건강이 그 어느 때보다 빠르게 악화하고 있다. 우리는 전 세계의 경제, 생존 수단, 식량 안보, 건강 및 삶의 질의 토대를 침식시키고 있다".[63] 현재의 동시 멸종 현상은 과거에 관찰한 바와 같이 지구상의 생명체를 멸종시킬 가능성이 있다.[64] 곤충과 관련한 수치는 재앙적이다.[65] 수분 매개체 네트워크의 연쇄 붕괴 위험을 여전히 배제할 수 없다.[66] 식물의 경우에도 상황이 그다지 좋지는 않다.[67] 포유류의 경우는 어떠할까? 위에서 언급한 몇 가지 좋은 소식에도 불구하고, 현재의 위기[68]에서 회복하는 데 전체적으로 수백만 년은 걸릴 것이다. 해양의 경우, 급격한 변화[69]를 겪고 있으며 데드 존(dead zone: 죽음의 해역 ─ 옮긴이)의 면적이 점점 늘어나고 있다.[70]

시스템 위기는 여전히 존재할까

우리는 좋은 소식에 대한 희망과 나쁜 소식에 대한 절망 사이를 오가며 오랫동안 관련 자료를 계속 모아갈 수도 있다. 그러나 진정한 붕괴학적 질문은 그게 아니다. 우리가 관심을 갖는 것은 시소와 같은 비선형 효과다.

따라서 세 가지 사항을 명확히 할 필요가 있으며, 이것이 연구의 실마리가 될 것이다. 1) 영역 간 상호 작용은 어떻게 작동하는가? 2) 경로 변경을 허용하기 위해 잠금 효과를 어떻게 풀 수 있을까? 3) 대규모 단절의 위험을 어떻게 줄일 수 있을까? 다시 말해, 매개변수(지표, 요소 등)가 언제 녹색으로 전환할까? 현재를 더 잘 이해하고 미래를 더 잘 예측할 수 있도록 하는 일련의 붕괴학적 지식은 이런 것들이다. 그리고 만일 연구 결과가 걱정스러운 것으로 밝혀진다면, 우리는 오히려 바로 그때 행동하기 위한 새로운 지렛대를 발견할 수 있을 것이다.

그러나 현재의 지식으로는 결단하기에 충분하지 않으며 기껏해야 아주 진지하게 생각하기 시작할 수 있는 정도다.

상호 작용〔과학자들은 이것을 넥서스(nexus)라고 부른다〕에 대한 연구 사례는 계속 늘어나고 있다. 예를 들어, 금융과 에너지 사이,[71] 삼림 벌채와 전염병 위험 사이,[72] 심지어 기후와 해양 생물 다양성 사이[73](가령 기후 변화가 먹이 사슬의 붕괴로 이어지는 경우)의 상호 작용에 대한 연구 등이 그것이다. 현실 세계는 뚜렷이 구별되는 위험이 개별적으로 나타나는 게 아니라 복합적으로 나타나는 세계이므로 하나의 위험을 관리하기 위한 우리의 결정이 다른 위험에 영향을 미칠 수 있다. 이러한 상호 작용은 거대한 '지구 위험 한계선(planetary boundaries: 인류의 지속 가능한 발전을 위해 반드시 보존해야 하는 영역을 지구시스템과학적으로 제시한 개념. 이 개념에 따르면, 인간이 하나 이상의 지구 위험 한계선을 침범할 경우 기하급수적 환경 변화가 일어나 대륙 또는 전체 지구가 영향을 받으며, 이로 인해 재앙적 결과가 일어날 수 있다—옮긴이)'에서도 관찰할 수 있다. 여러 개의 지구 위험 한계선을 동시에 넘어서면 인류의 생존 가능 영역은 더 축소될 수 있다.[74] 따라서 위험을 더 이상 개별적으로 다루어서는 안 된다.

잠금 효과에 대한 최근 연구[75]는 '반동 효과'[76]가 순환 경제, 정확히는 전환에 대해 많은 희망을 불러일으키는 영역에서 매우 중요하다는 사실을 밝혀냈다! 이 주제에 관해서도 '절대적 분리'에 대한 이야기를 알아볼 필요가 있다. 이 아이디어는 자원의 소비를 줄이면서 경제 성장을 지속할 수 있다는 것이다. 그러나 최근 170편의 논문을 대상으로 수행한 메타 연구는 절대적 분리에 대한 확실한 증거가 지금까지 나오지 않았다고 결론 내렸다.[77] 따라서 오늘날에도 오염 증가와 자원 소비 없이는 경제 성장을 이룰 수 없다. 요약해서 말하면, 아직 이 이름에 합당한 전환을 시작할 여지가 없다. ······만일 그것이 가능하다면 말이다!

우리는 아직 세계적 재앙의 위험이 유의미하게 감소했다는 연구 결과를 읽어보지 못했다. 하지만 다른 한편으로, 이 새로운 연구 분야에 대한 출판물은 '기하급수적으로 증가'하고 있다.[78] 영국 케임브리지 대학 실존위험연구센터의 2020년 논문은 이러한 유형의 위험들을 이해하는 데 도움을 줄 수 있는 1만 개 이상의 과학 논문을 검토했다.[79] 붕괴론자들이 일을 하기 시작한 것이다! 국제적으로 저명한 수십 명의 과학자를 인터뷰한 보고서 〈우리의 미래 지구〉에 따르면, 글로벌 위기는 스스로 강력해지며, 이는 "글로벌 시스템의 위기를 일으킬 수 있다".[80] 일반적으로, 과학자들은 위험을 인식하고 있으며, 위험을 과소평가하는 정치 및 경제 분야 의사 결정자보다 더 걱정하고 있다.[81]

코로나19라는 전기 충격

시스템 충격이라는 측면에서 코로나19 팬데믹은 교과서적 사례다. (현재형 동사를 사용한 이유는 이것이 아직 끝나지 않았다는 의미다.) 예측할 수 없었지만 전문가들은 알고 있던 이 세계적 위험은 준비가 거의 또는 전혀 되어 있지 않았던 국가와 그러한 위험을 믿지 않았던 사람들을 놀라게 했다. 따라서 재앙적 위험에 대한 부인은 공공 의료 서비스에 대한 투자 거부, 또는 더 일반적으로 정부의 잘못된 결정으로 이어져 바이러스로 인한 사망률을 악화시켰다.

팬데믹이 시스템에 충격을 준 이유는 생태계 파괴, 이윤 정치에 의한 의료 서비스의 해체, 세계화한 경제 시스템의 취약성 등을 들 수 있다. 특히 세계화한 경제 시스템은 빠른 유동성(정보, 상품, 사람 등)을 통해 균질한 방식으로 아주 강력하게 상호 연결되어 있다.

코로나19 바이러스는 또한 건강상 위기(2021년 3월 현재 300만 명 사망)를 촉발했을 뿐만 아니라 일련의 폭포 효과를 일으키기 때문에 조직적이라고 말할 수 있다. 이 바이러스는 제2차 세계대전 이후 인간, 사회, 경제, 정치 및 환경에 전례 없는 영향을 끼쳤다.

팬데믹은 무엇보다 수요와 공급의 동시 위기로 경제(재정이 아니다)에 충격을 주었으며, 이는 흔한 일이 아니라 전 세계를 놀라게 했다. 정부가 시행하는 봉쇄 조치로 인해 세계 경제는 극적인 경기 침체에 빠졌다. 기업이 파산하고 수백만 명이 해고되었다. 팬데믹이 발생하고 처음 몇 달 동안 글로벌 공급망은 심각한 혼란을 겪었다. 그로 인한 위험 요소는 여전히 존재한다. 지금도 가장 부유한 국가를 포함한 수많은 인구가 이러한 이유로 굶주림에 시달리고 있다. 봉쇄당한 인구의 사회적·심리적 효과나 정부에 대한 불신 수준을 고려한다면, 이는 심각한 정치적 위기로 이어질 수 있다.

팬데믹은 또한 영국과 유럽연합 간 브렉시트 이후 무역 협상이나, 긴장이 감도는 미국과 중국 간 무역 관계를 혼란에 빠뜨렸다. 주식 시장의 변동성은 더욱 커졌고, 세계 금융 시스템의 붕괴를 막기 위해 각국 중앙은행은 수조 달러의 유동 자산을 투입했다. 모든 것은 정치 관계와 매우 인위적으로 결부되어 있다.

(아직 끝나지 않은) 코로나19 팬데믹은 1000만 명 미만의 사망자를 냈기 때문에 아직 '세계적 재앙'으로 분류되지 않는다. 그 규모뿐만 아니라 상대적 치사율로 인해 코로나19는 마침내 세계화한 자본주의 산업 시스템뿐만 아니라 각 국가와 국민에 대한 엄청난 스트레스 테스트였던 것으로 밝혀졌다. 이제 우리는 위험을 인식하고 있다. ……아마도 우리는 마침내 단절에 대비하기 위한 정책을 설계할 수 있을 것이다!

예상하지 못한 방식으로 코로나19 바이러스는 시스템의 회복력을 드러내고 야생 동물의 놀라운 적응력 및 재생 능력을 보여주었다.[82] 또한 우리가 깨달은 것은 인구의 기본 요구를 충족시키면서 산업 활동과 과소비를 상당히 줄이는 게 놀랍게도 가능하다는 사실이다. 따라서 우리는 정치적 지렛대를 가지고 있다! **대안이 있다!**

우리 붕괴론자는 봉쇄로 인한 잔혹한 경제 침체로도 과학자들이 요구하는 만큼 온실가스를 줄이기에 **아직 충분하지 않다**는 사실을 깨닫고 큰 충격을 받았다.[83] 하지만 다행히도 민낯이 드러났다. 이제 우리는 항공 및 자동차 산업이 수십억 달러를 어디에 사용하는지 알게 된 것처럼 생물권에 절대적으로 유독한 복구 계획[84]을 누가 실행하는지 알게 되었다.

팬데믹이 붕괴를 촉발할 수도 **있다**고 말하기는 너무 이르지만, 그 가능성은 여전히 배제할 수 없다. 그러나 지금까지 이 바이러스가 방아쇠는 아니더라도, 의심할 여지 없이 다른 방아쇠들(많은 방아쇠가 있다)에 유리하게 작용해 미래의 붕괴 가능성에 대한 전제 조건을 악화시키는 토대가 될 것이다. 따라서 미래의 역사가들 관점에서 볼 때, 이 팬데믹은 중요한 이정표가 **될 것이다.**

그다음은? 붕괴−실천!

우리 앞에 놓여 있는 사악한 대안이 여전히 유효하다고 우리는 여전히 확신하고 있다. 물질적 성장과 에너지 성장을 추구하면서 산업 문명을 '구원하는' 쪽을 선택한다면, 생태계의 동요는 계속될 테고, 결국 '우리가 알고 있는 세계'를 끝장나게 만들 수 있다.[85] 반대로 생물권을 보존하기로 결정한다면, 우리는 몇 달 안에 우리 문명의 미친 질주를 멈춰야 하고, 이는 급격한 사회경제적 붕괴를 초래할 수 있다.

끝장 또는 붕괴? 선택해야 한다!

특히, 우리가 IPCC의 권고를 따른다면, 세계 경제는 현재 우리가 생각하고 있는 정도로 회복하지 못할 것이다. 예를 들어, 지구 온도 상승을 1.5℃ 미만으로 유지할 가능성을 66퍼센트로 유지하려면, 10년 동안 온실가스 배출량을 연간 7.6퍼센트 정도 줄여야 한다.[86] 이것은 우리가 이제 막 겪었던 봉쇄로 인한 경제 효과를 최소 10년 연속 연장(심지어 강화)하는 것을 의미한다!

이미 모두 말했듯 현재로서는 단 한 문장으로 이 책을 쓸모없게 만들 수 있다. 그것은 바로 내부 고발자의 시대가 지고 있다는 것이다. 세계적 재앙과 실존적 위험의 존재와 속성을 충분히 인정하고, 그것을 믿는 것처럼 행동해야 할 때다. (이것이 바로 계몽된 재앙주의의 관점이다.) 행동한다는 것은 아무 일이나 하는 게 아니라, 항상 공동의 집, 즉 생태계·평화·민주주의·공동체를 보존하겠다는 의지로 스스로를 단련하는 것이다.

여기서부터 두 가지 질문을 명확히 하는 것이 중요하다. 첫째, 이처럼 끊임없이 몰아치는 나쁜 소식과 정상을 벗어난 위기를 감당하면서 어떻게 살아갈 것인가? 둘째, 우리는 어떻게 준비해야 할까? 다시 말해, 세계적 위기를 줄이고, 지구 시스템의 붕괴를 늦추거나 막으면서 우리는 새로운 생활 조건에 적응할 수 있을까?

첫 번째 질문은 꼭 필요하다. 왜냐하면 모든 사람이 분노, 두려움, 슬픔, 절망, 죄책감 등과 같은 감정의 소용돌이를 경험하기 때문이다. 우리의 또 다른 책 《세계의 또 다른 끝은 가능하다》(2018)는 이 재앙적인 세기를 잘 살아가기 위한 심리적, 정서적, 형이상학적, 영적 길을 탐구한다. 그것은 우리가 세상과 맺고 있는 관계, 애도와 의식, 자연과의 상호 의존성, 의미와 이야기를 어떻게 재창조할 것인가 등의 문제다. 요컨대 이러한 곤경에서 나타날 수 있고 또 반드시 나타나야 하는 지혜가 있다. 이러한 '내부 경로'는 분명히 열려 있다.

두 번째 질문 역시 중요하다. 우리는 어떻게 준비해야 할까? 세계적 차원뿐만 아니라 지역적 차원에서 모든 것을 검토해야 한다! 우리에게 주어진 도전 과제에 대해 몇 가지만 말하자면, 부유한 국가의 쇠퇴를 준비하고 가난한 국가의 삶의 질을 개선하는 동시에 생태계·민주주의 및 사회 정의를 새롭게 탄생시키고, 반(反)가부장주의 및 탈식민지 등을 포함한 투쟁을 해야 한다.

물론 붕괴(생물권과 사회)에 대한 논쟁은 지구상의 모든 공동체와 종에 관한 것이기 때문에 서구 중심적 관점에 머물러서는 안 된다. 원주민들은 수십 년 전부터 붕괴를 경험해왔으며, 서구 백인 중산층은 그들로부터 배우는 것을 진지하게 고려해야 한다. 결국, 붕괴 이야기가 미래에 대한 유일한 비전이 되어서는 안 된다는 것은 분명하다. 아마도 붕괴론이 갖는 파급력 때문에 미디어에서 너무 많은 비중을 차지하는 것은 붕괴론의 큰 결함일 수도 있다. 그 사실을 간과하지 않고, 우리는 다양한 관점으로 시야를 넓힐 필요가 있다!

그러므로 우리 모두 앞에는 주요한 정치적 과제가 남아 있다. 그것은 바로 인류세의 뜻밖의 사건들에 대처하고 붕괴를 관리/중단/회피하고 '폭풍 이후'에 일어날 수 있는 일들을 지금 상상하고 구축하기 위해 회복력 및 저항력 있는 정책을 설계하는 것이다.

일부 사람들은 여전히 기술적 해결책만을 찾고 있다. 억만장자들은 우주로 탈출하거나 폐쇄적인 장소 또는 벙커를 준비해 스스로를 격리하려고도 한다. 그러나 타인과 공동선을 생각하는 대부분의 사람들은 완화 및 적응 정책을 동시에 시행해야 할 때라고 생각한다. 우리는 또 다른 재난을 피하는 **동시에** 이미 이곳에 있는 재난과 함께 살 준비를 해야 한다.

2015년 붕괴에 대한 합리적이고 과학적인 접근은 그럴듯했지만, 프랑스어를 사용하는 정치권이나 미디어 세계에서는 이를 지나치게 비관적인 것으로 간주했다. 그럼에도 불구하고 우리는 일반 대중과 다양한 기관(행정부, 노동조합, 기업, 학계, 군대 등)의 많은 사람이 이 문제에 대해 열린 태도로 논의할 준비가 되어 있다는 사실을 발견했다. 그것이 바로 희망의 원천이다. 6년 동안 우리 사회와 대립한 후, 붕괴론적 접근은 우리에게 다소 신빙성 있으며 그렇게 비관적이지는 않은 것으로 여겨지기에 이르렀다.

할 일이 너무 많이 남아 있다! 우리는 '붕괴'가 제기하는 질문을 잘 해결한다면 촉매가 될 것이라고 확신한다. 사회학적 연구에 따르면 1000명 넘는 붕괴주의자(붕괴를 겪고 있는 것처럼 행동하는 사람) 중 거의 4분의 3이 낙관론자(개인행동 그리고/또는 집단행동을 믿는 적극적인 주체)이며, 26.2퍼센트는 '수동적 비관주의자'(개인행동도 집단행동도 믿지 않는 소극적인 주체)였다.[87] 붕괴주의는 일반화한 패배주의와는 거리가 멀다!

연구자들은 수백 명의 증언을 분석해 붕괴주의자의 몽타주 사진을 그려보았다. 일반적으로 이 사람들은 다소 확고한 과학적 식견(석사 또는 박사 수준), 자연 보호에 대한 민감성, 세상에 대한 적극적 참여, 정치적 비전, 예술적·철학적 또는 영적 소재를 사용하는 화법, 그리고 죽음에 대해 특별한 관계를 맺고 있다(또는 때로 번아웃을 경험한다)는 특징이 있다. 고정관념을 깨뜨려야 한다. 우리 세계가 붕괴하고 있거나 곧 붕괴할 것이라고 확신하려면 상당한 인지적 투자가 필요하다. 이는 우리가 여기저기서 들을 수 있는 것처럼 단순히 분노나 비합리적인 반응이 아니다.

패배주의나 비합리성과 거리가 먼 우리 세대는 롭 홉킨스, 조애너 메이시, 심지어 프란치스코 교황까지 말했듯 세 가지 전선(戰線), 즉 머리·마음·손을 동시에 이끌어야 한다. 무슨 일이 일어나고 있는지 이해(붕괴론)하고, 다른 세계를 상상하며 용기를 가지고 (collapsosophie, 붕괴 철학), 살아 있는 힘을 모아 대안을 만들고 파괴적인 힘에 맞서 싸워야 한다(collapsopraxis, 붕괴 실천).

연구해야 할 분야는 무수하며, 아직 해야 할 일 또한 많다. 따라서 우리는 이 연구 분야를 공고하게 만들고 신뢰성을 쌓기 위해 연구원들을 계속해서 초대하고 있다. 만일 집이 불탄다면, 우리가 초래할 위험에 대한 합리적인 토론이 필요하다. 그리고 이것은 대응하기 위한 전제 조건이다.

물론, 화재를 피하기에는 이미 너무 늦었지만, 화재에 대응하고 진화를 시도하고 영향을 최소화하고 그 이후를 생각하기에 결코 너무 늦은 때는 없다.

2021년 3월
파블로 세르비뉴, 라파엘 스테방스

주

일부 원고는 다음 논문에 실렸다.

P. Servigne et R. Stevens, "Résilience en temps de catastrophe", *Barricade*, 2013. (10장의 "재해 시 서로 돕기")

R. Stevens et P. Servigne, "L'Anthropocène. L'ère de l'incertitude", *Barricade*, 2013. (1장)

P. Servigne et R. Stevens, "Alors, ça vient? Pourquoi la transition se fait attendre", *Barricade*, 2014. (4장)

R. Stevens et P. Servigne, "Les inégalités, un facteur d'effondrement", *Etopia*, 2014. (8장의 "오리지널 모형: HANDY")

P. Servigne, "L'effet domino chez les animaux", *Imagine demain le monde*, n° 106, 2014, pp. 46-47. (3장의 "누가 지구의 마지막 동물을 죽일 것인가")

P. Servigne, "Lorsque tout bascule", *Imagine demain le monde*, n° 107, 2015, pp. 40-41. (3장의 "루비콘강을 건너면 어떤 일이 일어날까")

머리말: 붕괴, 비선형적 현상

1. W. Steffen *et al.*, "Trajectories of the Earth system in the Anthropocene", *Proceedings of the National Academy of Sciences*, vol. 115, n° 33, 2018, p. 201810141.

2. Collectif, "A warning on climate and the risk of societal collapse", *The Guardian*, 6 décembre 2020.

서론: 언젠가 반드시 다루어야 할 주제

1. Y. Cochet, "L'effondrement, catabolique ou catastrophique?", *Institut Momentum*, 27 mai 2011.

2. P. R. Ehrlich et A. H. Ehrlich, "Can a collapse of global civilization be avoided?", *Philosophical Transactions of the Royal Society B*, vol. 280, n° 1754, 2013, p. 20122845.

3. J. Brown, "Mankind must go green or die, says Prince Charles", *The Independent*, 23 novembre 2012.

4. Ch. Bonneuil et J.-B. Fressoz, *L'Événement Anthropocène. La Terre, l'histoire et nous*, Seuil, 2013.

5. 예를 들어 J.-P. Dupuy, *Pour un catastrophisme éclairé: quand l'impossible est certain*, Seuil, 2002; H.-S. Hafeissa, *La Fin du monde et de l'humanité. Essai de généalogie du discours écologique*, PUF, 2014; P. Viveret, *Du bon usage de la fin d'un monde*, Les Liens qui Libèrent, 2012; M. Foessel, *Après la fin du monde. Critique de la raison apocalyptique*, Seuil, 2012.

6. J. Diamond, *Effondrement: comment les sociétés décident de leur disparition ou de leur survie*, Gallimard, "NRF essais", 2006.

7. R. Hopkins, *Manuel de transition: de la dépendance au pétrole à la résilience locale*, Écosociété/Silence, 2010. R. Hopkins, *Ils changent le monde! 1001 initiatives de transition écologique*, Seuil, 2014.

8. http://www.institutmomentum.org.

1부 붕괴의 시작

01 자동차의 가속

1. W. Steffen *et al.*, "The trajectory of the Anthropocene: The great acceleration", *The Anthropocene Review*, n° 2, 2015, pp. 81-98.

2. 유전학자이자 수필가이고 인본주의자인 알베르 자카르의 말이다. A. Jacquard, *L'Équation du nénuphar: les plaisirs de la science*, Calmann-Lévy, 1998 참조.

3. 호기심 많은 독자는 다음 책 2장에서 기하급수적 증가에 대한 일련의 매우 교육적인 예를 찾을 수 있을 것이다. D. Meadows *et al.*, *Les Limites à la croissance (dans un monde fini)*, Rue de l'échiquier, 2012.

4. D. Meadows *et al.*, *Limits to Growth: The 30-Year Update*, Chelsea Green Publishing, 2004.

5. C. Hui, "Carrying capacity, population equilibrium, and environment's maximal load", *Ecological Modelling*, vol. 192, 2006, pp. 317-320.

6. M. Wackernagel et W. Rees, "Perceptual and structural barriers to investing in natural capital: Economics from an ecological footprint perspective", *Ecological Economics*, vol. 20, n° 1, 1997, pp. 3-24.

7. W. Steffen *et al.*, "The Anthropocene: are humans now overwhelming the great forces of nature", *AMBIO: A Journal of the Human Environment*, vol. 36, n° 8, 2007, pp. 614-621.

8. H. Bergson, *L'Évolution créatrice*, PUF, 2007 [1907], pp. 139-140.

9. F. Krausmann *et al.*, "Growth in global materials use, GDP and population during the 20th century", *Ecological Economics*, vol. 68, n° 10, 2009, pp. 2696-2705.

10. H. Rosa, *Accélération: une critique sociale du temps*, La Découverte, 2013.

11. H. Rosa, "Accélération et dépression. Réflexions sur le rapport au temps

de notre époque", *Rhizome*, n° 43, 2012, pp. 4-13.

12. *Id.*

13. 이것은 도넬라 메도스, 데니스 메도스, 에르겐 라네르스, 윌리엄 W. 베런스 3세 등이 포함된 싱크 탱크인 로마 클럽이 제기한 질문이다. 그들의 보고서는 1972년 《성장의 한계》라는 제목으로 출판되었다. S. Latouche, *L'Âge des limites*, Mille et une nuits, 2013도 참조.

02 엔진 끄기(뛰어넘을 수 없는 한계)

1. Agence internationale de l'énergie, "World Energy Outlook 2010".

2. R. Miller et S. Sorrell, "The future of oil supply", *Philosophical Transactions of the Royal Society A*, vol. 372, n° 2006, 2014.

3. "BP Statistical Review of World Energy 2014".

4. S. Andrews et R. Udall, "The oil production story: pre-and post-peak nations", *Association for the Study of Peak Oil & Gas USA*, 2014.

5. S. Sorrell *et al.*, "Shaping the global oil peak: A review of the evidence on field sizes, reserve growth, decline rates and depletion rates", *Energy*, vol. 37, n° 1, 2012, pp. 709-724.

6. R. Miller et S. Sorrell, "Preface of the special issue on the future of oil supply", *Philosophical Transactions of the Royal Society A*, vol. 372, n° 2006, 2014, pp. 20130301-20130301.

7. S. Sorrell *et al.*, "An assessment of the evidence for a near-term peak in global oil production", UK Energy Research Centre, 2009.

8. United States Joint Forces Command, "The Joint Operating Environment 2010".

9. Bundeswehr, "Peak Oil: Sicherheitspolitische Implikationen knapper Ressourcen", Planungsamt der Bundeswehr, 2010.

10. J. Murray et D. King, "Climate policy: Oil's tipping point has passed", *Nature,* vol. 481, n° 7382, 2012, pp. 433-435.

11. ITPOES, "The oil crunch: a wake-up call for the UK economy", Second Report of the UK Industry Taskforce on Peak Oil and Energy Security, 2010.

12. J. R. Hallock et al., "Forecasting the limits to the availability and diversity of global conventional oil supply: Validation", *Energy*, vol. 64, 2014, pp. 130-153.

13. M. L. Finkel et J. Hays, "The implications of unconventional drilling for natural gas: a global public health concern", *Public Health*, vol. 127, n° 10, 2013, pp. 889-893; H. Else, "Fracking splits opinion", *Professional Engineering*, vol. 25, n° 2, 2012, p. 26.

14. W. Ellsworth, "Injection-induced earthquakes", *Science*, vol. 341, n° 6142, 2013, p. 1225942.

15. R. J. Davies et al., "Oil and gas wells and their integrity: Implications for shale and unconventional resource exploitation", *Marine and Petroleum Geology*, vol. 56, 2014, pp. 239-254.

16. H. J. Fair, "Radionuclides in fracking wastewater", *Environmental Health Perspectives*, vol. 122, n° 2, 2014.

17. C. Cleveland et P. A. O'Connor, "Energy return on investment (EROI) of oil shale", *Sustainability*, vol. 3, n° 11, 2011, pp. 2307-2322.

18. B. R. Scanlon et al., "Comparison of water use for hydraulic fracturing for shale oil and gas production versus conventional oil", *Environmental Science & Technology*, vol. 48, n° 20, 2014, pp. 12386-12393.

19. E. Stokstad, "Will fracking put too much fizz in your water?", *Science*, vol. 344, n° 6191, 2014, pp. 1468-1471.

20. US Energy Information Administration, "As cash flow flattens, major energy companies increase debt, sell assets", *Today in Energy*, 29 juillet 2014; http://www.eia.gov/todayinenergy/detail.cfm?id=17311.

21. A. Loder, "Shakeout threatens shale patch as frackers go for broke",

Bloomberg, 27 mai 2014; http://www.bloomberg.com/news/2014-05-26/shakeout-threatens-shale-patch-as-frackers-go-for-broke.html.

22. S. Sorrell, 2009, *op. cit.*

23. D. J. Hugues, "Energy: A reality check on the shale revolution", *Nature*, vol. 494, n° 7437, 2013, pp. 307-308.

24. 예를 들어 D. Yergin, "US energy is changing the world again", *Financial Times*, 16 novembre 2012; L. Maugeri, "The shale oil boom: a US phenomenon", Belfer Center for Science and International Affairs, Harvard Kennedy School, 2013, Discussion Paper #2013-05.

25. B. K. Sovacool, "Cornucopia or curse? Reviewing the costs and benefits of shale gas hydraulic fracturing (fracking)", *Renewable and Sustainable Energy Reviews*, vol. 37, 2014, pp. 249-264.

26. US Energy Information Administration, "Annual Energy Outlook 2014", p. 17.

27. S. Sorrell, 2009, *op. cit.* 에서 인용.

28. C. Emmerson et G. Lahn, "Arctic opening: Opportunity and risk in the High North", Chatham House-Lloyd's, 2013.

29. J. Marriott, "Oil projects too far—banks and investors refuse finance for Arctic oil", *Platform Education Research London*, 24 avril 2012.

30. A. Garric, "Après une série noire, Shell renonce à forer en Arctique cette année", *Le Monde*, 28 février 2013.

31. G. Chazan, "Total warns against oil drilling in Arctic", *Financial Times*, 25 septembre 2012.

32. G. R. Timilsina, "Biofuels in the long-run global energy supply mix for transportation", *Philosophical Transactions of the Royal Society A*, vol. 372, n° 2006, 2014.

33. T. Koizumi, "Biofuels and food security in the US, the EU and other countries", in *Biofuels and Food Security*, Springer International Publishing,

2014, pp. 59-78.

34. G. Maggio et G. Cacciola, "When will oil, natural gas, and coal peak?", *Fuel*, vol. 98, 2012, pp. 111-123; P. Shearman *et al.*, "Are we approaching 'peak timber' in the tropics?", *Biological Conservation*, vol. 151, n° 1, 2012, pp. 17-21; R. Warman, "Global wood production from natural forests has peaked", *Biodiversity and Conservation*, vol. 23, n° 5, 2014, pp. 1063-1078; M. Dittmar, "The end of cheap uranium", *Science of the Total Environment*, vol. 461-462, 2013, pp. 792-798.

35. U. Bardi *et al.*, *Extracted: How the Quest for Mineral Wealth Is Plundering the Planet*, Chelsea Green Publishing, 2014.

36. C. Clugston, "Increasing global nonrenewable natural resource scarcity— An analysis", *Energy Bulletin*, vol. 4, n° 6, 2010.

37. D. Cordell *et al.*, "The story of phosphorus: Global food security and food for thought", *Global Environmental Change*, vol. 19, n° 2, 2009, pp. 292-305.

38. R. A. Myers et B. Worm, "Rapid worldwide depletion of predatory fish communities", *Nature*, vol. 423, n° 6937, 2003, pp. 280-283.

39. P. H. Gleick et M. Palaniappan, "Peak water limits to freshwater withdrawal and use", *PNAS*, vol. 107, n° 25, 2010, pp. 11155-11162.

40. P. Bihouix, *L'Âge des low tech. Vers une civilisation techniquement soutenable*, Seuil, 2014. pp. 66-67.

41. R. Heinberg, *Peak Everything: Waking Up to the Century of Decline in Earth's Resources*, Clairview Books, 2007.

42. Barclays Research Data, 다음에서 인용. S. Kopits, "Oil and economic growth: a supply—constrained view", Columbia University, Center on Global Energy Policy, 11 février 2014; http://tinyurl.com/mhkju2k.

43. C. Cleveland, "Net energy from the extraction of oil and gas in the United States", *Energy*, vol. 30, 2005, pp. 769-782.

44. N. Gagnon *et al.*, "A preliminary investigation of energy return on energy investment for global oil and gas production", *Energies*, vol. 2, n° 3, 2009, pp. 490-503.

45. D. J. Murphy et C. A. S. Hall, "Year in review—EROI or energy return on (energy) invested", *Annals of the New York Academy of Sciences*, vol. 1185, n° 1, 2010, pp. 102-118.

46. C. A. S. Hall *et al.*, "EROI of different fuels and the implications for society", *Energy Policy*, vol. 64, 2014, pp. 141-152.

47. P. A. Prieto et C. A. S. Hall, *Spain's Photovoltaic Revolution: The Energy Return on Investment*, Springer, 2013.

48. C. A. S. Hall *et al.*, 2014, *op. cit.*

49. D. Weißbach *et al.*, "Energy intensities, EROIs (energy returned on invested), and energy payback times of electricity generating power plants", *Energy*, vol. 52, 2013, pp. 210-221.

50. B. Plumer, "We're damming up every last big river on Earth. Is that really a good idea?", *Vox*, 28 octobre 2014; http://www.vox.com/2014/10/28/7083487/the-world-is-building-thousands-of-new-dams-is-that-really-a-good-idea.

51. C. Zarfl *et al.*, "A global boom in hydropower dam construction", *Aquatic Sciences*, 2014, pp. 1-10.

52. G. E. Tverberg, "Converging energy crises—and how our current situation differs from the past", *Our Finite World*, 29 mai 2014; http://ourfiniteworld.com/2014/05/29/converging-energy-crises-and-how-our-current-situation-differs-from-the-past/.

53. C. A. S. Hall *et al.*, "What is the minimum EROI that a sustainable society must have", *Energies*, vol. 2, 2009, pp. 25-47.

54. J. G. Lambert *et al.*, "Energy, EROI and quality of life", *Energy Policy*, vol. 64, 2014, pp. 153-167.

55. B. Thévard, "La diminution de l'énergie nette, frontière ultime de l'Anthropocène", *Institut Momentum*, 2013.

56. C. W. King et C. A. S. Hall, "Relating financial and energy return on investment", *Sustainability*, vol. 3, n° 10, 2011, pp. 1810-1832; M. Heun et M. De Wit, "Energy return on (energy) invested (EROI), oil prices, and energy transitions", *Energy Policy*, vol. 40, 2012, pp. 147-158.

57. U. Bardi *et al.*, 2014, *op. cit.*

58. G. Giraud *et al.*, *Produire plus, polluer moins: l'impossible découplage?*, Les Petits Matins, 2014 참조.

59. D. J. Murphy, "The implications of the declining energy return on investment of oil production", *Philosophical Transactions of the Royal Society A*, vol. 372, n° 2006, 2013, p. 20130126.

60. J. D. Hamilton, "Causes and consequences of the oil shock of 2007-08", *National Bureau of Economic Research*, 2009; C. Hall et K. Klitgaard, *Energy and the Wealth of Nations: Understanding the Biophysical Economy*, Springer, 2012.

61. G. E. Tverberg, "Low oil prices: Sign of a debt bubble collapse, leading to the end of oil supply?", *Our Finite World*, 21 septembre 2014; http://ourfiniteworld.com/2014/09/21/low-oil-prices-sign-of-a-debt-bubble-collapse-leading-to-the-end-of-oil-supply.

62. G. E. Tverberg, "Oil supply limits and the continuing financial crisis", *Energy*, vol. 37, n° 1, 2012, pp. 27-34.

63. E. Ailworth, "Drillers cut expansion plans as oil prices drop", *Wall Street Journal*, 6 novembre 2014.

64. Agence internationale de l'énergie, *World Energy Outlook 2014*.

65. M. Auzanneau, "Pétrole: le calme avant la tempête, d'après l'Agence internationale de l'énergie", *Oil Man*, 19 novembre 2014; http://petrole. blog.lemonde.fr/2014/11/19/petrole-le-calme-avant-la-tempete-dapres-

lagence-internationale-de-lenergie/.

66. R. May *et al.*, "Complex systems: Ecology for bankers", *Nature*, vol. 451, n° 7181, 2008, pp. 893-895.

67. G. E. Tverberg, "World oil production at 3/31/2014―Where are we headed?", *Our Finite World*, 23 juin 2014; http://ourfiniteworld.com/2014/07/23/world-oil-production-at-3312014-where-are-we-headed/.

68. M. Lagi *et al.*, *The Food Crises and Political Instability in North Africa and the Middle East*, New England Complex Systems Institute, 2011.

69. J. Leggett, *The Energy of Nations: Risk Blindness and the Road to Renaissance*, Routledge, 2013, p. xiii.

03 고속도로 출구(넘을 수 있는 경계)

1. 2013년 9월 27일에 발행한 최신 IPCC 보고서에서(95퍼센트의 매우 높은 확실성). J. Cook *et al.*, "Quantifying the consensus on anthropogenic global warming in the scientific literature", *Environmental Research Letters*, vol. 8, n° 2, 2013, p. 024024도 참조.

2. A. Burger *et al.*, "Turn down the heat: Why a 4 °C warmer world must be avoided", Washington DC, World Bank, 2012.

3. S. Rahmstorf *et al.*, "Comparing climate projections to observations up to 2011", *Environmental Research Letters*, vol. 7, n° 4, 2012, p. 044035.

4. J. M. Robine *et al.*, "Death toll exceeded 70,000 in Europe during the summer of 2003", *Comptes rendus biologies*, vol. 331, n° 2, 2008, pp. 171-178.

5. P. Ciais *et al.*, "Europe-wide reduction in primary productivity caused by the heat and drought in 2003", *Nature*, vol. 437, n° 7058, 2005, pp. 529-533.

6. 한 연구에 따르면, 현재 인구 (밀도가 높은) 일부 지역에서는 2100년부터 인간이 더 이상 생존할 수조차 없다고 한다. S. C. Sherwood et M. Hubert, "An

adaptability limit to climate change due to heat stress", *PNAS*, vol. 107, n° 21, 2010, pp. 9552-9555 참조.

7. D. Coumou et S. Rahmstorf, "A decade of weather extremes", *Nature Climate Change*, n° 2, 2012, pp. 491-496.

8. D. Barriopedro *et al.*, "The hot summer of 2010: redrawing the temperature record map of Europe", *Science*, vol. 332, n° 6026, 2005, pp. 220-224.

9. K. Dow et T. E. Downing, *The Atlas of Climate Change*, University of California Press, 2007.

10. J. D. Steinbruner *et al.* (éd.), *Climate and Social Stress: Implications for Security Analysis*, National Academies Press, 2012.

11. WHO, "Climate change and health", World Health Organization Fact Sheet, 266, 2013.

12. W. A. Kurz *et al.*, "Mountain pine beetle and forest carbon feedback to climate change", *Nature*, vol. 452, n° 7190, 2008, pp. 987-990.

13. 예를 들어 다음을 읽어보라. B. Choat *et al.*, "Global convergence in the vulnerability of forests to drought", *Nature*, vol. 491, n° 7426, 2012, pp. 752-756.

14. A. Shepherd *et al.*, "A reconciled estimate of ice-sheet mass balance", *Science*, vol. 338, n° 6111, 2012, pp. 1183-1189.

15. G. Dyer, *Alerte—Changement climatique: la menace de guerre*, Robert Laffont, 2009, p. 38.

16. A Bruger *et al.*, 2012, *op. cit.*

17. D. D. Zhang *et al.*, "The causality analysis of climate change and large-scale human crisis", *PNAS*, vol. 108, n° 42, 2011, pp. 17296-17301; D. D. Zhang *et al.*, "Global climate change, war, and population decline in recent human history", *PNAS*, vol. 104, n° 49, 2007, pp. 19214-19219.

18. J. Schewe *et al.*, "Multimodel assessment of water scarcity under climate change", *PNAS*, vol. 111, n° 9, 2014, pp. 3245-3250.

19. D. B. Lobell *et al.*, "Climate trends and global crop production since 1980", *Science*, vol. 333, n° 6042, 2011, pp. 616-620.

20. K. Kristensen *et al.*, "Winter wheat yield response to climate variability in Denmark", *The Journal of Agricultural Science*, vol. 149, n° 1, 2011, pp. 33-47; J. E. Olesen *et al.*, "Impacts and adaptation of European crop production systems to climate change", *European Journal of Agronomy*, vol. 34, n° 2, 2011, pp. 96-112.

21. J. H. Christensen *et al.*, "Regional climate projections", in S. Solomon, D. Qin, M. Manning *et al.* (éd.), *Climate change 2007: The Physical Science Basis*, Cambridge University Press, 2007, p. 996; A. Dai, "Increasing drought under global warming in observations and models", *Nature climate change*, vol. 3, n° 1, 2012, pp. 52-58.

22. Z. W. Kundzewicz, "Assessing river flood risk and adaptation in Europe—review of projections for the future", *Mitigation and Adaptation Strategies for Global Change*, vol. 15, n° 7, 2010, pp. 641-656.

23. M. Bindi et J. E. Olesen, "The responses of agriculture in Europe to climate change", *Regional Environmental Change*, vol. 11, n° 1, 2011, pp. 151-158; M. T. Harrison, "Characterizing drought stress and trait influence on maize yield under current and future conditions", *Global Change Biology*, vol. 20, n° 3, 2014, pp. 867-878.

24. G. Dyer, 2009, *op. cit.*, p. 87.

25. *Id.*

26. F. Gemenne, "Climate-induced population displacements in a 4 °C+ world", *Philosophical Transactions of the Royal Society A*, vol. 369, n° 1934, 2011, pp. 182-195.

27. M. T. van Vliet *et al.*, "Vulnerability of US and European electricity supply to climate change", *Nature Climate Change*, vol. 2, n° 9, 2012, pp. 676-681.

28. K. M. Campbell *et al.*, "The age of consequences: the foreign policy and national security implications of global climate change", Washington DC, Center for Strategic and International Studies, 2007.

29. G. Dyer, 2009, *op. cit.*, p. 48에서 인용.

30. *Ibid.*, p. 91.

31. J. Kiehl, "Lessons from Earth's Past", *Science*, vol. 331, n° 6014, 2011, pp. 158-159.

32. J. Lovelock, *La Revanche de Gaïa: pourquoi la Terre riposte-t-elle et comment pouvons-nous encore sauver l'humanité?*, Flammarion, 2007. G. Dyer, 2009, *op. cit.*, p. 53에서 인용.

33. J. Hansen *et al.*, "Climate sensitivity, sea level and atmospheric carbon dioxide", *Philosophical Transactions of the Royal Society A*, n° 371, 2013, p. 20120294.

34. S. L. Pimm et. al., "The biodiversity of species and their rates of extinction, distribution, and protection", *Science*, vol. 344, n° 6187, 2014, p. 1246752.

35. R. M. May, "Ecological science and tomorrow's world", *Philosophical Transactions of the Royal Society B*, vol. 365, n° 1537, 2010, pp. 41-47; W. F. Laurance *et al.*, "Averting biodiversity collapse in tropical forest protected areas", *Nature*, vol. 489, n° 7415, 2012, pp. 290-294.

36. R. McLellan (éd.), *Rapport Planète vivante 2014. Des hommes, des espèces, des espaces, et des écosystèmes*, World Wildlife Fund, 2014.

37. S. L. Pimm et. al., 2014, *op. cit.*

38. D. Sanders *et al.*, "The loss of indirect interactions leads to cascading extinctions of carnivores", *Ecology Letters*, vol. 16, n° 5, 2013, pp. 664-669.

39. J. J. Lever *et al.*, "The sudden collapse of pollinator communities", *Ecology Letters*, vol. 17, n° 3, 2014, pp. 350-359.

40. S. H. Anderson *et al.*, "Cascading effects of bird functional extinction reduce pollination and plant density", *Science*, vol. 331, n° 6020, 2011, pp. 1068-1071.

41. R. R. Dunn *et al.*, "The sixth mass coextinction: Are most endangered species parasites and mutualists?", *Philosophical Transactions of the Royal Society B*, vol. 276, n° 1670, 2009, pp. 3037-3045.

42. T. Säterberg *et al.*, "High frequency of functional extinctions in ecological networks", *Nature*, vol. 499, 2013, pp. 468-470.

43. 레이첼 카슨의 저서 《침묵의 봄(Silent Spring)》(1962)을 기준으로 생태계에 대한 살충제 사용의 극적인 결과를 보여주고 예측한다.

44. R. Dirzo *et al.*, "Defaunation in the Anthropocene", *Science*, vol. 345, n° 6195, 2014, pp. 401-406.

45. R. McLellan, 2014, *op. cit.*, pp. 8-9.

46. W. J. Ripple *et al.*, "Status and ecological effects of the world's largest carnivores", *Science*, vol. 343, n° 6167, 2014, p. 1241484.

47. J. A. Estes *et al.*, "Trophic downgrading of planet Earth", *Science*, vol. 333, n° 6040, 2011, pp. 301-306.

48. D. J. McCauley *et al.*, "Marine defaunation: Animal loss in the global ocean", *Science*, vol. 347, n° 6219, 2015, p. 1255641.

49. B. S. Halpern *et al.*, "A global map of human impact on marine eco-systems", *Science*, vol. 319, n° 5865, 2008, pp. 948-952.

50. R. A. Myers et B. Worm, "Rapid worldwide depletion of predatory fish communities", *Nature*, vol. 423, n° 6937, 2003, pp. 280-283.

51. J. B. Jackson, "Ecological extinction and evolution in the brave new ocean", *PNAS*, vol. 105, 2008, pp. 11458-11465.

52. K. Swing, "Conservation: Inertia is speeding fish-stock declines", *Nature*, vol. 494, n° 7437, 2013, p. 314314.

53. S. H. Anderson, 2011, *op. cit.*

54. S. Foucart, "Le déclin massif des insectes menace l'agriculture", *Le Monde*, 26 juin 2014; I. Newton, "The recent declines of farmland bird populations in Britain: an appraisal of causal factors and conservation actions", *Ibis*, vol. 146, n° 4, 2004, pp. 579-600.

55. C. A. Hallmann *et al.*, "Declines in insectivorous birds are associated with high neonicotinoid concentrations", *Nature*, vol. 511, n° 7509, 2014, pp. 341-343; G. Monbiot, "Another silent spring?", *The Guardian*, 16 juillet 2014.

56. R. Dirzo *et al.*, 2014, *op. cit.*

57. 생태학자 프랑수아 라마드(François Ramade)에 따르면, 프랑스에서는 벌집의 수가 1996년 200만 개에서 오늘날 60만 개로 감소했을 거라고 한다.

58. S. Foucart, 2014, *op. cit.*

59. E. Stokstad, "The empty forest", *Science*, vol. 345, n° 6195, 2014, pp. 396-399.

60. A. D. Barnosky *et al.*, "Has the Earth's sixth mass extinction already arrived?", *Nature,* vol. 471, n° 7336, 2011, pp. 51-57.

61. D. U. Hooper *et al.*, "A global synthesis reveals biodiversity loss as a major driver of ecosystem change", *Nature,* vol. 486, n° 7401, 2012, pp. 105-108; R. Dirzo *et al.*, 2014, *op. cit.*

62. A. S. MacDougall *et al.*, "Diversity loss with persistent human disturbance increases vulnerability to ecosystem collapse", *Nature,* vol. 494, n° 7435, 2013, pp. 86-89.

63. J. M. Morvan *et al.*, "Écosystèmes forestiers et virus Ebola", 1999년 10월 14~15일에 열린 파스퇴르 연구소 및 관련 연구소의 국제 네트워크 제3차 콜로키움. B. A. Wilcox et B. Ellis, "Les forêts et les maladies infectieuses émergentes chez l'homme", *Unasylva* (FAO), 2006; J. A. Ginsburg, "How saving West African forests might have prevented the Ebola epidemic", *The Guardian*, 3 octobre 2014.

64. J. V. Yule *et al.*, "Biodiversity, extinction, and humanity's future: The ecological and evolutionary consequences of human population andresource use", *Humanities*, vol. 2, n° 2, 2013, pp. 147-159.

65. H. Thibault, "Dans le Sichuan, des 'hommes-abeilles' pollinisent à la main les vergers", *Le Monde*, 23 avril 2014.

66. R. Costanza, "The value of the world's ecosystem services and natural capital", *Ecological Economics*, vol. 25, n° 1, 1998, pp. 3-15.

67. C. B. Field *et al.*, "Climate Change 2014: impacts, adaptation, and vulnerability", Contribution of Working Group II to the Fifth Assessment Report of the IPCC, 2014.

68. E. V. Bragina *et al.*, "Rapid declines of large mammal populations after the collapse of the Soviet Union", *Conservation Biology*, vol. 29, n° 3, 2015, pp. 844-853.

69. F. Krausmann *et al.*, "Global human appropriation of net primary production doubled in the 20th century", *PNAS*, vol. 110, n° 25, 2013, pp. 10324-10329.

70. Ch. Bonneuil et J-B. Fressoz, *L'Événement Anthropocène*, *op. cit*, 225쪽 주.

71. *Ibid.*, 226쪽 주.

72. A. E. Cahill *et al.*, "How does climate change cause extinction?", *Proceedings of the Royal Society B*, vol. 280, n° 1750, 2013, p. 20121890; C. Bellard *et al.*, "Impacts of climate change on the future of biodiversity", *Ecology Letters*, vol. 15, n° 4, 2012, pp. 365-377; C. B. Field *et al.*, 2014, *op. cit.*

73. J. V. Yule *et al.*, 2013, *op. cit.*

74. J. Rockström *et al.*, "A safe operating space for humanity", *Nature*, vol. 461, n° 7263, 2009, pp. 472-475.

75. W. Steffen *et al.*, "Planetary boundaries: Guiding human development

on a changing planet", *Science,* vol. 347, n° 6223, 2015.

76. D. E. Canfield *et al.*, "The evolution and future of Earth's nitrogen cycle", *Science,* vol. 330, n° 6001, 2010, pp. 192-196.

77. V. H. Smith *et al.*, "Eutrophication of freshwater and marine ecosystems", *Limnology and Oceanography*, vol. 51, n° 1, 2006, pp. 351-355.

78. J. Rockström *et al.*, "Planetary boundaries: Exploring the safe operating space for humanity", *Ecology and Society*, vol. 14, n° 2, p. 32, 2009.

79. T. Gleeson *et al.*, "Water balance of global aquifers revealed by ground-water footprint", *Nature,* n° 488, 2012, pp. 197-200. 미국, 중국, 인도 등에서는 지하수의 70퍼센트를 농업에 사용한다. M. W. Rosegrant *et al.*, "Water for agriculture: maintaining food security under growing scarcity", *Annual Review of Environment and Resources*, n° 34, 2009, pp. 205-222 참조.

80. 자원 고갈의 진정한 원인을 은폐하는 기술에도 불구하고.

81. C. J. Vörösmarty *et al.*, "Global threats to human water security and river biodiversity", *Nature,* n° 467, 2010, pp. 555-561.

82. A. Cicolella, *Toxique Planète, Seuil*, 2013; F. Nicolino, *Un empoisonnement universel. Comment les produits chimiques ont envahi la planète*, Les Liens qui Libèrent, 2013.

83. Vandenberg (2012), 다음에서 인용. L. J. Guillette et T. Iguchi, "Life in a contaminated world", *Science,* vol. 337, 2012, pp. 1614-1615.

84. 예를 들어, "TFSP(컨소시엄) 전문가들은 2005년에 분석한 프랑스 토양 샘플 74개 중 91퍼센트에서 이미다클로프리드(imidaclopride)가 검출되었다고 언급했다. 그중 15퍼센트의 지역만이 복구되었다". 다음에서 인용. S. Foucart, 2014, *op. cit.*

85. L. U. Chensheng *et al.*, "Sub-lethal exposure to neonicotinoids impaired honey bees winterization before proceeding to colony collapse disorder", *Bulletin of Insectology*, vol. 67, n° 1, 2014, pp. 125-130.

86. D. Gibbons *et al.*, "A review of the direct and indirect effects of neonic-otinoids and fipronil on vertebrate wildlife", *Environmental Science and Pollution Research*, 2014, pp. 1-16.

87. J. P. Van der Sluijs *et al.*, "Conclusions of the Worldwide Integrated Assessment on the risks of neonicotinoids and fipronil to biodiversity and ecosystem functioning", *Environmental Science and Pollution Research*, vol. 22, n° 1, 2014, pp. 148-154.

88. S. Landrin et L. Van Eeckhout, "La pollution à Paris aussi nocive que le tabagisme passif", *Le Monde*, 24 novembre 2014.

89. M. Scheffer *et al.*, "Catastrophic shifts in ecosystems", *Nature,* vol. 413, n° 6856, 2001, pp. 591-596.

90. S. Kefi *et al.*, "Spatial vegetation patterns and imminent desertification in Mediterranean arid ecosystems", *Nature,* vol. 449, n° 7159, 2007, pp. 213-217.

91. J. A. Foley *et al.*, "Regime shifts in the Sahara and Sahel: Interactions between ecological and climatic systems in Northern Africa", *Ecosystems*, vol. 6, n° 6, 2003, pp. 524-532.

92. E. A. Davidson *et al.*, "The Amazon basin in transition", *Nature,* n° 481, 2012, pp. 321-328.

93. T. M. Lenton *et al.*, "Tipping elements in the Earth's climate system", *Proceedings of the National Academy of Sciences*, vol. 105, n° 6, 2008, pp. 1786-1793.

94. T. M. Lenton, "Arctic climate tipping points", *Ambio*, vol. 41, n° 1, 2012, pp. 10-22.

95. A. P. Kinzig *et al.*, "Resilience and regime shifts: Assessing cascading effects", *Ecology and Society*, n° 11, 2006, p. 20; M. Gladwell, *The Tipping Point: How Little Things Can Make a Big Difference*, Little Brown, 2000; B. Hunter, "Tipping points in social networks", Stanford

University Symbolic Systems Course Blog, 2012.

96. D. Korowicz, "Trade Off: Financial system supply-chain cross contagion— a study in global systemic collapse", FEASTA, 2012; http://www.feasta. org/wp-content/uploads/2012/10/Trade_Off_Korowicz.pdf.

97. A. D. Barnosky *et al.*, "Approaching a state shift in Earth's biosphere", *Nature,* n° 486, 2012, pp. 52-58.

98. A. Garric, "La fin de la planète en 2100?", *Le Monde Blog Eco(lo)* [en ligne], 27 juillet 2012.

99. T. P. Hughes *et al.*, "Multiscale regime shifts and planetary boundaries", *Trends in Ecology & Evolution*, 28(7), 2013, pp. 389-395.

100. B. W. Brook *et al.*, "Does the terrestrial biosphere have planetary tipping points?", *Trends in Ecology & Evolution*, 28(7), 2013, pp. 396-401.

04 방향이 막혀 있을까

1. P. A. David, "Clio and the Economics of QWERTY", *The American Economic Review*, vol. 25, n° 2, 1985, pp. 332-337.

2. Ch. Herve-Gruyer et P. Herve-Gruyer, *Permaculture. Guérir la terre, nourrir les hommes*, Actes Sud, 2014.

3. O. De Schutter et G. Vanloqueren, "The new green revolution: how twenty-first-century science can feed the world", *Solutions*, vol. 2, n° 4, 2011, pp. 33-44.

4. http://www.rightlivelihood.org/gao.html.

5. O. De Schutter *et al.*, "Agroécologie et droit à l'alimentation", rapport présenté à la 16ᵉ session du Conseil des droits de l'homme de l'ONU, 2011 [A/HRC/16/49].

6. FAO, Symposium international sur l'agroécologie pour la sécurité alimentaire et la nutrition, Rome, 18-19 septembre 2014; http://www.fao.org/about/

7. G. C. Unruh, "Understanding carbon lock-in", *Energy Policy*, vol. 28, n° 12, 2000, pp. 817-830.

8. Ch. Bonneuil et J.-B. Fressoz, *L'Événement Anthropocène*, *op. cit.*, pp. 129-133.

9. M. A. Janssen et M. Scheffer, "Overexploitation of renewable resources by ancient societies and the role of sunk-cost effects", *Ecology and Society*, vol. 9, n° 1, 2004, p. 6.

10. Agence internationale de l'énergie, "World Energy Outlook 2014".

11. R.-V. Joule et J.-L. Beauvois, *Petit traité de manipulation à l'usage des honnêtes gens*, Presses universitaires de Grenoble, 2009.

12. G. Vanloqueren et P. V. Baret, "How agricultural research systems shape a technological regime that develops genetic engineering but locks out agroecological innovations", *Research policy*, vol. 38, n° 6, 2009, pp. 971-983; G. Vanloqueren et P. V. Baret, "Why are ecological, low-input, multi-resistant wheat cultivars slow to develop commercially? A Belgian agricultural 'lock-in' case study", *Ecological Economics*, vol. 66, n° 2, 2008, pp. 436-446.

13. J. Gadrey, "La 'démocratie écologique' de Dominique Bourg n'est pas la solution", *Alternatives économiques*, 18 janvier 2011.

14. Adam Rome, 2001. J.-B. Fressoz, "Pour une histoire désorientée de l'énergie", *Entropia. Revue d'étude théorique et politique de la décroissance*, n° 15, 2013에서 인용.

15. F. Veillerette et F. Nicolino, *Pesticides, révélations sur un scandale français*, Fayard, 2007.

16. 동영상 "DDT so safe you can eat it 1947", 다음에서 볼 수 있다. www.youtube.com/watch?v=gtcXXbuR244.

17. M. Scheffer *et al.*, "Slow response of societies to new problems: causes

18. J. Tainter, *L'Effondrement des sociétés complexes*, Le Retour aux Sources, 2013 [1988].

19. G. C. Unruh et J. Carrillo-Hermosilla, "Globalizing carbon lock-in", *Energy Policy*, vol. 34, n° 10, 2006, pp. 1185-1197.

20. P. Gai *et al.*, "Complexity, concentration and contagion", *Journal of Monetary Economics*, vol. 58, n° 5, 2011, pp. 453-470.

21. S. Vitali *et al.*, "The network of global corporate control", *PloS ONE*, vol. 6, n° 10, 2011, p. e25995.

22. Ch. Bonneuil et J.-B. Fressoz, *L'Événement Anthropocène*, *op. cit.*, p. 129.

23. Richard Heede, "Tracing anthropogenic carbon dioxide and methane emissions to fossil fuel and cement producers, 1854-2010", *Climatic Change*, vol. 122, 2014, pp. 229-241.

24. R. Douthwaite, *The Growth Illusion: How Economic Growth Has Enriched the Few, Impoverished the Many and Endangered the Planet*, Green Books, 1999.

25. A. Miller et R. Hopkins, "Climate after growth. Why environmentalists must embrace post-growth economics and community resilience", Post-Carbon Institute, septembre 2013에서 인용.

26. D. Holmgren, "Crash on demand. Welcome to the brown tech world", *Holmgren Design*, décembre 2013.

05 점점 더 취약해지는 운송 수단에 갇히다

1. D. Arkell, "The evolution of creation", *Boeing Frontiers Online*, vol. 3, n° 10, 2005; http://www.boeing.com/news/frontiers/archive/2005/march/mainfeature1.html.

2. D. MacKenzie, "Why the demise of civilisation may be inevitable", *New*

Scientist, n° 2650, 2008, pp. 32-35에서 인용.

3. *Id.*

4. I. Goldin et M. Mariathasan, *The Butterfly Defect: How Globalization Creates Systemic Risks, and What to Do about It*, Princeton University Press, 2014.

5. R. M. May *et al.*, "Complex systems: Ecology for bankers", *Nature,* vol. 451, n° 7181, 2008, pp. 893-895.

6. A. G. Haldane et V. Madouros, "The dog and the frisbee", 2012년 8월 31일 미국 와이오밍주 잭슨홀에서 열린 캔자스시티 연방준비은행 잭슨홀 경제정책 심포지엄에서 발표한 연설.

7. M. Lewis, *Flash Boys: a Wall Street Revolt*, W. W. Norton & Company, 2014.

8. Bank of International Settlements, "OTC derivatives market activity in the second half of 2013", 8 mai 2014; http://www.bis.org/publ/otc_hy1405.htm.

9. P. Gai *et al.* "Complexity, concentration and contagion", *op. cit.*

10. P. Gai et S. Kapadia, "Contagion in financial networks", *Proceedings of the Royal Society A*, vol. 466, n° 2120, 2010, pp. 2401-2423.

11. R. J. Caballero et A. Simsek, "Fire sales in a model of complexity", *The Journal of Finance*, vol. 68, n° 6, 2013, pp. 2549-2587.

12. E. Yardeni et M. Quitana, "Global economic briefing: Central Bank balance sheets", Yardeni Research Inc., décembre 2014.

13. J. Soble, "Japan abruptly acts to stimulate economy", *The New York Times*, 31 octobre 2014.

14. John Maynard Keynes, *The Economic Consequences of the Peace*, Skyhorse publishing, 2007 [1919], p. 134. William Ophuls, "Immoderate greatness. Why civilizations fail", autoédition, 2012에서 인용.

15. Eurostat, "General Government Gross Debt—Annual Data"; http://ec.

europa.eu/eurostat/tgm/table.do?tab=table&init=1&language=en&pcode=
teina225.

16. T. Vampouille, "Les stocks stratégiques pétroliers en France", *Le Figaro*,
    28 mars 2012.

17. World Economic Forum, "Impact of Thailand Floods 2011 on supply
    chain", Mimeo, WEF, 2012.

18. White House, "National strategy for global supply chain security",
    Washington DC, 2012, p. 4.

19. S. Cox, "US food supply vulnerable to attack", *BBC Radio 4*, 22 août
    2006에서 인용. http://news.bbc.co.uk/2/hi/americas/5274022.stm.

20. L. M. Wein, et Y. Liu, "Analyzing a bioterror attack on the food supply:
    the case of botulinum toxin in milk", *Proceedings of the National
    Academy of Sciences of the United States of America*, vol. 102, n° 28,
    2005, pp. 9984-9989.

21. H. Escaith, "Trade collapse, trade relapse and global production networks:
    supply chains in the great recession", MPRA Paper n° 18274, 2009년 10월
    28일 파리에서 열린 경제 위기가 세계화와 글로벌 가치 사슬에 미치는 영향
    에 관한 OECD 라운드테이블. H. Escaith *et al.*, "International supply chains
    and trade elasticity in times of global crisis", World Trade Organization
    (Economic Research and Statistics Division), 2010, Staff Working Paper
    ERSD-2010-08.

22. K. J. Mizgier *et al.*, "Modeling defaults of companies in multi-stage supply
    chain networks", *International Journal of Production Economics*,
    vol. 135, n° 1, 2012, pp. 14-23; S. Battiston *et al.*, "Credit chains and
    bankruptcy propagation in production networks", *Journal of Economic
    Dynamics and Control*, vol. 31, n° 6, 2007, pp. 2061-2084.

23. A. G. Haldane et R. M. May, "Systemic risk in banking ecosystems",
    Nature, vol. 469, n° 7330, 2011, pp. 351-355.

24. SWIFT(Society for Worldwide Interbank Financial Telecommunication); http://www.swift.com/about_swift/company_information/company_ information.

25. Oxford Economics, *The Economic Impacts of Air Travel Restrictions Due to Volcanic Ash*, Abbey House, 2010.

26. N. Robinson, "The politics of the fuel protests: Towards a multidimensional explanation", *The Political Quarterly*, vol. 73, n° 1, 2002, pp. 58-66.

27. A. McKinnon, "Life without trucks: The impact of a temporary disruption of road freight transport on a national economy", *Journal of Business Logistics*, vol. 27, n° 2, 2006, pp. 227-250.

28. R. D. Holcomb, "When trucks stop, America stops", American Trucking Association, 2006.

29. D. McKenzie, "Will a pandemic bring down civilisation?", *New Scientist*, 5 avril 2008.

30. H. Byrd et S. Matthewman, "Exergy and the city: The technology and sociology of power (failure)", *Journal of Urban Technology*, vol. 21, n° 3, 2014, pp. 85-102.

31. I. Goldin et M. Mariathasan, 2014, *op. cit.*, p. 101.

32. S. Kroft, "Falling apart: America's neglected infrastructure", *CBS News*, 23 novembre 2014; http://www.cbsnews.com/news/falling-apart-america-neglected-infrastructure/.

33. *Id.*

34. D. Korowicz, "Trade-Off: Financial system supply-chain cross-contagion", *op. cit.*

35. D. MacKenzie, "Will a pandemic bring down civilisation?", *op. cit.*

36. *Id.*

37. D. MacKenzie, *op. cit.* 에서 인용.

38. *Id.*

39. I. Goldin, *Divided Nations: Why global governance is failing, and what we can do about it*, Oxford University Press, 2013.

40. B. Walker *et al.*, "Looming global-scale failures and missing institutions", *Science,* vol. 325, n° 5946, 2009, pp. 1345-1346.

41. D. Helbing, "Globally networked risks and how to respond", *Nature,* vol. 497, n° 7447, 2013, pp. 51-59.

1부에 대한 종합 평가

1. "L'ONU estime qu'un million de personnes sont menacées par la faim à cause d'Ebola", *LeMonde.fr*, 17 décembre 2014.

2. R. Barroux, "Ebola met à mal tout le système de santé guinéen", *Le Monde*, 31 décembre 2014.

2부 그렇다면 언제인가

06 미래학의 어려움

1. A. B. Frank *et al.*, "Dealing with femtorisks in international relations", *PNAS*, vol. 111, n° 49, 2014, pp. 17356-17362.

2. P. R. Ehrlich, *The Population Bomb, Ballantine Books*, 1968.

3. R. Carson, *Printemps silencieux*, Wildproject, 2014 [1962].

4. D. Nuccitelli, "A remarkably accurate global warming prediction, made in 1972", *The Guardian,* 19 mars 2014.

5. A. Kilpatrick et A. Marm, "Globalization, land use, and the invasion of West nile virus", *Science,* vol. 334, n° 6054, 2011, pp. 323-327.

6. N. N. Taleb, *Le Cygne noir*, Les Belles Lettres, 2010 [2007].

7. J.-P. Dupuy, *Pour un catastrophisme éclairé, op. cit.*, p. 105에서 인용.

8. *Ibid.*, pp. 84-85.

9. D. J. Snowden et M. E. Boone, "A leader's framework for decision making", *Harvard Business Review*, vol. 85, n° 11, 2007, pp. 59-69.

10. J.-P. Dupuy, *Pour un catastrophisme éclairé, op. cit.*, p. 13.

11. Hans Jonas, 다음에서 인용. J.-P. Dupuy, *Pour un catastrophisme éclairé, op. cit.*

12. J.-P. Dupuy, *Pour un catastrophisme éclairé, op. cit.*, p. 63.

13. *Ibid.*, pp. 84-85.

07 전조 신호를 감지할 수 있을까

1. S. Kéfi *et al.*, "Spatial vegetation patterns and imminent desertification in Mediterranean arid ecosystems", *Nature,* vol. 449, n° 7159, 2007, pp. 213-217.

2. L. Dai *et al.*, "Slower recovery in space before collapse of connected populations", *Nature,* vol. 496, n° 7445, 2013, pp. 355-358.

3. S. Carpenter *et al.*, "Early warnings of regime shifts: A whole-ecosystem experiment", *Science,* vol. 332, n° 6033, 2011, pp. 1079-1082; A. J. Veraart *et al.*, "Recovery rates reflect distance to a tipping point in a living system", *Nature,* vol. 481 n° 7381, 2012, pp. 357-359; L. Dai *et al.*, "Generic indicators for loss of resilience before a tipping point leading to population collapse", *Science,* vol. 336, n° 6085, 2012, pp. 1175-1177.

4. C. A. Boulton *et al.*, "Early warning signals of Atlantic Meridional Overturning Circulation collapse in a fully coupled climate model", *Nature communications*, vol. 5, n° 5752, 2014.

5. T. Lenton *et al.*, "Tipping elements in the Earth's climate system", *Proceedings of the National Academy of Sciences*, vol. 105, n° 6, 2008, pp. 1786-1793.

6. R. Wang *et al.*, "Flickering gives early warning signals of a critical transition to a eutrophic lake state", *Nature,* vol. 492, n° 7429, 2012, pp. 419-

422.

7. A. J. Veraart *et al.*, 2012, *op. cit.*

8. J. Bascompte et P. Jordano, "Plant-animal mutualistic networks: the architecture of biodiversity", *Annual Review of Ecology, Evolution, and Systematics*, vol. 38, 2007, pp. 567-593.

9. M. Scheffer *et al.*, "Anticipating critical transitions", *Science,* vol. 338, n° 6105, 2012, pp. 344-348.

10. R. May *et al.*, "Complex systems: Ecology for bankers", *Nature,* vol. 451, n° 7181, 2008, pp. 893-895.

11. Institute of Chartered Accountants in Australia, "Early warning systems: Can more be done to avert economic and financial crises?", 2011.

12. M. Gallegati, "Early warning signals of financial stress: A 'Wavelet-Based' composite indicators approach", in *Advances in Non-linear Economic Modeling*, Berlin-Heidelberg, Springer, 2014, pp. 115-138; R. Quax *et al.*, "Information dissipation as an early-warning signal for the Lehman Brothers collapse in financial time series", *Scientific Reports*, vol. 3, 30 mai 2013.

13. V. Dakos *et al.*, "Resilience indicators: prospects and limitations for early warnings of regime shifts", *Philosophical Transactions of the Royal Society B: Biological Sciences*, vol. 370, n° 1659, 2015, p. 20130263.

14. S. R. Carpenter *et al.*, "A new approach for rapid detection of nearby thresholds in ecosystem time series", *Oikos*, vol. 123 n° 3, 2014, pp. 290-297.

15. S. Kéfi *et al.*, "Early warning signals also precede non-catastrophic transitions", *Oikos*, vol. 122, n° 5, 2013, pp. 641-648

16. Institute of Chartered Accountants in Australia, *op. cit.*

17. J.-P. Dupuy, *Pour un catastrophisme éclairé*, *op. cit.*, p. 132.

08 모형은 무엇을 말하는가

1. S. Motesharrei *et al.*, "Human and nature dynamics (HANDY): Modeling inequality and use of resources in the collapse or sustainability of societies", *Ecological Economics*, vol. 101, 2014, p. 90102.

2. H. Kempf, *Comment les riches détruisent la planète*, Seuil, 2009.

3. J. Stiglitz, *Le Prix de l'inégalité*, Les Liens qui Libèrent, 2012.

4. R. Wilkinson et K. Pickett, *Pourquoi l'égalité est meilleure pour tous*, Les Petits Matins/Institut Veblen, 2013.

5. S. Lansley, *The Cost of Inequality: Three Decades of the Super-Rich and the Economy*, Gibson Square Books Ltd, 2011.

6. C. B. Field *et al.*, "Climate change 2014: impacts, adaptation, and vulnerability", Contribution of Working Group II to the Fifth Assessment Report of the Intergovernmental Panel on Climate Change (IPCC), 2014.

7. T. Piketty, *Le Capital au xxie siècle*, Seuil, 2013.

8. Voir E. Marshall, "Tax man's gloomy message: The rich will get richer", *Science,* vol. 344, n° 6186, 2014, p. 826827.

9. E. Saez et G. Zucman, "Wealth inequality in the United States since 1913: Evidence from capitalized income Tax Data", *Working Paper*, National Bureau of Economic Research, 2014; http://www.nber.org/papers/w20625.

10. S. Motesharrei *et al.*, *op. cit.*, p. 100.

11. D. Meadows *et al.*, *Halte à la croissance: Rapport sur les limites de la croissance*, Fayard, 1973 [1972].

12. 53개국의 과학자, 경제학자, 국내 및 국제 관료, 기업가 등이 모인 싱크 탱크 (출처: Wikipedia).

13. D. H. Meadows *et al.*, *Beyond the Limits: Global Collapse or a Sustainable Future*, Earthscan Publications Ltd, 1992.

14. D. Meadows *et al.*, *Limits to Growth: The 30-Year Update*, *op. cit.*

15. G. M. Turner, "A comparison of The Limits to Growth with 30 years of reality", *Global Environmental Change*, vol. 18, n° 3, 2008, pp. 397-411; G. M. Turner, "On the cusp of global collapse? Updated comparison of *The Limits to Growth* with historical data", *GAIA-Ecological Perspectives for Science and Society*, vol. 21, n° 2, 2012, pp. 116-124.

16. 〈르몽드〉, 〈리베라시옹(Libération)〉, 〈이마진(Imagine)〉, 〈테라 에코(Terra Eco)〉 등에 실린 인터뷰 외에 다음 논문도 읽어보라. "Il est trop tard pour le développement durable", in Agnès Sinaï (dir.), *Penser la décroissance. Politiques de l'Anthropocène*, Les Presses de Sciences-Po, "Nouveaux Débats", 2013, pp. 195-210.

3부 붕괴론

1. J.-P. Dupuy, *Pour un catastrophisme éclairé*, op. cit., pp. 84-85.

09 조사해야 할 모자이크

1. Dictionnaire Littré en ligne (XMLittré v2); www.littre.org.

2. J. Diamond, *Effondrement: comment les sociétés décident de leur disparition ou de leur survie*, Gallimard, "Folio", 2009 [2005], p. 16.

3. P. Clastres, *La Société contre l'État*, éd. de Minuit, 2011; J. C. Scott, *Zomia ou l'art de ne pas être gouverné*, Seuil, 2013.

4. P. Kropotkine, *L'Entraide. Un facteur de l'évolution*, Aden éditions, 2009.

5. E. M. Conway et N. Oreskes, *L'Effondrement de la civilisation occidentale*, Les Liens qui Libèrent, 2014.

6. J. M. Greer, *The Long Descent: A User's Guide to the End of the Industrial Age*, New Society Publishers, 2008.

7. S. Latouche, *Le Pari de la décroissance*, Fayard, 2006.

8. 이븐 할둔의 유명한 저서 《무깟디마(Al-Muqaddima)》(1377)에서 밝혔다.

9. Montesquieu, *Considérations sur les causes de la grandeur des Romains et de leur décadence*, 1734.

10. E. Gibbon, *Histoire de la décadence et de la chute de l'Empire romain*, Lefèvre, 1819 [1776-1788].

11. O. Spengler, *Le Déclin de l'Occident* (2 tomes 1918-1922), Gallimard, 2000 [1948].

12. A. Toynbee, *L'Histoire. Les grands mouvements de l'histoire à travers le temps, les civilisations, les religions*, Elsevier, "Séquoia", 1975.

13. P. Turchin, *Historical Dynamics: Why States Rise and Fall*, Princeton University Press, 2003; *War and Peace and War: The Rise and Fall of Empires*, Penguin Group, 2007; S. Nefedov, *Secular Cycles*, Princeton University Press, 2009.

14. B. Ward-Perkins, *La Chute de Rome*, Alma, 2014.

15. K. W. Butzer, "Collapse, environment, and society", *PNAS*, vol. 109, n° 10, 2012, pp. 3632-3639.

16. V. Duvat et A. Magnan, *Des catastrophes⋯ "naturelles"?*, Le Pommier, 2014.

17. W. Ophuls, *Immoderate Greatness: Why Civilizations Fail*, CreateSpace Independent Publishing Platform, 2012, p. 63.

18. P. Turchin et S. Nefedov, *Secular cycles*, *op. cit.*

19. K. W. Butzer, *op. cit.*

20. D. Biggs *et al.*, "Are we entering an era of concatenated global crises?", *Ecology and Society*, vol. 16, n° 2, 2011, pp. 27-37.

21. D. Orlov, *Reinventing Collapse: The Soviet Experience and American Prospects*, New Society Publishers, 2008. 그의 훌륭한 블로그를 참조하라. http://cluborlov.blogspot.com.

22. D. Orlov, *The Five Stages of Collapse: Survivors' Toolkit*, New Society Publishers, 2013.

23. D. Orlov, "The sixth stage of collapse", *ClubOrlov*, 22 octobre 2013; http://cluborlov.blogspot.be/2013/10/the-sixth-stage-of-collapse.html.

24. L. H. Gunderson et C. S. Holling, *Panarchy: Understanding Transform-ations in Human and Natural Systems*, Island Press, 2002.

25. D. Korowicz, *Tipping Point: Near-Term Systemic Implications of a Peak in Global Oil Production. An Outline Review*, FEASTA & The Risk/ Resilience Network, 2010.

26. J. M. Greer, *The Long Descent*, op. cit.

27. 이브 코셰의 세 번째 모델도 참조. Yves Cochet, "Les trois modèles du monde", *in* Agnès Sinaï (dir.), *Penser la décroissance*, op. cit., pp. 62-71.

28. I. Wallerstein, *Comprendre le monde. Introduction à l'analyse des systèmes-monde*, La Découverte, 2006.

29. G. D. Kuecker et T. D. Hall, "Resilience and community in the age of World-system collapse", *Nature and Culture*, vol. 6, 2011, p. 1840.

30. O. De Schutter *et al.*, *Agroécologie et droit à l'alimentation*, op. cit.

31. DEFRA, "UK Food Security Assessment: Detailed Analysis", 2010.

32. D. Korowicz, "On the cusp of collapse: Complexity, energy and the globalised economy", in *Fleeing Vesuvius. Overcoming the Risks of Economic and Environmental Collapse*, FEASTA & New Society Publishers, 2010.

33. "Rusting brakes: Germany faces freight train shortage as growth picks up", *Spiegel Online*, 5 avril 2010; http://www.spiegel.de/international/ business/rusting-brakes-germany-faces-freight-train-shortage-as-growth-picks-up-a-687291.html.

34. M. Derex *et al.*, "Experimental evidence for the influence of group size on cultural complexity", *Nature,* vol. 503, n° 7476, 2013, pp. 389-391.

35. *Ibid.*, p. 391.

36. 마이클 슈나이더(Mycle Schneider)와의 인터뷰, "Le déclin du nucléaire",

Silence, n° 410, 2013, pp. 5-9.

37. *Id.*

38. R. Heinberg et J. Mander, *Searching for a Miracle: Net Energy Limits and the Fate of Industrial Society*, Post-Carbon Institute, 2009, p. 37.

39. 이 문제에 대한 자세한 내용은 다음을 참조하라. P. Servigne, "Le nucléaire pour l'après-pétrole?", *Barricade*, 2014. Disponible sur www.barricade.be.

10 그리고 이 모든 상황 속에서 인간은?

1. M. Sourrouille (coord.), *Moins nombreux, plus heureux. L'urgence écologique de repenser la démographie*, Sang de la Terre, 2014.

2. P. Gerland *et al.*, "World population stabilization unlikely this century", *Science,* vol. 346, n° 6206, 2014, pp. 234-237.

3. E. Boserup, *Évolution agraire et pression démographique*, Flammarion, 1970.

4. H. Stockael, *La Faim du monde*, Max Milo, 2012.

5. V. Smil, *Enriching the Earth: Fritz Haber, Carl Bosch, and the Transformation of World Food Production*, MIT press, 2004; N. Gruberet J. N. Galloway, "An Earth-system perspective of the global nitrogen cycle", *Nature,* n° 451, 2008, pp. 293-296.

6. P. Rasmont et S. Vray, "Les crises alimentaires en Belgique au xxie siècle", *Les Cahiers nouveaux*, n° 85, 2013, pp. 47-50.

7. G. C. Daily et P. R. Ehrlich, "Population, sustainability, and Earth's carrying capacity", *BioScience,* 1992, pp. 761-771.

8. 제번스의 역설(Jevons paradox)이라고도 한다. 자원을 사용할 때 더욱 효율적인 기술을 도입하면 자원 소비가 감소하는 게 아니라 오히려 증가한다는 이론이다.

9. H. Welzer, *Les Guerres du climat. Pourquoi on tue au xxie siècle*, Gallimard, 2009.

10. IPCC, "Summary for Policymakers", in *Climate Change 2014: Impacts, Adaptation, and Vulnerability. Part A: Global and Sectoral Aspects. Contribution of Working Group II to the Fifth Assessment Report of the Intergovernmental Panel on Climate Change*, Cambridge University Press, Cambridge-New York, pp. 1-32.

11. S. M. Hsiang, M. Burke et E. Miguel, "Quantifying the influence of climate on human conflict", *Science,* vol. 341, n° 6151, 2013, p. 1235367.

12. J. O' Loughlin *et al.*, "Modeling and data choices sway conclusions about climate-conflict links", *PNAS*, n° 111, 2014, pp. 2054-2055.

13. J. Scheffran et A. Battaglini, "Climate and conflicts: the security risks of global warming", *Regional Environmental Change*, vol. 11, n° 1, 2011, pp. 27-39.

14. N. M. Ahmed, "Pentagon preparing for mass civil breakdown", *The Guardian,* 12 juin 2014; "Pentagon bracing for public dissent over climate and energy shocks", *The Guardian,* 14 juin 2013.

15. D. P. Aldrich, *Building Resilience. Social Capital in Post-Disaster Recovery*, University of Chicago Press, 2012.

16. R. Solnit, *A Paradise Built in Hell: The Extraordinary Communities That Arise in Disaster*, Penguin Books, 2012.

17. J. Lecomte, *La Bonté humaine. Altruisme, empathie, générosité*, Odile Jacob, Paris, 2012, p. 24에서 인용.

18. L. Clarke, "Panic: myth or reality?", *Contexts*, vol. 1, n° 3, 2002, pp. 21-26.

19. R. Olshansky, "San Francisco, Kobe, New Orleans: Lessons for rebuilding", *Social Policy*, vol. 36, n° 2, 2006, pp. 17-19.

20. Par exemple D. Helbing et W. Yu, "The outbreak of cooperation among success-driven individuals under noisy conditions", *PNAS*, vol. 106, n° 10, 2009, pp. 3680-3685.

21. J. Lecomte, *La Bonté humaine*, *op. cit.*

22. J.-M. Jancovici, "Combien suis-je un esclavagiste?", *Manicore*, 2013. www.manicore.com/documentation/esclaves.html.

23. S. Bowles et H. Gintis, *A cooperative Species: Human Reciprocity and Its Evolution*, Princeton University Press, 2011.

24. 이 현상은 재난 영화, 특히 비행기 추락 사고와 대부분의 좀비 영화에 매우 자주 등장한다. 더 궁금한 이들은 다음을 읽어보라. L. Clarke, "Panic: myth or reality?", *Contexts*, vol. 1, n° 3, 2002, pp. 21-26.

25. B. E. Goldstein *et al.*, "Narrating resilience: transforming urban systems through collaborative storytelling", *in* "Special issue: Governing for urban resilience", *Urban Studies*, 2013, pp. 1-17.

26. "전환 이야기"는 긍정적인 이야기를 기반으로 해결책을 상상해 피크 오일과 기후 변화 등 두 가지 문제에 대한 초등 및 중등 학생의 인식을 높이기 위해 전환 이니셔티브에서 만든 활동이다.

27. L. Semal, "Politiques locales de décroissance", *in* Agnès Sinaï (dir.), *Penser la décroissance*, *op. cit.*, p. 157.

28. 이 주제와 관련해서는 다음 논문을 읽어보라. P. Servigne, "Au-delà du vote 'démocratique'. Les nouveaux modes de gouvernance", et "Outils de facilitation et techniques d'intelligence collective", *Barricade*, 2011. 다음에서 볼 수 있다. www.barricade.be.

29. C. Hamilton, *Requiem pour l'espèce humaine*, Les Presses de Sciences Po, 2013.

30. C. Dilworth, *Too Smart for Our Own Good: The Ecological Predicament of Humankind*, Cambridge University Press, 2010.

31. G. Harman, "Your brain on climate change: why the threat produces apathy, not action", *The Guardian,* 10 novembre 2014.

32. C. Hamilton, *Requiem pour l'espèce humaine*, *op. cit.*, p. 139.

33. C. Roberts, *Ocean of Life*, Penguin, 2013, p. 41.

34. D. Meadows, "Il est trop tard pour le développement durable", 2013, *op. cit.*, p. 199.

35. J.-P. Dupuy, *Pour un catastrophisme éclairé*, *op. cit.*, p. 142.

36. D. Meadows, 2013, *op. cit.*, p. 204.

37. D. Meadows, 2013, *op. cit.*, p. 203.

38. *Id.*

39. N. Oreskes et E. M. Conway, *Les Marchands de doute*, Paris, Le Pommier, 2012; S. Foucart, *La Fabrique du mensonge: comment les industriels manipulent la science et nous mettent en danger*, Denoël, 2013.

40. N. Oreskes et E. M. Conway, 2012, *op. cit.*, p. 26.

41. K. Brysse *et al.*, "Climate change prediction: Erring on the side of least drama?", *Global Environmental Change*, vol. 23, n° 1, pp. 327-337.

42. C. Hamilton, *Requiem pour l'espèce humaine*, *op. cit.*, p. 8.

43. *Id.*

44. S. C. Moser et L. Dilling, "Toward the social tipping point: Creating a climate for change", in *Creating a Climate for Change: Communicating Climate Change and Facilitating Social Change*, Cambridge University Press, 2007, pp. 491-516; M. Milinski *et al.*, "The collective-risk social dilemma and the prevention of simulated dangerous climate change", *PNAS*, n° 105, 2008, pp. 2291-2294.

45. D. Servan-Schreiber, *Anticancer*, Robert Laffont, 2007.

46. C. Hamilton, 2013, *op. cit.*, p. 11.

47. *Id.*, p. 7.

48. *Id.*

49. *Id.*; J. Macy, *Écopsychologie pratique et rituels pour la Terre. Retrouver le lien vivant avec la nature*, Le Souffle d'Or, 2008; B. Plotkin, *Nature and the Human Soul: Cultivating Wholeness in a Fragmented World*, New World Library, 2008; C. Baker, *Navigating the Coming Chaos: A*

Handbook for Inner Transition, iUniverse, 2011.

50. 예를 들어 다음 웹사이트를 참조하라. www.terreveille.be.

51. C. Hamilton, 2013, *op. cit.*, p. 9.

52. D. J. F. de Quervain *et al.*, "The neural basis of altruistic punishment", *Science,* n° 305, 2004, pp. 1254-1258.

53. Comité invisible, *L'Insurrection qui vient*, La Fabrique, 2007; Comité invisible, *À nos amis*, La Fabrique, 2014.

54. *Silence, Imagine, Bastamag, La Décroissance ou Passerelle Éco.*

55. R. Hopkins, *Ils changent le monde, op. cit.*; B. Manier, *Un million de révolutions tranquilles*, Les Liens qui Libèrent, 2012.

56. L. Semal, "Politiques locales de décroissance", *op. cit.*, p. 144.

57. R. Hopkins, *The Transition Companion: Making Your Community More Resilient in Uncertain Times*, Chelsea Green Publishing Company, 2011.

58. B. Thévard, "Vers des territoires résilients", 2014년 유럽의회에서 녹색당/유럽자유동맹 그룹을 위해 수행한 연구. R. Hopkins, *Manuel de Transition— de la dépendance au pétrole à la résilience locale*, Écosociété/Silence, 2010.

59. Agnès Sinaï (dir.), *Économie de l'après-croissance. Politiques de l'Anthropocène II*, Presses de Sciences Po, 2015; J. M. Greer, *La Fin de l'abondance—L'économie dans un monde post-pétrole*, Écosociété, 2013.

60. J. Diamond, 2009, *op. cit.*, p. 468.

61. A. Canabate, "La cohésion sociale en temps de récession prolongée. Espagne, Grèce, Portugal", 2014년 유럽의회에서 녹색당/유럽자유동맹 그룹을 위해 수행한 연구.

62. A. Miller et R. Hopkins, "Climate after growth", *op. cit.*, 주 9.

63. D. Holmgren, "Crash on demand", *op. cit.*

64. P. Servigne et Ch. Araud, "La transition inachevée. Cuba et l'après-

pétrole", *Barricade*, 2012. 다음에서 볼 수 있다. www.barricade.be.

65. M. Davis, "Écologie en temps de guerre. Quand les États-Unis luttaient contre le gaspillage des ressources", *Mouvements*, 54, 2008, pp. 93-98.

66. M. Szuba, "Régimes de justice énergétique", *in* Agnès Sinaï (dir.), *Penser la décroissance*, *op. cit.*, p. 132.

67. *Ibid.*, p. 120.

68. *Ibid.*, pp. 134-135.

69. *Ibid.*, p. 136.

70. M. Rocard *et al.*, "Le genre humain, menacé", *Le Monde*, 2 avril 2011.

71. N. Klein, *La Stratégie du choc. La montée d'un capitalisme du désastre*, Actes Sud, 2008.

72. H. Kempf, *L'Oligarchie ça suffit, vive la démocratie*, Seuil, 2011.

73. L. Semal, "Politiques locales de décroissance", *op. cit.*, p. 147.

결론: 기근은 시작일 뿐이다

1. P. R. Ehrlich et A. H. Ehrlich, "Can a collapse of global civilization be avoided?", 2013, *op. cit.*, p. 20122845.

2. C. Hamilton, 2013, *op. cit.*, p. 12.

3. A. Miller et R. Hopkins, "Climate after growth", *op. cit.*

4. 이제 더 이상 가능하지 않다. 다음 참조. T. Piketty, *Le Capital au xxie siècle*, *op. cit.* 또 "Le vrai rôle de l'énergie va obliger les économistes à changer de dogme", 2014년 4월 19일 블로그에 게시한 가엘 지로(Gaël Giraud)와의 인터뷰. http://petrole.blog.lemonde.fr/.

5. J.-P. Dupuy, *Pour un catastrophisme éclairé*, *op. cit.*, pp. 84-85.

6. H. Jonas, *Le Principe responsabilité*, Flammarion, 1998 [1979].

7. C. Hamilton, 2013, *op. cit.*, p. 11.

8. Ch. Bonneuil et J.-B. Fressoz, *L'Événement Anthropocène*, *op. cit.*, p. 218.

9. *Ibid.*, 359쪽 주.

10. *Ibid.*, 362쪽 주.

11. N. Georgescu-Roegen, *La Décroissance. Entropie, écologie, économie*, 3e édition revue, Paris, Sang de la Terre et Ellébore, 2006.

12. R. Heinberg, *Pétrole: la fête est finie!*, Demi-Lune, 2008.

후기: 6년이 지난 후

1. T. Garlinghouse, "Rethinking Easter Island's historic collapse", *SAPIENS*, 29 mai 2020.

2. G. S. Cumming et G. D. Peterson, "Unifying research on social-ecological resilience and collapse", *Trends in Ecology & Evolution*, vol. 32, n° 9, 2017, pp. 695-713.

3. S. J. Brannen *et al.*, "The age of mass protests: understanding an escalating global trend", Center for Strategic and International Studies (CSIS), mai 2020.

4. C. Rodgers, "A new approach to protecting ecosystems: The Te Awa Tupua (Whanganui river claims settlement) Act 2017", *Environmental Law Review*, vol. 19, n° 4, 2017, pp. 266-279.

5. "Pays-Bas, France... Quand les juges contraignent les États sur la question climatique", LExpress.fr, 19 novembre 2020.

6. European Parliament, "Parliament seals ban on throwaway plastics by 2021", 27 mars 2019.

7. "Mettre fin au travail des enfants, au travail forcé et à la traite des êtres humains dans les chaînes d'approvisionnement mondiales", OIT, OCDE, OIM, UNICEF, Genève, 2019.

8. T. Pettersson *et al.*, "Organized violence, 1989-2018 and peace agreements", *Journal of Peace Research*, vol. 56, n° 4, 2019, pp. 589-603.

9. UNEP-WCMC et IUCN, *Marine Protected Planet Report*, 2019.

10. N. Issa et Y. Muller, *Atlas des oiseaux de France métropolitaine*, Delachaux

et Niestlé, 2015, p. 40.

11. A. Valdivia *et al.*, "Marine mammals and sea turtles listed under the U.S. Endangered species Act are recovering", *PloS ONE*, vol. 16, 2019, p. 13; G. Chapron *et al.*, "Recovery of large carnivores in Europe's modern human-dominated landscapes", *Science,* vol. 346, n° 6216, 2014, pp. 1517-1519; R. van Klink *et al.*, "Meta-analysis reveals declines in terrestrial but increases in freshwater insect abundances", *Science,* vol. 368, n° 6489, 2020, pp. 417-420.

12. J. Roman *et al.* "Lifting baselines to address the consequences of conservation success", *Trends in Ecology & Evolution*, vol. 30, n° 6, 2015, pp. 299-302.

13. IUCN, "Fin whale, mountain gorilla recovering thanks to conservation action—IUCN red list", 2018.

14. M. Diesendorf et T. Wiedmann, "Implications of trends in energy return on energy invested (EROI) for transitioning to renewable electricity", *Ecological Economics*, vol. 176, 2020, p. 106726.

15. P. E. Brockway *et al.*, "Estimation of global final-stage energyreturn-on-investment for fossil fuels with comparison to renewable energy sources", *Nature Energy*, vol. 4, n° 7, 2019, p. 612.

16. Renewables 2020 Global Status Report. https://www.ren21.net/reports/global-status-report/.

17. T. Goel *et al.*, "Playing it safe: global systemically important banks after the crisis", *BIS Quarterly Review*, 2019, pp. 37-45.

18. N. Irwin, "Welcome to the everything boom, or maybe the everything bubble", *The New York Times*, 2014.

19. H. Kendall *et al.*, "World scientists' warning to humanity", *Union of Concerned Scientists*, 1992.

20. W. J. Ripple *et al.*, "World scientists' warning to humanity: A second

notice", *BioScience,* vol. 67, n° 12, 2017, pp. 1026-1028.

21. W. J. Ripple *et al.*, "World scientists' warning of a climate emergency", *BioScience,* 2019.

22. G. Hagedorn *et al.*, "The concerns of the young protesters are justified: A statement by *Scientists for Future concerning* the protests for more climate protection", *GAIA-Ecological Perspectives for Science and Society*, vol. 28, n° 2, 2019, pp. 79-87.

23. P. Cardoso *et al.*, "Scientists' warning to humanity on insect extinctions", *Biological Conservation*, vol. 242, 2020, p. 108426.

24. R. H. Heleno *et al.*, "Scientists' warning on endangered food webs", *Web Ecology*, vol. 20, n° 1, 2020, pp. 1-10.

25. J.-P. Jenny *et al.*, "Scientists' warning to humanity: Rapid degradation of the world's large lakes", *Journal of Great Lakes Research*, vol. 46, n° 4, 2020, pp. 686-702.

26. T. Wiedmann *et al.*, "Scientists' warning on affluence", *Nature Communications*, vol. 11, n° 1, 2020, p. 3107.

27. Collectif, "A warning on climate and the risk of societal collapse", *The Guardian,* 6 décembre 2020.

28. J. E. Kay, "Early climate models successfully predicted global warming", *Nature,* vol. 578, n° 7793, 2020, pp. 45-46; Z. Hausfather *et al.*, "Evaluating the performance of past climate model projections", *Geophysical Research Letters*, vol. 47, n° 1, 2020, p. e2019GL085378.

29. P. Voosen, "New climate models predict a warming surge", *Science,* vol. 364, n° 6437, 2019, pp. 222-223; M. D. Zelinka *et al.*, "Causes of higher climate sensitivity in CMIP6 models", *Geophysical Research Letters*, vol. 47, 2020, p. e2019GL085782; K. B. Tokarska *et al.*, "Past warming trend constrains future warming in CMIP6 models", *Science Advances*, vol. 6, n° 12, 2020, p. eaaz9549; D. Jiménez-de-la-Cuesta et

T. Mauritsen, "Emergent constraints on Earth's transient and equilibrium response to doubled CO_2 from post-1970s global warming", *Nature Geoscience*, vol. 12, 2019, pp. 902-905.

30. Y. Cui et al., "A 23 m.y. record of low atmospheric CO_2", *Geology*, vol. 48, n° 9, 2020, pp. 888-892.

31. J. Richter-Menge et al., "Arctic Report Card 2019", *NOAA*, 2019, p. 100.

32. A. Shepherd et al., "Trends in Antarctic ice sheet elevation and mass", *Geophysical Research Letters*, vol. 46, 2019, pp. 8174-8183.

33. B. Hmiel et al., "Preindustrial $^{14}CH_4$ indicates greater anthropogenic fossil CH_4 emissions", *Nature,* vol. 578, n° 7795, 2020, pp. 409-412.

34. S. M. Natali et al., "Large loss of CO_2 in winter observed across the northern permafrost region", *Nature Climate Change*, vol. 9, n° 11, 2019, pp. 852-857.

35. L. Xu et al., "Hot spots of climate extremes in the future", *Journal of Geophysical Research: Atmospheres*, n° 124, 2019, pp. 3035-3049.

36. C. E. H. Pries et al., "The whole-soil carbon flux in response to warming", *Science,* vol. 355, n° 32, 2017, pp. 1420-1423; J. M. Melillo et al., "Long-term pattern and magnitude of soil carbon feedback to the climate system in a warming world", *Science,* vol. 358, n° 6359, 2017, pp. 101-105.

37. J. Powell, "Scientists reach 100% consensus on anthropogenic global warming", *Bulletin of Science, Technology & Society*, vol. 37, 2019, pp. 183-184.

38. K. Balaguru et al., "Increasing magnitude of hurricane rapid intensification in the central and eastern tropical Atlantic", *Geophysical Research Letters*, n° 45, 2018, pp. 4238-4247.

39. J. M. Maurer et al., "Acceleration of ice loss across the Himalayas over the past 40 years", *Science Advances*, vol. 5, n° 6, 2019, p. eaav7266.

40. S. A. Kulp et B. H. Strauss, "New elevation data triple estimates of global vulnerability to sea-level rise and coastal flooding", *Nature Communications*, vol. 10, n° 1, 2019, pp. 1-12.

41. L. Cheng *et al.*, "How fast are the oceans warming?", *Science*, vol. 363, n° 6423, 2019, pp. 128-129.

42. L. Caesar *et al.*, "Current Atlantic meridional overturning circulation weakest in last millennium", *Nature Geoscience*, vol. 14, n° 3, 2021, pp. 118-120.

43. S. Bathiany *et al.*, "Climate models predict increasing temperature variability in poor countries", *Science Advances*, vol. 4, n° 5, 2018, p. eaar5809.

44. C. Zhao *et al.*, "Temperature increase reduces global yields of major crops in four independent estimates", *PNAS*, vol. 114, n° 35, 2017, pp. 9326-9331.

45. F. Gaupp *et al.*, "Changing risks of simultaneous global breadbasket failure", *Nature Climate Change*, vol. 10, 2020, pp. 54-57.

46. M. Breckner et U. Sunde, "Temperature extremes, global warming, and armed conflict: new insights from high resolution data", *World Development*, vol. 123, 2019, p. 104624.

47. R. Akhtar (éd.), *Extreme Weather Events and Human Health*, Springer Nature, 2019.

48. 예를 들어 다음 참조. L. Xu *et al.*, "Hot spots of climate extremes in the future"에서 인용. A. Aghakouchak *et al.*, "Climate extremes and compound hazards in a warming world", *Annual Review of Earth and Planetary Sciences*, vol. 48, n° 1, 2020, pp. 519-548.

49. Q. Schiermeier, "Climate change made Europe's mega-heatwave five times more likely", *Nature*, vol. 571, n° 155, 2019.

50. S. B. Power et F. P. D. Delage, "Setting and smashing extreme temperature records over the coming century", *Nature Climate Change*,

vol. 9, 2019, pp. 529-534.

51. A. Dosio *et al.*, "Extreme heat waves under 1.5℃ and 2℃ global warming", *Environmental Research Letters*, vol. 13, n° 5, 2018, p. 054006.

52. C. Mora *et al.*, "Global risk of deadly heat", *Nature Climate Change*, vol. 7, n° 7, 2017, pp. 501-506.

53. W. Steffen *et al.*, "Trajectories of the Earth system in the Anthropocene", *PNAS*, vol. 115, n° 33, 2018, p. 201810141.

54. F.-F. Pearce, "We could pass 1.5℃ warming by 2026", *New Scientist*, vol. 234, n° 3126, 2017, p. 10.

55. A. E. Raftery *et al.*, "Less than 2℃ warming by 2100 unlikely", *Nature Climate Change*, vol. 7, n° 9, 2017, pp. 637-641.

56. United Nations Environment Programme, "Emissions gap report 2019", UNEP, novembre 2019; D. Tong *et al.*, "Committed emissions from existing energy infrastructure jeopardize 1.5 ℃ climate target", *Nature,* vol. 572, 2019, pp. 373-377.

57. Y. Xu *et al.*, "Global warming will happen faster than we think", *Nature,* vol. 564, n° 7734, 2018, p. 30.

58. J. R. Lamontagne *et al.*, "Robust abatement pathways to tolerable climate futures require immediate global action", *Nature Climate Change*, vol. 9, n° 4, 2019, p. 290.

59. R. Pancost, "The pathway toward a net-zero-emissions future", *One Earth*, vol. 1, n° 1, 2019, pp. 18-20.

60. D. Wallace-Wells, "Time to panic", *The New York Times*, 16 février 2019.

61. A. Guterrez, "Secretary-general's remarks on climate change [as delivered]", United Nations Secretary-General, 2018.

62. N. Breeze, "'It's nonlinearity—stupid!'—interview of professor John Schellnhuber", *The Ecologist*, 3 janvier 2019.

63. Communiqué de presse, "Le dangereux déclin de la nature: Un taux d'extinction des espèces "sans précédent" et qui s'accélère", IPBS, 2019.

64. 예를 들어 다음 참조. G. Strona et C. J. A. Bradshaw, "Co-extinctions annihilate planetary life during extreme environmental change", *Scientific Reports*, vol. 8, n° 1, 2018, p. 16724; G. S. Cooper *et al.*, "Regime shifts occur disproportionately faster in larger ecosystems", *Nature Communications*, vol. 11, n° 1, 2020, pp. 1-10; G. Ceballos *et al.*, "Vertebrates on the brink as indicators of biological annihilation and the sixth mass extinction", *PNAS*, vol. 117, n° 24, 2020, pp. 13596-13602.

65. 예를 들어 다음 참조. W. E. Kunin, "Robust evidence of declines in insect abundance and biodiversity", *Nature*, vol. 574, n° 7780, 2019, pp. 641-642; C. A. Hallmann *et al.*, "More than 75 percent decline over 27 years in total flying insect biomass in protected areas", *PloS ONE*, vol. 12, n° 10, 2017, p. e0185809; A. J. van Strien *et al.*, "Over a century of data reveal more than 80% decline in butterflies in the Netherlands", *Biological Conservation*, vol. 234, 2019, pp. 116-122.

66. T. Latty et V. Dakos, "The risk of threshold responses, tipping points, and cascading failures in pollination systems", *Biodiversity and Conservation*, vol. 28, 2019, pp. 3389-3406.

67. H. Ledford, "World's largest plant survey reveals alarming extinction rate", *Nature,* vol. 570, n° 7760, 2019, pp. 148-149.

68. M. Davis *et al.*, "Mammal diversity will take millions of years to recover from the current biodiversity crisis", *PNAS*, vol. 115, n° 44, 2018, pp. 11262-11267.

69. G. Beaugrand *et al.*, "Prediction of unprecedented biological shifts in the global ocean", *Nature Climate Change*, vol. 9, n° 3, 2019, p. 237.

70. A. J. Watson, "Oceans on the edge of anoxia", *Science,* vol. 354, n° 6319, 2016, pp. 1529-1530.

71. C. A. S. Hall et K. Klitgaard, "Peak oil, EROI, investments, and our financial future", in *Energy and the Wealth of Nations*, Cham, Springer International Publishing, 2018, pp. 405-423.

72. J. H. Ellwanger *et al.*, "Beyond diversity loss and climate change: Impacts of Amazon deforestation on infectious diseases and public health", *Anais Da Academia Brasileira De Ciências*, vol. 92, n° 1, 2020, p. e20191375.

73. I. Brito-Morales *et al.*, "Climate velocity reveals increasing exposure of deep-ocean biodiversity to future warming", *Nature Climate Change*, vol. 10, 2020, pp. 576-581; H. Ullah *et al.*, "Climate change could drive marine food web collapse through altered trophic flows and cyano-bacterial proliferation", *PLOS Biology*, vol. 16, n° 1, 2018, p. e2003446.

74. S. J. Lade *et al.*, "Human impacts on planetary boundaries amplified by Earth system interactions", *Nature Sustainability*, vol. 3, 2019, pp. 119-128.

75. 예를 들어 다음 참조. F. Figge et A. S. Thorpe, "The symbiotic rebound effect in the circular economy", *Ecological Economics*, vol. 163, 2019, pp. 61-69.

76. 에너지나 자원을 절약해주리라 여겨지는 신기술이나 기술이 역설적으로 일반 소비를 증가시키는 경우를 말한다.

77. T. Vadén *et al.*, "Decoupling for ecological sustainability: A categorisation and review of research literature", *Environmental Science & Policy*, vol. 112, 2020, pp. 236-244.

78. G. E. Shackelford *et al.*, "Accumulating evidence using crowdsourcing and machine learning: A living bibliography about existential risk and global catastrophic risk", *Futures*, vol. 116, 2020, p. 102508.

79. *Ibid.*

80. Future Earth, "Our Future on Earth", février 2020, p. 53.

81. M. Garschagen *et al.*, "Too big to ignore: Global risk perception gaps between scientists and business leaders", *Earth's Future*, vol. 8, n° 3, 2020, p. e2020EF001498.

82. M. Lenzen *et al.*, "Global socio-economic losses and environmental gains from the Coronavirus pandemic", *PloS ONE*, vol. 15, n° 7, 2020, p. e0235654.

83. C. Le Quéré *et al.*, "Temporary reduction in daily global CO$_2$ emissions during the COVID-19 forced confinement", *Nature Climate Change*, vol. 10, n° 7, 2020, pp. 647-653.

84. C. Hepburn *et al.*, "Will COVID-19 fiscal recovery packages accelerate or retard progress on climate change?", *Oxford Review of Economic Policy*, vol. 36, 2020, pp. S359-S381.

85. "우리가 알고 있는 세계의 종말"을 의미하는 영어 표현 테오트와키(Teotwawki) 참조.

86. United Nations Environment Programme, *op. cit.*, 2019.

87. 마지막 주요 설문조사는 심리학자 피에르에리크 쉬테르(Pierre-Éric Sutter)와 경제학자 로이크 스테판(Loïc Steffan)이 2018년에 설립한 조직붕괴체험관측소(Observatoire des vécus du collapse, OBVECO.com)에서 수행했다.